深智數位
股份有限公司

深智數位
股份有限公司

專家讚譽

時代呼喚，應運而生。本書系統闡述了量化投資的底層邏輯和實踐方法，提供了豐富的量化交易策略，有利於投資者完善量化交易系統和投資框架。

如開此卷，定有裨益。

楊曉光

楊曉光，中國科學院數學與系統科學研究院研究員、博士生指導教授、中國科學院管理、決策與資訊系統重點實驗室副主任，中國科學院預測科學研究中心副主任，中國青年科技獎、中國國家傑出青年科學基金、北京市科學技術進步獎一等獎、教育部科學技術進步獎一等獎、茅以升青年科技獎等獎項的獲得者，是國務院特殊貢獻專家。

紙上得來終覺淺，絕知此事要躬行。

本書是指導量化策略實戰的絕佳範例。

眉州 陳劍

陳劍，馬里蘭大學史密斯商學院管理科學博士，復旦大學泛海國際金融學院金融學實踐教授，成都市復旦西部國際金融研究院研究員，信風金融科技的創始人兼CEO，聯科熙和碳中和產業戰略研究院研究員，中國資產證券化討論區資訊揭露專委會主席。

巨量資料和超級算力把證券投資交易行業帶進智慧時代，傳統的投資思想結合智慧投資技術必將在證券投資市場大放異彩。本書讓我們看到在這個新世界中會發生的改變。

盧申林

紐約大學柯朗數學研究所博士

上海睿值私募基金管理有限公司 總經理

· ·

隨著 GPT 時代的來臨，量化交易成為大勢所趨，本書非常全面地詮釋了量化投資的系統與實踐，相信讀者能從本書中得到更多啟發。

何曉敏

五礦證券研究所 研究員

萬物皆可量化

德國哲學家恩格斯說：「任何一門科學的真正完善在於數學工具的廣泛應用。」換句話說，任何一門學科，只有能用數學來描述，才是科學的。故而，有了「萬物皆可量化」的底層認知。基於此，30 年來，我一直堅信「數學」是撥開投資迷霧的必由之路。

當我們把投資當作「數學」來研究的時候，投資就不再是一門無法預測的藝術。市場變化的背後應當有其數學邏輯，這也是我一直強調的「在投資中，底層思維邏輯最重要，而具體的工具不重要」的原因。沒想到，技術進步很快讓這句話變成了現實。

在寫書的過程中，ChatGPT 從天而降，這讓廣大投資者可以更加方便地使用各類程式設計工具。當工具的使用門檻迅速降低時，掌握量化交易的底層邏輯就成了重中之重。而在當下的圖書市場中，講量化交易程式設計工具的書很多，但講量化交易模型底層邏輯的書很少。

無巧不成書，2022 年，我在網際網路上做了 10 節量化交易直播課，主要針對的是全國想轉型量化交易的程式設計師，因此課程的重點就放在了量化交易的底層邏輯而非程式設計實現上。沒想到，這個課程很受大家歡迎，再加上出版社約稿，於是就有了這本書，而本書的重點就是量化交易的底層邏輯。

尤其讓我感動的是，課程的很多學員主動參與了本書的寫作和修訂。他們有的是金融行業的領軍人物，有的是大廠的資深程式設計師，還有的是縱橫市場多年的實戰者。在大家的幫助下，本書的內容獲得了極大的豐富和深化，出乎我的意料。

在量化交易的世界裡，每位投資者選擇的交易策略是差別很大的，具體可以概括成 5 種交易策略：基本面量化、資產配置量化、阿爾法量化、貝塔量化和另類量化。在每種交易策略上，我們都可以看到世界級投資大師們留下的足跡。本書沒有偏向任何一種量化交易策略，而是將選擇權交給讀者，我相信總有一種量化交易策略會與你的人生觀和認知觀相匹配。

在寫書的過程中，中國市場迎來了巨大的變化，全面註冊制讓股票市場的慢牛開始醞釀成熟，個人養老金的推出也讓更多機構開始尋找量化交易模型進行長期投資。再過 10 年，我相信在「萬物皆可量化」的路上，會有更多的投資者與我們同行。

羅勇

2023 年 8 月

目錄

▌第 1 章 量化交易基礎入門

1.1　量化交易的基本定義...1-1

1.2　量化交易的研究對象...1-2

1.3　量化交易的發展歷程...1-2

　　1.3.1　量化交易的萌芽...1-2

　　1.3.2　量化交易的發展歷程...1-3

1.4　量化交易策略的主要分類...1-8

　　1.4.1　基本面量化交易策略...1-9

　　1.4.2　資產配置量化交易策略...1-10

　　1.4.3　阿爾法量化交易策略...1-12

　　1.4.4　貝塔量化交易策略...1-12

　　1.4.5　另類量化交易策略...1-13

1.5　量化交易的未來發展...1-14

　　1.5.1　量化交易的智慧化...1-14

　　1.5.2　量化交易的全球化...1-15

　　1.5.3　量化交易的機構化...1-16

▋ 第 2 章 量化交易的策略及實戰案例

2.1　基本面量化交易策略 2-1

　　2.1.1　基本面量化交易策略的底層邏輯 2-1

　　2.1.2　基本面量化交易策略的代表人物及其投資邏輯 2-3

　　2.1.3　實戰案例：巴菲特的量化交易策略 2-8

　　2.1.4　基本面投資與基本面量化交易的區別 2-17

2.2　資產配置量化交易策略 2-19

　　2.2.1　資產配置量化交易策略的底層邏輯 2-20

　　2.2.2　資產配置量化交易策略的代表人物及其投資邏輯 2-23

　　2.2.3　實戰案例：橋水公司的全天候量化交易策略 2-28

　　2.2.4　實戰案例：個人養老金量化交易策略 2-34

2.3　貝塔量化交易策略 2-43

　　2.3.1　貝塔量化交易策略的底層邏輯 2-43

　　2.3.2　貝塔量化交易策略的代表人物及其投資邏輯 2-45

　　2.3.3　實戰案例：RSRS 擇時量化交易策略 2-47

　　2.3.4　實戰案例：打板量化交易策略 2-56

2.4　阿爾法量化交易策略 2-72

　　2.4.1　阿爾法量化交易策略的底層邏輯 2-72

　　2.4.2　阿爾法量化交易策略的代表人物及其投資邏輯 2-73

　　2.4.3　實戰案例：彼得 · 林區多因數量化交易策略 2-74

2.5　另類量化交易策略 2-84

　　2.5.1　另類量化交易策略的底層邏輯 2-84

　　2.5.2　另類量化交易策略的代表人物及其投資邏輯 2-85

　　2.5.3　實戰案例：高頻交易策略 2-91

　　2.5.4　實戰案例：事件驅動量化交易策略 2-97

▌第 3 章 量化交易策略的邏輯與設計

3.1 因數建模..3-1

    3.1.1 如何理解量化交易策略中的因數 3-1

    3.1.2 阿爾法 101 因數建模範例解讀 3-3

3.2 邏輯與設計..3-15

    3.2.1 什麼是思維導圖 3-15

    3.2.2 思維導圖建構邏輯與設計的要點 3-18

    3.2.3 止盈止損的常用方法 3-20

3.3 凱利公式與倉位計算..3-22

    3.3.1 什麼是凱利公式 3-22

    3.3.2 凱利公式所引發的思考 3-24

    3.3.3 凱利公式的倉位計算 3-25

3.4 量化交易策略的有效性評估..3-28

    3.4.1 未來函數 3-28

    3.4.2 過度擬合 3-28

    3.4.3 夏普比率 3-30

3.5 實戰案例：米倫坎普量化交易策略的邏輯與設計............3-31

    3.5.1 米倫坎普簡介 3-31

    3.5.2 米倫坎普的投資邏輯 3-33

    3.5.3 米倫坎普量化交易策略在中國市場的適應情況 3-35

    3.5.4 米倫坎普量化交易策略的改進想法 3-36

    3.5.5 米倫坎普量化交易策略的實戰程式範例 3-39

▌ 第 4 章 量化交易策略的程式開發與實戰

4.1　低程式開發 4-1

  4.1.1　低程式開發量化交易策略指南 4-1

  4.1.2　實戰案例：國信金太陽建構的模擬動量策略 4-7

  4.1.3　實戰案例：在果仁網建構葛拉漢熊轉牛積極策略 4-13

4.2　有程式開發 4-19

  4.2.1　有程式開發量化交易策略指南 4-19

  4.2.2　實戰股票案例：彼得 · 林區多因數量化交易策略進階 4-22

  4.2.3　實戰期貨案例：經典的 CTA 策略 4-28

  4.2.4　實戰基金案例：FoF 策略 4-41

4.3　機器學習 4-55

  4.3.1　監督學習在量化交易中的應用 4-55

  4.3.2　無監督學習在量化交易中的應用 4-66

  4.3.3　深度學習在量化交易中的應用 4-77

▌ 第 5 章 量化交易中的重要問題

5.1　量化交易與哲學問題 5-1

  5.1.1　哲學與量化交易 5-1

  5.1.2　哲學三問對量化交易的啟示 5-2

  5.1.3　量化交易中的哲學範例：「簡單」或「複雜」 5-2

5.2　演算法交易簡介 5-5

  5.2.1　什麼是演算法交易 5-5

  5.2.2　演算法交易的迭代 5-6

  5.2.3　演算法交易的常用因數簡介 5-6

  5.2.4　演算法交易實戰範例 5-7

5.3 低風險策略的研究方向 5-9

    5.3.1 什麼是低風險策略 5-9

    5.3.2 常用的低風險策略 5-9

    5.3.3 低風險策略的利與弊 5-12

5.4 量化實戰策略最佳化的注意事項 5-13

    5.4.1 避免過度擬合的方法 5-13

    5.4.2 特別關注對出場條件的最佳化 5-14

    5.4.3 關於最佳化的幾點說明 5-15

5.5 GPT 在量化交易中的應用 5-16

    5.5.1 ChatGPT 的誕生是一次世界級的技術革命 5-16

    5.5.2 從 4 個維度理解 GPT 系列大模型 5-17

    5.5.3 GPT 可以幫助投資者更快速地入門量化交易 5-17

    5.5.4 GPT 在量化交易中的具體應用範例 5-18

    5.5.5 GPT 在資產配置量化交易策略的具體應用範例 5-23

▌後記　感謝「量化漫步」團隊的付出與貢獻

▌附錄 A　進入量化行業的面試指南

▌附錄 B　量化交易常用參考書與網站指南

B.1 Python 環境架設 B-1

B.2 Python 入門 B-2

B.3 量化交易策略研發 B-3

▌附錄 C　量化交易常用的資料介面

量化交易基礎入門

▌ 1.1 量化交易的基本定義

維基百科對於量化交易的定義：

量化交易又稱量化價值交易，是一種根據財務報表細項、經濟資料、非結構化資料等基本資料來系統分析的價值投資方式。從業者在量化交易時會涉足統計／經驗金融或數學金融、行為金融、自然語言處理和機器學習等領域。

本書對於量化交易的定義：

量化交易是透過在不確定的金融市場中尋找確定性，從而在特定範圍內利用機率（然率、機會率或可能性）優勢取得超額收益的方法。其核心假設是：①上帝角度（基於機率的系統思維）；②沒有全域最佳解，只有局部最佳解；③市場普遍存在超額收益（非理性）。

在量化交易實踐中，投資者通常會交叉運用數學、統計學、計量經濟學、物理、化學等多學科知識，結合人工智慧、巨量資料挖掘、神經網路等多種資訊技術方法，用量化交易系統代替傳統的手動交易。投資者借助量化交易系統從巨量資料中尋找能夠帶來超額收益的「大機率」策略，並嚴格按照這些策略建構量化模型，進而利用量化模型輔助投資，且不斷更新量化模型因數，形成一整套系統性的投資方法。在量化交易的過程中，一旦確定了規則，系統就將嚴格按照既定的規則執行各種操作，以克服人們在面對市場大幅度波動時所產生的恐懼和貪婪等弱點，從而力求大幅上獲得與預期一致的收益。

▌ 1.2 量化交易的研究對象

從狹義來看，量化交易的研究對象包括股票、期貨、期權、外匯、黃金、數位貨幣等各類金融產品。由於不同的金融產品在特定的交易時間點有不同的交易價格資料，所以可以透過研究交易品種價格變數的觀察值及其變動模式，建立推測其未來交易品種價格變化的模型，從而為量化交易提供資料分析的基礎。

從廣義來看，一切可投資的領域均可進行資料分析（萬物皆可量化），以資料分析的結果輔助作投資決策：從利用巨量研報提取需特別注意的可交易的股票，到學測志願填報（可以看作對人生的投資）。

▌ 1.3 量化交易的發展歷程

1.3.1 量化交易的萌芽

在 250 年前的日本，本間宗久憑藉迅捷的資訊傳遞和超前的技術分析，在米市期貨交易中屢獲成功，成為全球最早的量化交易大師。早年交易短暫受挫的本間宗久，在受到禪宗大師的點撥悟道後，前往大阪的堂島交易所入市交易。本間宗久初期並未急於入場交易，而是先記錄每一次白米交易的價格——開盤價、最高價、最低價、收盤價的數值。他根據自己收集的歷史價格，以取光照明的蠟燭的形象，繪製出世界上第一幅日本蠟燭圖，量化交易由此萌芽。同一時期，他還利用根據白米交易歷史價格發明的日本蠟燭圖，觀察總結出了頭肩頂、阻力線等技術分析規律。自此以後，本間宗久在白米期貨交易中再也沒有失手，賺取了約合現在 100 億美金的利潤。

本間宗久被譽為當時的「市場之神」。一方面，他對當今資本市場最重要的貢獻是發明了日本蠟燭圖（也稱 K 線圖）；另一方面，他不僅在江戶時代名揚萬里，其睿智的投資技巧和金句名言也代代相傳，直到今天還在影響著資本市場。1991 年美國人史蒂夫 · 尼森（Steve Nison）從一名日本經紀商那裡得知了日本蠟燭圖的存在，便出版了《陰線陽線》一書，把本間宗久發明的日本蠟燭圖引進西方，從而使其在全世界傳播開來。

1.3.2 量化交易的發展歷程

量化交易建立在一代代巨匠的理論基礎之上，並逐步發展和成長起來。自 20 世紀 50 年代的馬科維茲（1990 年諾貝爾經濟學獎得主）的投資組合理論，到 20 世紀 70 年代布萊克、斯科爾斯（1997 年諾貝爾經濟學獎得主）的 B-S 期權定價模型，再到 20 世紀 90 年代尤金 · 法瑪（2013 年諾貝爾經濟學獎得主）的三因數模型，量化交易在這些理論的支撐和推進下穩健前行。量化交易以諸多投資理論為基礎，借助電腦、巨量資料、人工智慧等先進技術，完成自動化或半自動交易。

1. 國際量化交易發展歷程

（1）量化交易的產生

愛德華 · 索普（Edward Thorp），加州大學洛杉磯分校物理學博士、麻省理工學院教授，擅長運用科學的方法研究賭術，其研究對象包括百家樂、21 點等。20 世紀 60 年代，他發明了基於 21 點原理的量化股票市場系統，並將其運用於可轉債套利。此後他成立了普林斯頓 - 紐波特合夥公司，成為最早採用純數學技術賺錢的大師之一，並被世人譽為「寬客教父」。

索普在 1959 年利用電腦進行資料處理，獲得了盈利模型和模式。隨後，在香農的幫助下，他於 1961 年向美國數學會提交了題為《財富密碼：21 點常勝策略》的論文，因此一舉成名。1965 年，索普前往加州大學歐文分校，與金融學教授希恩 • 卡索夫合作，從事股票權證定價研究。1967 年，二人的合著 *BEAT THE MARKET:A Scientific Stock Market System* 出版，該書是量化交易的開山之作，提出世界上第一個精確的純量化交易策略，它可以正確地給可轉債定價估值。

索普的觀點與有效市場假說（Efficient Market Hypothesis，EMP）相同，但結論卻並不一致。EMP 是由芝加哥大學金融學教授尤金 • 法瑪在 20 世紀 60 年代提出的，其基本假設是市場運動遵循隨機漫步原理，當前股價已經包含了所有公開信息，因此持續戰勝市場幾乎是不可能的。但索普通過對布朗運動、價格隨機漫步和鐘形曲線圖的研究，得出了一個結論：雖然不能準確預測價格的變化，但價格變化的機率是可以被測量的。因此他認為，隨機價格的波動性是可以被量化的。

1969 年 11 月，索普和雷根開設了「可轉換貨幣對沖合夥基金」。1975 年，該基金被改名為 Boss 基金，開始使用可轉債套利策略。該策略使用他們自行開發的權證定價模型計算權證價格。如果權證價格過高，基金就會賣空它，並同時買入等量的股票作為對沖，或進行相反的操作。

事實證明，該基金在索普的操作下表現確實遠勝於市場平均水準，連續 11 年從未出現年度和季虧損。在 1970 年，基金上漲了 3 %（標普下跌了 5 %）；在 1971 年，基金上漲了 13.50 %（標普上漲了 9 %）；在 1972 年，基金上漲了 26 %（標普上漲了 14.30 %）；在 1974 年，基金上漲了 9.70 %（標普下跌了 26 %）。由於其卓越的表現，許多對沖基金也開始模仿其量化交易策略，包括肯 • 格里芬的美國城堡投資集團。

（2）量化交易的興起

費希爾 • 布萊克和邁倫 • 斯科爾斯在 1973 年發表論文「The Pricing of Options and Corporate Liabilities」，提出了著名的「布萊克 - 斯科爾斯」公式，

從而形成了期權定價理論。該理論假設價格隨機遊走，價格的運動方向是鐘形曲線的正中央，價格不會大幅地跳動。這與索普的模型計算結果相似。同年，芝加哥期權交易所成立，華爾街快速接受了這一理論，標誌著量化革命的開始。

1983 年，格里 · 班伯格（當時是摩根史坦利大宗商品交易部門的程式設計師）在為大宗商品交易部門撰寫配對策略軟體時，偶然發現了統計套利策略。這是迄今為止最強大的交易策略，不論市場如何波動都能獲利。其原理是利用價差，即在一組相對應的股票短暫出現異常情況時，透過賣空高價股票並買入低價股票，在它們的價格恢復到歷史平均水準時進行平倉，從而獲利。

這個時期，許多基金公司已經開始使用統計套利策略來賺錢，例如格里 · 班伯格加入普林斯頓 - 紐波特合夥公司，並創立了 BOSS 基金；APT 小組由耶魯大學物理學碩士農西奧 · 塔爾塔利亞領導，後來由彼得 · 穆勒接替；史丹佛電腦專業的大衛 · 肖創立了肖氏對沖基金。

（3）量化交易的繁榮發展

量化交易的繁榮，還得靠理論的推動。1990 年，馬科維茲、夏普和默頓三位經濟學家榮獲諾貝爾經濟學獎，在理論層面推動了對量化交易的研究。馬科維茲提出了資產組合選擇理論，該理論最早採用風險資產的期望收益率（平均值）和方差（或標準差）來代表風險，它的提出被稱為「華爾街的第一次革命」。現代投資組合理論的核心目標是解決投資風險。該理論認為，某些風險與其他證券無關，因此分散投資標的可以降低個別風險（獨特風險或非系統風險），這樣一來，單一公司的資訊就不那麼重要了。個別風險屬於市場風險。市場風險一般分為兩類：個別風險和系統風險。前者是指單一投資收益的不確定性；後者指整個經濟體所面臨的風險，無法透過分散投資來減少。

芝加哥大學、麻省理工學院、加州大學柏克萊分校、哥倫比亞大學、卡內基梅隆大學、普林斯頓大學、紐約大學柯朗數學科學研究所也相繼開設量化交易相關課程。資本資產定價模型、市場有效性理論、期權定價理論、套利理論（APT）等一系列模型和理論陸續被提出，並逐漸發展成熟，助力量化交易行業的崛起、繁榮。每當市場價格偏離價值的時候，量化交易系統就會向錯誤定價的投資標的「猛撲」過去，使市場重歸合理秩序。高算力的電腦就像雷達一樣時刻掃描著全球市場，尋找賺錢的機會；量化模型可以幫助投資者隨時發現市場價格的偏離。

1988 年，詹姆斯・西蒙斯和詹姆斯・埃克斯兩位投資大師設立了大獎章基金。初期，大獎章基金將 15% 的倉位用於短期投資，並將剩餘 85% 的倉位分配給傳統的趨勢追蹤策略，但效果並不理想。1990 年，大獎章基金被重新啟動，這次他們將短期投資作為核心邏輯，執行的第一年，收益率就高達 56%。大獎章基金的員工大多為物理學家、數學家、生物學家及電腦專家，幾乎不雇用華爾街金融人士。又因為西蒙斯是密碼破譯專家，所以團隊核心成員也多是密碼破譯專家。據報導，大獎章基金擅長高頻交易，是一個典型的多策略基金，在 20 年裡收益率高達 70%。但大獎章基金的投資策略始終對外秘而不宣。

在那個繁榮的年代，有許多著名的量化團隊誕生。舉例來說，1990 年，哈佛大學經濟學大學生肯・格里芬在索普的幫助下，創立了美國城堡投資集團。1991 年，普林斯頓大學數學系畢業生彼得・穆勒在由柏克萊大學經濟學教授巴爾・羅森伯格創立的 Barra 量化基金中發明了阿爾法量化交易策略；1992 年，獲得芝加哥大學金融博士學位的克裡夫・阿斯內斯，發明了價值和動量策略（Option-Adjusted Spread，OAS）。他在進入了高盛資產管理公司從事寬客業務後，建立了內部的全球阿爾法基金，獲得了第一年收益率 95%、第二年收益率 35% 的驚人成績。

在那個繁榮的年代，還誕生了許多理論研究成果。舉例來說，1993 年，謝裡丹・蒂特曼教授發表了量化交易領域里程碑式論文《回到贏家和遠離輸家：對股票市場效率的啟示》，量化交易的普適性在理論上首次被證實。這也迫使有效市場假說之父尤金・法瑪在一次採訪中間接認可了量化交易的底層邏輯。

（4）量化交易的低谷時期

自 2000 年網際網路泡沫破滅後，大量資金湧入對沖基金。面對高盛資產管理公司全球阿爾法基金和摩根史坦利過程驅動小組的競爭，投資銀行紛紛成立自營部門，轉型成為巨型對沖基金。為籌措資金，對沖基金開始透過證券市場上市，但由於行業平均盈利率的下降，槓桿越來越大。為了追求更大的利潤，各種策略如高頻交易策略等被開發，並引入電腦進行交易，使交易速度得到顯著提升，速度成為交易的關鍵。同時，網際網路的高速發展將金融系統與電腦緊密結合在了一起。

華爾街的公司如所羅門兄弟公司、德意志銀行等不斷開發出各種金融衍生工具，如抵押擔保債務（Collateralized Mortgage Obligation，CMO）、擔保債務憑證（Collateralized Debt Obligation，CDO）、信用違約互換（Credit Default Swap，CDS）和合成型擔保債權憑證（Sythetic Collateralized Debt Obligation，SCDO），將大量資產證券化。上兆美金的次級抵押貸款債券被打包成 CDO，並被分成四級。此外，幾乎所有的 CDO 經理和交易員都使用布萊克 - 斯科爾斯模型來確定價格。2008 年，美國房地產泡沫開始破裂，使得房地產抵押貸款市場出現違約，次貸違約導致 CDO 價格下跌，債務人去槓桿化導致 CDO 價格進一步下跌，從而誘發新一輪的次貸違約。

量化交易在這 10 年中不斷受到質疑，直到 2008 年，尤金・法瑪在美國金融協會的採訪中首次承認了動量（Momentum）的存在，這才讓量化交易走入更多投資者的視野。

（5）美國量化元年開啟

2011 年，美國的量化元年正式開啟。2013 年，阿斯內斯等人在 *The Journal of Finance* 上發表了影響深遠的論文《價值和 Momentum 無處不在》。2015 年，巴倫在接受《巴倫週刊》採訪時這樣評價巴菲特：「他可能正在失去他（價值投資）的魔力。」

2015 年 12 月，WorldQuant（世坤投資）公佈了 101 個阿爾法運算式，並聲稱其中 80% 的因數仍然在實盤中被使用。

2. 中國量化交易發展歷程

萌芽階段：2002—2010 年，中國市場交易制度與投資工具不甚完善，量化技術難以發揮真正的威力。在 2002 年，中國第一隻指數增強型量化基金——華安上證 180 指數增強型基金成立，這也預示著中國開啟了自己的量化交易時代。

起步階段：2010—2015 年，中國的量化交易開始起步。2010 年 4 月 16 日，中國第一隻股指期貨——滬深 300 股指期貨（IF）上市，標誌著中國做空機制與槓桿交易的開始。此時公募基金的量化交易策略基本上都在採用量化選股策略和量化對沖策略。與公募基金相比，私募基金的量化交易策略更加豐富，舉例來說，CTA 策略、期權策略、債券策略等也是私募基金量化的常用策略。2015 年 4 月 16 日，中證 500 股指期貨上市，這表示量化基金擁有了更多的發揮空間，量化基金也開始得到更多人的關注。

成長階段：2016 年至今，量化基金在中國如雨後春筍一般。2016 年，隨著 WorldQuant 阿爾法 101 因數的公開，中國的量化元年正式開啟。2017 年 6 月，國泰君安證券發佈了 191 個阿爾法因數，其形式跟 WorldQuant 的阿爾法 101 因數比較類似。2019 年 6 月，證監會發佈了公募基金參與轉融通業務指引；同年 8 月，「兩融標的增加 650 只（不含科創板），中小板、創業板股票佔比提升，同時科創板股票自上市首日起即可成為兩融標的，也成為標的擴充的重要組成部分」。這些制度上的變革為量化交易的發展提供了更多的條件。

時至今日，ChatGPT 的從天而降，讓更多的人可以更方便地使用人工智慧。因此，我們相信在不遠的將來，以 GPT 為輔助手段的新的量化交易方法將成為一個重要的方向。

▌ 1.4 量化交易策略的主要分類

量化交易分狹義量化交易和廣義量化交易。人們心目中的量化交易通常是狹義量化交易，因為很多人都以為量化交易就等於對沖，但實際上，對沖策略只是量化交易的「冰山一角」。

迄今為止，那些成功的傳奇大師們無一不在強調，他們所進行的交易完全出於理性而非智商，這個「理性」即「可量化」。因此，從廣義上來講，對於這些大師們所使用的交易方法，我們都是可以透過建構模型來進行複製和追蹤的。

如果按廣義來分類，全景式量化交易策略可以分成五類：**基本面量化交易策略、資產配置量化交易策略、阿爾法量化交易策略、貝塔量化交易策略和另類量化交易策略**。它們之間既有相同點，也有不同之處，並都有各自的代表人物。

1.4.1 基本面量化交易策略

基本面量化交易策略的代表人物當屬巴菲特。2022 年，在波克夏 · 海瑟威公司的股東大會上，巴菲特親自透露，在蘋果公司一季的股價連續三日下跌之後，伯克希爾馬上大舉「抄底」買入了大約價值 6 億美金的蘋果公司股票。

很多價值投資者都是在股價下跌的時候買入股票的。但實際上，真正厲害的價值投資者應當是巴菲特這樣基本面反轉的觀察者和參與者。表 1.1 為基本面量化交易策略情況簡表。

▼ 表 1.1 基本面量化交易策略情況簡表

策略邏輯	定期對所有行業進行景氣度排名，捲動持有景氣度增長的行業
策略使用說明	買入入選的行業指數，賣出非入選的行業指數
適用對象	價值投資者
代表人物	巴菲特

以 A 股行業基本面景氣增強量化交易策略為例，2022 年 4 月 26 日，其新入選的行業是大氣治理、科技和建材。如圖 1.1 所示，這個量化交易策略在過去 6 個月跑贏滬深 300 指數超過 50%，收益十分驚人。

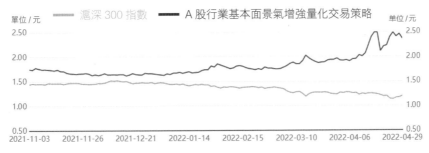

▲ 圖 1.1 A 股行業基本面景氣增強量化交易策略收益簡圖

1.4.2　資產配置量化交易策略

　　美國的 401K 養老金計畫採用的就是資產配置量化交易策略。全球最大的對沖基金橋水基金的創始人瑞‧達利歐採用的也是這個方法，具體的細節在他所寫的《原則》一書中有所表現。這一策略特別適用於超大規模的資金，對於中國即將開啟的個人養老金計畫和家族資產傳承基金具有直接的指導意義。表 1.2 為資產配置量化交易策略情況簡表。

▼ 表 1.2　資產配置量化交易策略情況簡表

策略邏輯	對各大類資產進行收益排名，在大類資產中進行輪動配置
策略使用說明	將資產按最新比例進行再平衡
適用對象	超大規模資金
代表人物	瑞‧達利歐

　　2022 年年初，達利歐在接受採訪時表示，他發現中國正在崛起。在資產配置的大邏輯下，這裡以類似美國 401K 養老金計畫的中國全天候產品組合配置量化交易策略為例。如表 1.3 所示，其在股票、債券和現金 3 個維度上進行定期再平衡，以期取得類似美國 401K 養老金計畫的驚人收益。

▼ 表 1.3　中國全天候產品組合配置量化交易策略

股票		債券		現金	
本次	上次	本次	上次	本次	上次
20%	20%	20%	30%	60%	50%

　　圖 1.2 是該策略所獲收益與美國 401K 養老金計畫的對比圖，時間跨越了 15 年。

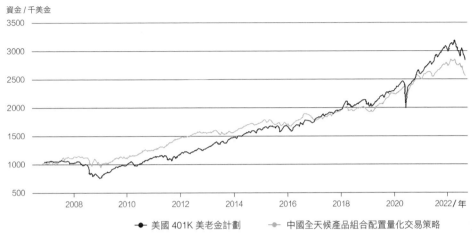

▲ 圖 1.2 中國全天候產品組合配置量化交易策略與
美國 401K 養老金計畫 15 年收益對比圖

該策略與美國 401K 養老金計畫的各風險指標對比情況如表 1.4 所示。前者獲得了 6.18% 的複合年增長率，而最大回撤被控制在 −17% 左右。在穿越牛熊市的能力上，很少有策略可以達到這樣的效果，最重要的是該策略可以配置超大規模的資金。

▼ 表 1.4 中國全天候產品組合配置量化交易策略與美國 401K 養老金計畫各風險指標對比情況表

指標名稱	中國全天候產品組合配置量化交易策略	美國 401K 養老金計畫
複合年增長率	6.18%	6.86%
年化波動率	7.27%	11.62%
夏普比率	0.86	0.63
索提諾比率	1.12	0.74
最大回撤	-17.80%	35.31%
當前回撤	-10.36%	10.78%
最長回撤時間	17 個月	28 個月

1.4.3　阿爾法量化交易策略

　　最近的 20 多年裡，隨著量化交易之父西蒙斯被世人所熟知，阿爾法量化已經成為量化交易的代名詞。西蒙斯團隊取得的平均 60% 的年化收益率，讓所有其他類型的投資都黯然失色。

　　當今，阿爾法量化已經為世人所知曉，數以萬計的因數被挖掘出來用於量化交易。但這種方法的困難在於需要不斷挖掘有效因數，換句話說，要想找到當下市場中比較隱蔽的有效因數，這依舊是一個難題。表 1.5 為阿爾法量化交易策略情況簡表。

▼ 表 1.5　阿爾法量化交易策略情況簡表

策略邏輯	定期尋找市場中的有效阿爾法因數，在增長中博取收益
策略使用說明	對標的指數中的股票，買入有效阿爾法因數排名靠前的股票，賣出靠後的股票
適用對象	狹義量化
代表人物	西蒙斯

　　以指數群因數策略為例，如表 1.6 所示，該策略透過追蹤全市場、中證 500 指數和漲停個股，利用因數對不同指數群中的有效性進行投資。

▼ 表 1.6　指數群因數策略

全市場	中證 500 指數	漲停個股
市盈率（越低越好）	60 日漲幅（越小越好）	市淨率（越大越好）

1.4.4　貝塔量化交易策略

　　貝塔量化交易策略源自 200 年前世界上最古老的量化交易策略，即對趨勢的追蹤。而在這個領域裡，曾經湧現過無數大師，但經過大浪淘沙，大師們的方法中還能沿用至今的並不是太多。最近兩年，貝塔量化交易策略在大宗商品裡斬獲頗豐，其代表人物史坦利‧克羅的投資方法仍在大放異彩。當然，類似的方法也可以被應用到中國的股票市場上。表 1.7 為貝塔量化交易策略情況簡表。

▼ 表 1.7　貝塔量化交易策略情況簡表

策略邏輯	定期觀測市場量價時空的趨勢性變化，用門限來決定多空
策略使用說明	空頭市場中空倉觀望，多頭市場中擇時持有
適用對象	技術派
代表人物	史坦利‧克羅

表 1.8 列舉了 2 個市場上執行的貝塔量化交易策略：PTSS 擇時量化策略和 RSRS 擇時量化交易策略。大家可以從表 1.8 中看到，此類策略對大盤下跌的完美規避。

▼ 表 1.8　PTSS 擇時量化策略和 RSRS 擇時量化交易策略

基於量價時空（PTSS）的市場擇時		基於相對強度（RSRS）的市場擇時	
狀態	持續時間	狀態	持續時間
空頭市場	50 個交易日	空頭市場	75 個交易日

1.4.5　另類量化交易策略

另類量化交易策略的想法，不是利用人性的弱點去等待市場崩潰，就是利用古怪的因數去等待訊息擴散。總之，它的想法不但聽起來難以複製，而且實施起來也困難重重，舉例來說，利用衛星資料進行分析。建立量子基金的喬治‧索羅斯一向以殺伐果斷而著稱，他是另類量化交易策略的代表人物，而在利用市場恐慌方面，他是頂尖高手。表 1.9 為另類量化交易策略情況簡表，它其實就是定期尋找熱點，並在熱點中追漲殺跌。

▼ 表 1.9　另類量化交易策略情況簡表

策略邏輯	定期尋找情緒驅動的熱點，利用資訊差獲取收益
策略使用說明	做多熱點概念，尋找超額收益，延續時間取決於接力漲停的數量
適用對象	另類投資者
代表人物	喬治 · 索羅斯

事件驅動量化交易策略舉例如表 1.10 所示。

▼ 表 1.10　事件驅動量化交易策略舉例

本次入選熱點概念	上次入選熱點概念
IP 概念	氮化鉀、虛擬實境

投資世界的信仰是多元的，所以才有了多空博弈，進而有了交易對象價格的隨機遊走。當下，這五大類策略已經佔據了市場的絕大部分，市場發展的最終方向一定是博弈平衡點。當然，如果你一定要用極簡的思維去理解這個市場，那麼，「所有的阿爾法都是貝塔」這句話就可以概括一切。而本書之所以將量化交易策略分成五大類去詳述，就是為了讓普通投資者更進一步地從不同角度去理解這個市場。

1.5　量化交易的未來發展

量化交易的未來發展方向主要有 3 個：智慧化、全球化和機構化。

1.5.1　量化交易的智慧化

量化交易中策略的重要性是顯而易見的。隨著量化交易領域的發展，對策略的需求也越來越迫切。因此，資料分析和挖掘的價值也得到越來越多研究者的重視。行業內對資料分析的要求日益提高，傳統的資料分析手段已經無法滿足人們的需求。因此，越來越多的人工智慧技術被應用於量化交易中。當然，人工智慧技術不僅被用於投資執行部分，還更多地被用於投資策略的智慧化和自動化。

1. 人工智慧演算法

從數學的角度來看，人工智慧演算法是一種非線性建模方法。歷史資料中存在多種非線性成分。即使線性成分完成交易後，也會出現一些非線性現象，需要利用人工智慧來進行學習和處理。

2. 結構化資料

除了結構化資料，量化交易中還需要用到諸如聲音、影像和文字等非結構化資料。這些非結構化資料沒有辦法被資料模型直接處理，所以需要採用人工智慧的方法來進行結構化，最後再由資料模型對其進行處理。目前，ChatGPT已經風靡全球，其核心能力之一就是可以將非結構化資料更快地轉換成結構化資料，這也為未來的量化交易掃清了障礙。

3. 元知識學習

目前來說，元知識學習是人工智慧發展的比較難的領域，要想將其運用至量化交易領域，相應的技術尚待突破。一般說來，元知識是指「關於知識的知識」，描述特定知識或知識集合所包含的內容、基本結構及一般特徵。若無元知識，人們便無法描繪、應用和認識知識。在自動控制與人工智慧等系統領域中，一般把使用和控制該系統領域知識的知識稱為元知識。它並非特定知識領域，無法解決具體的問題，而是管理、掌控和使用知識的知識，含有各領域知識的性質、結構、功能、特徵、規律、組成與使用。目前，人工智慧已被廣泛應用於量化交易中，利用不同策略作出不同的投資選擇。而元知識學習能使我們掌握如何用機器進行投資策略的選擇，相關的技術在未來將有更大突破。

1.5.2 量化交易的全球化

對於投資本身而言，範圍越廣泛越好，因此選擇全球市場進行對沖交易就顯得很重要。1949 年，最早的對沖基金正式成立，其初始資金只有 10 萬美金。

經過了 40 多年的發展，美國對沖基金的管理資產規模已經達到了 200 億美金；歐洲則大概用了 40 年的時間，使其對沖基金的管理資產規模在 2002 年達到了 200 億美金。

1.5.3　量化交易的機構化

在中國目前的市場上，量化交易策略的夏普比率為 2.50%~3.00%，這一市場情況與中國當前散戶和機構的相互關係一致，這就表示量化交易在中國的發展還有很長的一段路要走。另外，考慮到成本費用因素，投資顧問諮詢服務都需要降低成本。投資顧問業務的智慧化發展，可以幫助降低相應人工服務的成本，提升量化交易的利潤。將來金融元宇宙中智慧投顧業務的發展，有望為量化交易降低相關成本，促進量化交易的機構化。

## 第 2 章

量化交易的策略及實戰案例

▌ 2.1 基本面量化交易策略

「君子愛財，取之有道。」在投資領域，各種投資流派「你方唱罷我登場」，他們在不同的時期都取得過耀眼的成就，各類投資思想也如繁星般在投資的歷史長河裡熠熠生輝。而其中「價值投資」這一派的理念大氣沉穩、不計一時之得失，與「道」的精神最為契合。

2.1.1 基本面量化交易策略的底層邏輯

「價值投資」這一理念是 1934 年由投資大師班傑明 · 葛拉漢（Benjamin Graham）和他的助理大衛 · 多德（David Dodd）在他們的經典著作《證券分析》（*Security Analysis*）中首次提出的，該著作到現在已經有將近 90 年的歷史了，而《證券分析》至今都被譽為投資領域的「聖經」。

　　價值投資的底層邏輯一共有四筆，前三筆由葛拉漢提出，最後一筆來自巴菲特：

　　（1）持續創造價值很重要，買股票的本質是買企業；

　　（2）要關注安全邊際，用低的價格買入；

　　（3）要忽略市場的短期波動；

　　（4）守住自己的能力圈，不懂的行業不要碰。

　　價值投資的核心思想就是：用低的價格買入好企業的股票，然後耐心等待其升值。價值透過價格來表現，但是價格就像一隻情緒不穩定的上躥下跳的猴子。在市場情緒樂觀的時候，交易價格持續上漲，常常會超過企業的真實價值；在市場情緒悲觀的時候，交易價格卻又會不斷地下跌，甚至會跌破企業的真實價值。在短期內，價格的波動可能會非常劇烈；但是長期來看，價格最終趨向於企業的真實價值。價值就像定海神針一樣，指引著價格未來的波動方向。所以價格即使短期波動幅度很大，最終還是會慢慢回歸到企業價值的正常區間中的。正因為這種波動的存在，投資者可以在企業價值被低估的時候買入該企業的股票，然後在企業價值被高估的時候將其賣出，從而實現財富的增長。

　　價值投資的基本想法是：市場價格波動具有投機色彩，但長期看必定會回歸「基本價值」，不應追隨短期波動，而應專注於找到價格低於企業真實價值的股票。選擇那些被嚴重低估、價格明顯低於基本價值的股票可確保投資安全，因為這些股票幾乎沒有下跌空間，從而可提供足夠大的安全邊際。最後，耐心等待價格從谷底反彈。持有這些股票可以以較小的風險獲得較大的收益。

　　按照價值投資的思想，買股票就是在買企業。投資的時候要假定：你買了這家企業的股票後，企業即使退市了，你仍然願意繼續長期持有這家企業的股票。價值投資的本質就是以企業擁有者的身份共用企業成長的價值，其第一要務是尋找好企業。

　　衡量一家企業好不好，對大多數普通投資者來說，直接進入上市企業內部調研顯然不太現實。其實，企業的經營情況在它們的財務報表中都有表現，投資者可以仔細衡量企業每個季、每一年的經營狀況，透過財務報表看企業有沒有在成長，判斷企業的競爭優勢是否依然存在。用財務報表來研判企業的經營情況更為方便快捷，像葛拉漢這樣的投資大師就對財務報表極為重視。

財務資料為基本面分析提供了重要的資料來源，是進行投資判斷的重要依據。透過了解企業產品和閱讀企業的財務報表，利用經濟常識長期追蹤研究某一家企業，用理性來判斷其是不是值得投資。基本面量化交易策略在本質上仍然基於價值投資的理念，但相比於傳統的價值投資，基本面量化交易策略更偏重於從基本面資料中尋找企業價值增長的驅動因素，結合電腦技術進行分析與預測，形成較可靠的預期估值，並將其與市場價格比較後作出決策，從而避免了傳統價值投資中人的非理性決策導致的風險。

2.1.2 基本面量化交易策略的代表人物及其投資邏輯

班傑明・葛拉漢是價值投資領域開山鼻祖式的人物，且在基本面分析方面，葛拉漢是巴菲特的老師，是彼得・林區等投資大師的啟蒙者。

葛拉漢於 1928 年在美國哥倫比亞大學教授「證券分析」這門課程，並於 1934 年年底完成了《證券分析》這部劃時代的著作。在此之前的華爾街不僅混亂，而且缺乏法律規範（美國證券交易委員會恰巧也在 1934 年成立）。那個時候的企業對外只揭露極其簡單的財務報表，一些企業會透過會計技巧來隱藏企業資產和收益，而另一些企業則虛報各種資料，讓投資者誤以為企業的經營狀況很好。所以那個時候的證券投資者，對企業財務報表資料根本不重視也不相信。在內線交易沒有被禁止的年代，打探企業重組、併購或其他能夠影響市場股價走勢的內幕訊息，是當時投資者賺大錢的方式。正如葛拉漢在回憶錄中提到的那樣：「在老華爾街人看來，過分關注枯燥無味的統計資料是非常愚蠢的行為。」

因此，那個時代的投資者更多利用他們從不同通路得到的各類真真假假的資訊，加上自己的直覺，形成對市場的判斷，並根據主觀判定的市場趨勢來預測證券的未來價格走勢。所以可想而知，當時的投資者無法獲得穩定的投資收益，整個市場充滿了投機的情緒。

　　而葛拉漢和他的《證券分析》的從天而降，幫助投資者走出了迷霧。葛拉漢將股票市場投資從一種基於直覺、情感和衝動的狂熱投機活動，轉變為一種基於嚴格公式、謹慎分析和系統擇時的嚴謹科學。巴菲特曾虔誠地說：「在許多人的羅盤上，葛拉漢就是到達北極的唯一指標。」

　　葛拉漢將衡量一家上市企業的「內在價值」（Intrinsic Value）作為投資準則，從而開創了基礎分析的投資方法論：投資經營完善、紅利可靠（即具備內在價值且能夠持續創造價值）、價位低且有足夠安全邊際的企業；分散投資於大量的股票和債券；有耐心，忽略市場的短期波動，獨立思考。葛拉漢讓世人明白了掌握有關企業過去和現在業績的基本面資訊的意義。

1. 葛拉漢的價值投資理論

　　葛拉漢的價值投資理論可以被概括為：投資就是價值回歸或價值發現的過程。我們可以從以下幾點來理解葛拉漢的價值投資理論。

　　（1）內在價值

　　市場從短期來看是一個「投票機」，從長期來看是一個「稱重計」，但並非是一個能精確衡量價值的「稱重計」。要投資某一家企業，就要先搞清楚該企業的內在價值有多少。但內在價值是一個難以捉摸的概念，所以只需要對內在價值有個大致的估計，能夠為投資提供合理的依據就可以了，沒必要也沒辦法確定一個企業的內在價值到底有多少。

　　（2）內在價值評估中的定量分析和定性分析

　　針對股票內在價值的評估包含歷史資料和未來預期兩部分。歷史資料是可以準確測算的，被稱為定量分析；而未來預期則需要根據事實來合理推論，被稱為定性分析。

　　定量分析可以參考企業的各類統計資料，包括損益表和資產負債表中所有有用的項目，還包括和以下方面相關的其他資料，如產量、單位價格、成本、產能、未完成訂單等。

對內在價值進行評估的困難不在於定量分析，而在於定性分析。根據一家企業過去的資料進行分析，並歷史形成評價並不難，但要想預測其未來的發展就沒那麼容易了，需涉及非常複雜的定性分析，比如：行業是不是前景明朗，該企業的管理層是不是優秀，業務性質有無變化，等等。

定量分析和定性分析都必須結合在一起，不能拋棄任何一種方法。定量分析是定性分析的基礎和前提。核心定內在價值時，定性因素應該參考定量因素，而不應該憑感覺臆測。沒有事實支撐的想像只會帶來風險，單純基於感覺的投資策略是十分危險的。

（3）安全邊際

葛拉漢提出使用安全邊際原則來篩選股票：購買價格低於投資者所衡量的最低內在價值的股票。此處的內在價值不是帳面價值，而是結合了定量分析與定性分析，以定量分析為必要條件，以成長性為依據的價值。

評估一檔股票的內在價值時，應當盡可能預估低價。如果當前市場價格低於原估值，則可將差額視為「安全邊際」，而折扣幅度越大，則安全邊際就越大。

2. 葛拉漢的投資原則

我們可以從以下幾點來理解葛拉漢的投資原則。

（1）分散投資

投資組合應該採取多元化策略。正如俗話說的「雞蛋不能都放在一個籃子裡」，建議投資者建立一個廣泛的投資組合，將其投資分佈在各個行業的多家企業中，從而減少風險。

（2）價值投資

價值投資是根據企業的內在價值的估值，而非根據市場的價格波動進行投資的。

（3）利用平均成本法進行有規律的投資

平均成本法是指投資固定數額的現金，並保持有規律的投資間隔。類似於定投策略，當價格較低時，投資者可以買進較多的股票和基金；當價格較高時，就少買一些。暫時的價格下跌提供了獲利空間，最終賣掉股票的所得會高於平均成本。

在《證券分析》最早的版本中，葛拉漢提出了一種量化交易的選股方法，如下所示。

（1）市盈率（PE）的倒數（即股票的盈利收益率）應大於 AAA 債券收益率的 2 倍。舉例來說，若某檔股票的市盈率為 10 倍，則盈利收益率為 10%，如 AAA 債券收益率為 4%，則該檔股票的盈利收益率滿足條件；

（2）股票的市盈率應小於最近 5 年內所有股票平均市盈率的 40%；

（3）股息率大於 AAA 債券收益率的 2/3；

（4）股價低於每股有形帳面價值的 2/3；

（5）股價低於每股淨流動資產價值（NCAV）的 2/3，淨流動資產價值的定義為流動資產（每股收益）減去流動負債；

（6）債務權益比率（帳面價值）必須小於 1，即總負債要小於有形資產淨值；

（7）流動比率（流動資產／流動負債）要大於 2；

（8）負債小於淨流動資產價值的 2 倍；

（9）每股收益（EPS）歷史增長（至少過去 10 年）大於 7%；

（10）在過去 10 年中，盈利的下降不超 2 年。

去除時間過長的因素（9）和因素（10）後，剩餘的 8 個因素可以被分成兩組：前 5 個因素和後 3 個因素。比起後 3 個因素，前 5 個因素之間的連結性更強，是在衡量股票的廉價程度。在前 5 個因素中，前 2 個因素是在比較企業的股價與其報告的盈利，投資者應購買市盈率低於某一設定值的股票；接下來的 3 個因素將股票價格與其股利、帳面價值和淨流動資產價值進行比較。整體上，前 5 個因素是在告訴我們，要購買那些價格相對於內在價值更低的企業。

與前 5 個因素相比，後 3 個因素不涉及股票價格。後 3 個因素可以被看作一個整體，來度量企業的品質或優秀程度，這些因素都是基於基本面指標的。因素（6）～因素（8）是在衡量債務（槓桿）及短期流動性（償付能力）；因素（9）和因素（10）是對企業的歷史盈利增長率和增長的一致性的度量。

簡而言之，葛拉漢推薦購買槓桿率低、償債能力高、一段時間內的盈利增長率表現不錯的企業。一般而言，高增長、穩定增長、低槓桿和流動性良好的企業都是品質不錯的企業。

史丹佛大學商學院的 Charles Lee 教授及其學生在此基礎上根據當前的情況更新了部分選股方法，舉例來說，以自由現金流收益率替換股息率，只需要過去 5 年而非 10 年的收益增長。他們還利用美國 1999 年 1 月 2 日至 2013 年 11 月 9 日的資料對這種方法進行了回溯測試。結果發現，這個已 80 多歲的選股方法即使放到現在也能取得不錯的成績。

從年化收益率來看，使用這個選股方法選出的前 2 個十分位數股票的年化收益率平均約為 14%，而最後 2 個十分位數股票的年化收益率平均約為 5%。作為比較，價值加權的標普中型股 400 指數在同一時期的年化收益率為 8.5%。該回測結果證明了在將近 14 年的美股市場上，更便宜和更高品質的股票最終賺取了更高的收益。

葛拉漢經歷了 1929 年之前投資市場的瘋狂和之後的美國經濟大蕭條，也切身感受過投資失敗後的巨大痛苦。但是他痛定思痛，給整個投資行業帶來了《證券分析》這部經典著作，並積極地傳播價值投資的理念，幫助投資者區分投資與投機，並且提出了投資的數量分析方法，解決了投資者的迫切問題，帶領投資者回歸理性，也給現代的基本面量化交易提供了理論基礎，其歷史意義不可估量。

2.1.3　實戰案例：巴菲特的量化交易策略

1. 巴菲特量化交易策略的發展歷程

　　提到價值投資，就不得不提到歷史上最偉大的價值投資者之一──華倫 • 巴菲特（Warren Buffett）。在 2008 年公佈的富比士世界富豪排行榜中，巴菲特以 620 億美金的資產位居榜首。而在投資了巴菲特掌管的波克夏 • 海瑟威公司的人中，有數以萬計的人成為億萬富翁。僅在巴菲特的家鄉奧馬哈，就有近 200 名億萬富翁是由巴菲特造就的。這樣的致富成就，歷史上很難再找到其他例子了。波克夏 • 海瑟威公司的淨資產年化收益率近 20%，並且這個 20% 的淨資產年化收益率竟然持續了 50 多年之久。對投資的操盤手來說，保持一段時間的高收益很容易，但是持續穩定地保持幾十年的高收益就實在太難了，所以說巴菲特的投資成就簡直是一個奇蹟。

　　巴菲特在哥倫比亞大學師從於價值投資理念的開創者──葛拉漢，而且巴菲特是在哥倫比亞大學的投資課上唯一一個被葛拉漢給予了「A ＋」的最優秀的學生。巴菲特在老師葛拉漢的價值投資原則的基礎之上，增加了能力圈原則。巴菲特只投資自己能夠理解的行業，但是他的能力圈不是固定不變的，他在不停地學習、不斷地拓展自己的能力圈。具備如此的專注度和學習能力的投資者，是值得我們學習的榜樣。

2. 巴菲特量化交易策略的底層邏輯

　　那麼巴菲特是怎麼將價值投資的理念落實到選股方法上的呢？大道至簡，其核心是尋找優質企業並且長期持有這些企業的股票。

　　選擇優質企業就需要分析各企業的基本面指標。我們在網際網路上能很方便地找到巴菲特的選股言論，且這些言論在他每年發佈的給股東的信裡也隨處可見，總結起來就是 4 個指標：淨資產收益率、毛利率、淨利率、市盈率。

　　我們先來介紹一下這 4 個指標。

（1）淨資產收益率

淨資產收益率（Return On Equity，ROE）的計算公式為：淨資產收益率 = 淨利潤 / 平均淨資產。

判斷一家公司的品質，首先要看其淨資產收益率。淨資產收益率反映的是一個公司的盈利能力。淨資產收益率越高，反映出公司的盈利能力越強。淨資產收益率高的公司很多，而好公司和普通公司的區別在於：好公司的淨資產收益率會長時間維持在一個很高的水準。如果想要可靠地找到優秀的公司，就需要看每個公司過去 5 年乃至 10 年的淨資產收益率。

現在公司的年報、季報都有各種歸納好的資料，即使是不懂會計原理的人，也只需簡單學習就可以運用這些資料。除了少數特殊週期股和科技股，一般而言，優秀企業的年淨資產收益率不應該低於 15%，而且持續時間越長越好。對於淨資產收益率這一指標，最好是看其 5 年平均值，最少也應該看其 3 年平均值，並且要看其平均淨資產收益率是否都在 15% 以上。淨資產收益率介於 10% ～ 15% 的公司也可以被納入關注範圍，只要其指標趨勢是逐步向上的，從基本面可以找到強有力的邏輯作為支撐，也能說明該企業的發展逐步向好。

值得注意的是，在關注淨資產收益率的同時還需要注意財務報表中可能存在的「貓膩」，舉例來說，財務槓桿偏高可以提高淨資產收益率，但這也表示企業的經營風險較高。2018 年前後，A 股很多公司爆雷、巨虧就和負債過高有關係。

（2）毛利率

毛利率的計算公式為：毛利率 = 毛利潤 / 銷售收入。

相較於淨資產收益率，毛利率的計算更簡單：它的分子和分母都來自利潤表。其中，分子是用主營業務收入減去主營業務成本，分母是主營業務收入。雖然毛利率這個指標很簡單，但是卻非常重要。毛利率反映了企業把銷售收入轉化為經濟效益的能力，代表了企業的核心競爭力和核心盈利能力。

　　毛利率既能反映所處行業的發展狀況，也能反映一個企業在行業中的定價權。如果一家企業有核心競爭力，那麼毛利率一定是不低的。它的核心產品的定價能力就表現在毛利率上面，所以一般建議選擇毛利率高一點的企業進行投資。

　　一家有發展前景的企業，銷售收入應逐年增長，且即使營業成本、銷售費用、管理費用、折舊和攤銷費用等也在相應增長，但後者的增長幅度應該低於銷售收入的增長幅度。隨著銷售收入的大幅度增長，企業的毛利率應該保持不變或進一步增長。如果毛利率節節下降，則預示企業有衰退的可能性。因此，我們要尋找毛利率保持不變或有所增長的企業。而且即使拉長時間，企業的毛利率也一般比較穩定，除非外部環境有重大變化，否則不會有大幅波動。我們可以在同一行業內橫向對比，該企業的毛利率與行業內其他企業的差異一般不會特別大。如果一個企業的毛利率有異動，而同行業其他企業的毛利率資料正常，那麼投資者就需要仔細分析。

　　在同一個行業中，不同企業的毛利率差異可能很大。在同一個行業中，「護城河」優勢比較大的企業能夠執行差異化的價格競爭戰略，所以產品定價高、成本低、毛利率高。沒有「護城河」優勢或「護城河」優勢比較小的企業，就不得不參與異常殘酷的價格競爭，產品定價不高、成本不低、毛利率偏低。

　　在不同行業中，產品的毛利率差別可能非常大。擁有核心產品或核心技術的企業，它們通常有較強的產品定價能力，所以毛利率一般比較高。而在屬於「夕陽產業」的行業中，即使是行業龍頭，無論再怎麼努力，也都是強弩之末，苦苦支撐而無法進一步發展，更別提行業中的其他中小公司了。巴菲特投資的波克夏・海瑟威公司就是一個例子。巴菲特後來反思，這不是一次成功的投資，因為波克夏・海瑟威公司所在的紡織業正處於「夕陽」時期，到了後來甚至需要用其他領域的收益來給波克夏・海瑟威公司「輸血」。所幸巴菲特坦然地面對了這次失敗，並且儘快關閉了這家公司的原有業務。所以，巴菲特說要在偉大的行業中尋找偉大的企業，而不能在糟糕的行業中苦苦尋覓。

（3）淨利率

淨利率的計算公式為：淨利率 = 淨利潤 / 銷售收入。

淨利率同樣反映了企業把銷售收入轉化為經濟效益的能力。

不同行業之間淨利率的高低存在巨大差異，其原因在於不同行業的競爭格局不同。有些行業門檻低，競爭白熱化，產品和服務同質化，企業之間不停地打價格戰，所以淨利率很低，在可見的未來還會維持較低的淨利率。有些行業門檻比較高，幾乎沒有競爭或沒有充分競爭，產品和服務差異化非常大，企業之間可以差異化定價，淨利率比較高，在未來很長一段時間內還會維持較高的淨利率。

（4）市盈率

市盈率（Price Earnings Ratio，PE）的計算公式為：市盈率 = 每股市場價格 / 每股稅後收益。

企業的市盈率是判斷該企業股價是否便宜的標準，表示條件不變的情況下收回成本的期限。舉例來說，以 10 倍的市盈率去投資一家公司，光靠分紅的話，大概需要 10 年才能收回投入的成本。

市盈率越低，說明企業估值越低，通俗來說就是股價越低。整體來看，低市盈率策略的確可以帶來超額收益。但是不加判別地買入低估值股票，不免會落入「低估值陷阱」的圈套——買入的股票不僅不安全，而且無法帶來投資收益，甚至可能造成巨大的投資損失。

投資大師菲利浦・費雪也曾有過類似的經歷。費雪是另一位對巴菲特產生了重大影響的老師，甚至可以說費雪幫助巴菲特進行了投資理念的升級。巴菲特曾認真學習過費雪的著作，並將它們融會貫通，形成了自己新的投資思想。巴菲特坦誠地說自己 85% 像葛拉漢，剩下的 15% 像費雪。費雪曾滿倉買入 3 只被低估的股票，其中 1 只的市盈率在當時已低到不可思議的地步。可是 3 年之後，這 3 檔股票的價格依然在持續下跌。費雪發現，這些公司的市盈率依舊很低，甚至比 3 年前買入時還要低。後來費雪反思道：「低市盈率並不能保證什麼，反而有可能是一個預警訊號，指出這家公司可能存在著缺點。」

所以市盈率低並不總是表示更高的投資收益率，市盈率要和其他指標結合起來使用才能更進一步地發揮作用。

3. 巴菲特量化交易策略的實戰流程及案例

我們來看一下巴菲特的量化選股標準。

（1）淨資產收益率

巴菲特曾提到過，如果非要用一個指標進行選股，那麼他會選擇淨資產收益率。他選擇的公司，都是淨資產收益率超過 20% 的公司。所以，第一個指標的量化標準是：

$$ROE > 20\%。$$

（2）毛利率

巴菲特曾提醒投資者：如果一個行業的平均毛利率低於 20%，那麼幾乎可以斷定這個行業存在著過度競爭，在這樣的行業中，很難會有一家公司能在同行競爭中創造出可持續性的競爭優勢。我們可以觀察伯克希爾的長期持倉股票，毛利率通常都在 40% 左右，比如可口可樂公司股票的毛利率是 60%、蘋果公司股票的毛利率是 40%。因此，第二個指標的量化標準是：

$$毛利率 > 40\%。$$

（3）淨利率

關於淨利率，巴菲特沒有說具體指標，他只是說要有優秀的管理層，這樣就可以做到「以最小的成本獲得最大的收益」。業內通常將其總結為，淨利率至少要在 5% 以上。所以第三個指標的量化標準是：

$$淨利率 > 5\%。$$

上述是巴菲特的量化選股標準，接下來介紹一下巴菲特的止盈止損標準。

葛拉漢所定義的市盈率安全範圍是 10 倍之內，而巴菲特在投資實踐中設定的市盈率安全範圍則是 15 倍以內。

那麼，A 股市場的市盈率又是多少才合理呢？我們將 2000 年以來 A 股的 3 個重要底部資料情況列出來對比一下。由於時間跨度較長，為了避免 A 股不同時期上市公司數量和規模差異帶來的誤差，我們使用中位數來進行對比：2005 年 6 月市盈率為 21.49 倍；2008 年 10 月市盈率為 15.94 倍；2013 年 6 月市盈率為 27.81 倍。

透過歷史資料可以看到，即使 A 股在底部的時候，市盈率還是高於巴菲特設定的範圍，所以我們可以把市盈率設定在 20 倍到 40 倍之間。

策略邏輯如下。

①回測區間：從 2010 年 6 月到 2022 年 12 月，初始投入 10 萬元，每次買入一手。

②選股標準：如前文所述，一般看企業過去 5 年的指標，所以設定股票考察期為 5 年，具體標準如下。

第一，近 5 年淨資產收益率大於 20%；

第二，近 5 年公司毛利率大於 40%；

第三，近 5 年公司淨利率大於 5%。

③交易頻率：1 年交易一次。

④止盈止損標準：市盈率低於 20 倍就買入，高於 40 倍就賣出，不符合選股標準的就賣出。忽略市場波動，賺企業價值回報的錢，獲得的年化收益十分接近巴菲特在美股的投資。

4. 巴菲特量化交易策略的邏輯思維導圖

圖 2.1 為巴菲特量化交易策略的邏輯思維導圖。

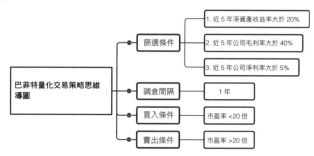

▲ 圖 2.1　巴菲特量化交易策略的邏輯思維導圖

5. 巴菲特量化交易策略的實戰程式範例

參考程式如下所示：

```
# 巴菲特量化交易策略程式實現
# 匯入函數程式庫
from jqdata import *
# 初始化函數，設定基準，等等
def initialize(context):
    # 設定執行週期
    set_params()
    # 設定滬深 300 指數作為基準
    set_benchmark('000300.XSHG')
    # 為全部交易品種設定固定值滑點
    set_slippage(FixedSlippage(0.02))
    # 開啟動態複權模式 ( 真實價格 )
    set_option('use_real_price', True)
    # 股票類每筆交易時的手續費是：買入時傭金的萬分之二點五，賣出時傭金的萬分之二點五
加千分之一印花稅，每筆交易傭金最低扣 5 元
    set_order_cost(OrderCost(close_tax=0.001, open_commission=0.0025,
close_commission=0.0025, min_commission=5), type='stock')
    # 輸出內容到日誌
    log.info(' 初始函數開始執行且全域只執行一次 ')
    # 每月第一個交易日執行
```

```
    run_monthly(market_open, 1 ,time = '9:30')
# 設置執行週期
def set_params():
    g.months=0
    g.threshold =12
## 開盤前執行函數
def before_market_open(context):
    # 輸出執行時間
    log.info(' 函數執行時間 (before_market_open)：
'+str(context.current_dt.time()))
## 開盤時執行函數
def market_open(context):
    # 建立全部股票的字典
    stock_monitor = {}
    # 呼叫財務資料的年份
    current_year = str(context.current_dt.date())[0:4]
    for i in range(1,4):
        history_year = int(current_year)-i #i 年前
        # 獲取指標符合條件的股票
        stock_in_scope =
get_fundamentals(query(valuation.code,indicator.gross_profit_margin,in
dicator.roe,indicator.net_profit_to_total_revenue).filter(# 透過 filter 敘述
篩選出符合條件的股票
        indicator.roe > 20,                 # 淨資產收益率（ROE）大於 20%
        indicator.gross_profit_margin > 40,    # 毛利率大於 40%
        indicator.net_profit_to_total_revenue > 5,), # 淨利率大於 5%
         statDate=str(history_year))
        stockpool = list(stock_in_scope['code']) # 輸出列表
        for i in stockpool:
            stock_monitor[i] = stock_monitor.get(i,0)+1
# 放入字典，值為符合財務資料的年份的計數
    stock_good = [k for k,v in stock_monitor.items() if v==3]
    # 選出 3 年都符合的股票
    # 選出現在市盈率低於 20 倍的股票
    stock_meet_buy_condition = get_fundamentals(query(
    valuation.code,valuation.pe_ratio ).filter(
    valuation.pe_ratio > 0,
    valuation.pe_ratio < 20,
```

```python
    ))
    stockpool_buy_target = list(stock_meet_buy_condition['code'])
    stock_to_buy = list(set(stock_good)&set(stockpool_buy_target))
    # 選出現在市盈率高於 40 倍的股票
    stock_meet_sell_condition = get_fundamentals(query(
    valuation.code,valuation.pe_ratio
    ).filter(
    valuation.pe_ratio > 40,
    ))
    stock_to_sell = list(stock_meet_sell_condition['code'])
    # 獲取當前持倉股票
    stockset = list(context.portfolio.positions.keys())
    if g.months % g.threshold == 0:   # 判斷週期，1 年交易一次
        print('最終要買的股票為：' + str(stock_to_buy))
        for stock in stockset:
            if stock in stock_to_sell:
                order_target(stock,0) # 市盈率太高，賣出
            if stock not in stock_good:
                order_target(stock,0) # 不符合財務要求，賣出
        for stock in stock_to_buy:
            order(stock,100) # 優質股票，買入一手
        g.months = 1
    else:
        g.months += 1
## 收盤後執行函數
def after_market_close(context):
    log.info(str('函數執行時間
(after_market_close):'+str(context.current_dt.time())))
    # 得到當天所有成交記錄
    trades = get_trades()
    for _trade in trades.values():
        log.info('成交記錄：'+str(_trade))
log.info('######')
```

2.1.4 基本面投資與基本面量化交易的區別

基本面量化交易的底層邏輯源自基本面投資,但是基本面量化交易者和基本面投資者又有著很大的不同。兩者在考察股票價值時,面對的資訊是相似的甚至完全相同的,但它們對相同資訊的分析方式與投資方法卻相差很大。

採取基本面投資的基金經理,面對的是市場上的數千家上市公司,不可能對每一檔股票進行詳盡的研究和分析,因此通常會先做一個初步的篩選。隨後會對篩選之後的他們認為有投資價值的股票進行詳細的研究。他們根據自己多年的投資經驗或市場感覺、業內人士提供的訊息,甚至是生活中隨機對話的啟發,來選擇幾家重點考察的公司。在經過詳盡的分析和預測後,基金經理往往會選取「最好」的幾十檔股票建構投資組合,並對他們認為最有潛力的幾檔股票給予更大的倉位權重。

採取基本面量化交易策略的基金經理則不同,建構選股模型是他們工作中最重要的一環。量化交易者會投入大量的精力決定選取哪些指標進行股票篩選。透過建構選股模型,基金經理可能會選出最具吸引力的 100 ～ 200 檔股票,然後按照一定的行業配比最佳化股票配置。量化交易者會買入所有選出的股票,建構投資組合。

所以,我們可以看到基本面投資和基本面量化交易存在以下差異。

1. 關注點不同

基本面投資關注的是單一公司,而基本面量化交易則特別注意選股模型——如何選取有效的指標。在研究一家公司時,基本面投資者會特別關注目標公司的預期收入增長情況,並且判斷當前股價是否已經表現了這方面的資訊。相比之下,基本面量化交易者考慮的方向則是選取什麼指標來量化公司的成長能力。他們會特別注意歷史資料,因為過去收入持續高增長的公司往往有著更高的股票收益,所以基本面量化交易者就會將這些公司納入自己的投資組合。儘管這兩種投資者可能都會因公司收入的高增長特徵而買入同一檔股票,但他們的決策方式是不同的。

2. 投資風格不同

　　基本面投資可以說是一種高投資深度、低投資廣度的投資風格；而基本面量化交易是一種低投資深度、高投資廣度的投資風格。基本面投資者一般只關注少數幾十檔股票，然後對關注的每家公司單獨進行深入的調研、了解和預測。而基本面量化交易者會同時關注大量的公司，他們不會深入分析每家公司的具體資訊，而通常運用統計學和機率來找到能有效區分「好股票」和「壞股票」的指標，從而建構選股模型。

3. 對待歷史資料的態度不同

　　基本面投資關注的是未來或預期，基本面量化交易關注的是過去或規律。基本面投資者也會參考歷史資料和歷史資訊，但往往是將歷史資料當作預測公司未來情況的依據。基本面量化交易者則完全基於歷史資料或歷史資訊來決定選股模型和投資策略，他們相信歷史會重演，並透過對資料的分析來尋找能實現超額收益的「規律」。他們會考察公司的歷史財務資料和市場表現資料，進行多次歷史資料的模擬測試，來尋找最有效的指標，以此建構選股模型。

4. 關注的風險不同

　　基本面投資者關注公司層面的風險，基本面量化交易者關注選股模型的風險。基本面投資者對每檔股票都進行詳盡的分析，重點分析公司層面和社會層面可能存在的風險（如巨觀經濟風險、行業政策風險等），對風險的度量通常是進行定性分析。基本面量化交易者透過歷史資料的回溯測試來研究大量股票呈現的統計規律，他們會在整個投資組合的層次上考慮風險。透過投資組合實現對風險的精確度量，以便有效地控制組合風險。

5. 倉位管理不同

　　基本面投資者的投資組合倉位通常更加集中，而基本面量化交易者的倉位則更加分散（通常最大持倉股不超過 2%）。基本面投資者關注的股票較少，每檔股票的倉位相對更大；基本面量化交易者關注的股票數量多，根據統計規律和投資組合，資金往往更加分散，從而每檔股票的倉位更小。

6. 決策方式不同

基本面投資者的分析依賴於分析師的個人能力，而基本面量化交易者的分析離不開電腦的輔助。基本面投資者可能也會使用如 Excel 等軟體進行計算和分析，但他們對於估值參數的選取更多地依據主觀判斷。基本面量化交易者也思考有效指標背後的邏輯，但會更多地參考回溯測試的結果。人類投資者可能會受情緒影響，出現非理性的投資行為，即使是優秀的基金經理也不例外。而電腦沒有人類的私心雜念，選股模型會嚴格地按照基本面量化交易者的設定來執行，只要投資者不去人為干預電腦的執行，就能有效規避非理性行為。

如果把投資定義為科學與藝術的結合，則基本面投資的藝術特質更加突出，而基本面量化交易的科學性更強。

▌ 2.2 資產配置量化交易策略

資產配置是政府和企業機構乃至普通民眾都要面對的現實問題。對資產配置進行的相關研究不僅可以讓我們知道不確定條件下的投資決策，解釋投資者的行為，也可以幫助政府、企業機構和普通民眾管理有限的自然資源。

生產要素可以實現資產的增值，提高資本的投資效率，分散投資中的風險。在資產配置最佳化問題中，投資決策者（可以是企業經理、證券市場交易者、基金管理者、家庭成員中的每個人等）在不確定的環境資源約束下，依據一定的準則選擇以適當比例持有多種風險資產。這些資產可以是股票、債券、基金等有價證券，也可以是外匯、不動產和私人資本等，還可以是各種金融衍生品、實業投資計畫、人力資本等。資產配置最佳化問題還可以是社會資源的最佳化利用，企業新產品生產計畫安排，養老金計畫的制訂，養老基金、保險基金的再投資，公共資源的合理開發，等等。

2.2.1　資產配置量化交易策略的底層邏輯

　　一些投資者認為投資的底層邏輯是「風險博弈」，即若想預測市場，就只能透過平衡收益和風險的方法來賺取市場溢價，其底層演算法是市場永遠存在基於風險指數曲線重構倉位的「風險錨」。從馬科維茲的投資組合理論到默頓的動態資產配置模型，半個多世紀以來，這些方法把投資從單兵作戰的時代，推向了管線作業的工業時代。不論是基於夏普比率的平均值 - 方差模型，還是由橋水基金的全天候資產配置策略演變而來的風險平價模型，都是透過定期動態調整倉位來計算有效前端，從而完成對市場的博弈的。

1. 投資組合理論

　　證券及其他風險資產的投資首先需要解決的是 2 個核心問題：預期收益與風險。那麼如何測定組合投資的風險與收益和如何平衡這兩項指標進行資產分配是市場投資者迫切需要解決的問題。正是在這樣的背景下，馬科維茲的投資組合理論在 1952 年應運而生。

　　馬科維茲把投資組合的價格變化視為隨機變數，以它的平均值來衡量收益，以它的方差來衡量風險，把投資組合中各種證券之間的比例作為變數，那麼尋求收益一定、風險最小的投資組合的問題就被歸結為一個線性約束下的二次規劃問題，再根據投資者的偏好，就可以進行投資決策。

　　投資組合理論指若干種證券組成的投資組合，其收益是這些證券收益的加權平均數，但其風險不是這些證券風險的加權平均數，因為投資組合能降低非系統性風險。該理論包含 2 個重要內容：平均值 - 方差模型和投資組合有效邊界模型。

　　平均值 - 方差模型是馬科維茲在 1952 年提出的風險投資模型。馬科維茲把風險定義為收益率的波動率，首次將數理統計的方法應用到投資組合選擇的研究中。這種方法使收益與風險的多目標最佳化達到最佳的平衡效果。

分析理解平均值 - 方差模型，需要依據以下幾個假設。

假設一，投資者在考慮每一次的投資選擇時，其依據是某一持倉時間內的證券收益的機率分佈；

假設二，投資者是根據證券的期望收益率的方差或標準差來估測證券組合的風險的；

假設三，投資者的決定僅依據證券的風險和收益；

假設四，在一定的風險水準上，投資者希望收益最大；相對應的是，在一定的收益水準上，投資者希望風險最小。

根據以上假設，馬科維茲確立了證券組合預期收益、風險的計算方法和有效邊界理論，建立了資產最佳化配置的平均值 - 方差模型。模型的目標函數為投資組合 $\sum_i x_i r_i$ 的方差：

$$\sigma^2 = \mathrm{var}\left(\sum_i x_i r_i\right) = \sum_{ij} x_i x_j \mathrm{cov}(r_i, r_j)$$

約束條件為：

$$\sum_i x_i E(r_i) \geq \mu, \quad \sum_i x_i \leq 1, \quad x_i \geq 0$$

若證券 i 允許賣空，則可以去掉相應的 $x_i \geq 0$ 的約束。這裡的 x_i 表示在證券 i 上投入的資金比例，全部投資的總比例 $\sum_i x_i \leq 1$ 不超過預算。第 i 檔股票的收益 r_i 的期望值為 $E(r_i)$，2 檔股票 i、j 的收益的協方差為 $\mathrm{cov}(r_i, r_j)$，所求的投資組合要達到的期望收益為 $\sum_i x_i E(r_i) \geq \mu$。為達到目標期望收益 μ，透過調整資金比例 x_i 可使得風險 σ^2 最小。

2. 風險平價模型

風險平價起源自一個目標收益率為 10%、波動率為 10% ～ 12% 的投資組合，是美國橋水基金創始人瑞 · 達利歐在 1996 年創立的投資原則，即全天候資產配置原則，這一原則現在被稱為「風險平價」（Risk Parity）。

　　風險平價是一種為投資組合中的不同資產分配相同風險權重的資產配置理念。先假設某一資產組合 p 由兩類資產（如股票與債券）組成：

$$R_p = w_1 R_1 + w_2 R_2 \text{ ，}$$

其中 R_1、R_2 分別是兩類資產的收益，w_1、w_2 分別是兩類資產的配置比重，且有 $w_1 + w_2 = 1$。將風險定義為資產收益的標準差，則組合 p 的風險為：

$$\sigma\left(R_p\right) = \sqrt{w_1^2 \sigma\left(R_1\right)^2 + w_2^2 \sigma\left(R_2\right)^2 + 2 w_1 w_2 \text{cov}\left(R_1, R_2\right)} \text{ 。}$$

將 $\sigma\left(R_p\right)$ 看作 w_1 和 w_2 的函數，定義資產 1 對組合 p 的邊際風險貢獻，即資產 1 的單位配資權重 w_1 的增長引起的組合風險 $\sigma\left(R_p\right)$ 的增長：

$$\text{MRC}_1 = \frac{\partial \sigma\left(R_p\right)}{\partial w_1} = \frac{w_1 \sigma\left(R_1\right)^2 + w_2 \text{cov}\left(R_1, R_2\right)}{\sigma\left(R_p\right)} = \frac{\text{cov}\left(R_1, R_2\right)}{\sigma\left(R_p\right)}$$

則資產 1 對組合的總風險貢獻為：

$$\text{TRC}_1 = w_1 \frac{\partial \sigma\left(R_p\right)}{\partial w_1} = \frac{w_1^2 \sigma\left(R_1\right)^2 + w_1 w_2 \text{cov}\left(R_1, R_2\right)}{\sigma\left(R_p\right)} = w_1 \frac{\text{cov}\left(R_1, R_2\right)}{\sigma\left(R_p\right)}$$

組合 p 的總風險可以被拆分成各項資產總風險貢獻之和：

$$\sigma\left(R_p\right) = \frac{w_1^2 \sigma\left(R_1\right)^2 + w_2^2 \sigma\left(R_2\right)^2 + 2 w_1 w_2 \text{cov}\left(R_1, R_2\right)}{\sigma\left(R_p\right)} = \text{TRC}_1 + \text{TRC}_2$$

則資產 i 在組合 p 中的風險貢獻權重可以表示為：

$$\frac{\text{TRC}_i}{\sigma\left(R_p\right)} = w_i \beta_i$$

其中 $\beta_i = \dfrac{\text{cov}\left(R_i, R_2\right)}{\sigma\left(R_p\right)^2}$。可見各項資產對組合風險的貢獻權重並不一定等於資金配比權重 w_i，而是在 w_i 上乘以一個與該資產和組合的協方差有關的數 β_i。

　　對於 60 / 40 股債組合，假設股票風險為 4.50%，債券風險為 1.62%，兩者協方差為 0.02%，則組合風險為 2.70%，計算得到股票對組合的風險貢獻權重為：

$$\frac{\text{TRC}_{\text{stock}}}{\sigma\left(R_p\right)} = 60\% \left[\frac{60\% \times \left(4.50\%\right)^2 + 40\% \times 0.02\%}{\left(2.70\%\right)^2}\right] = 75.84\%$$

股票風險貢獻權重接近 80%，可見組合中股票的風險佔顯著主導地位，組合風險並沒有得到有效分散。

風險平價模型要求選擇合適的資金配比 w_i，使得組合中各項資產的風險貢獻相等，即

$$TRC_i = TRC_j$$

或

$$\frac{TRC_i}{\sigma(R_p)} = \frac{1}{N}$$

式中 i、j 遍歷各項資產，N 為資產總數。對於上述股債的例子，在風險平價方法下，計算股票與債券所佔組合資金比重應求解以下方程組：

$$w_{stock}^2 \left(4.50\%\right)^2 + w_{stock} \times w_{bond} \times 0.02\%$$
$$= w_{bond}^2 \left(1.62\%\right)^2 + w_{stock} \times w_{bond} \times 0.02\%$$
$$w_{stock} + w_{bond} = 1$$

解得 w_{stock}、w_{bond} 分別為 39.97%、60.03%，因此風險平價條件下的組合風險計算結果為 2.27%，股票與債券各自貢獻風險為 2.43%、1.11%。

假如無法理解上述計算邏輯，不妨借助下 GPT，本書第 5.5 節有詳細的介紹。

2.2.2 資產配置量化交易策略的代表人物及其投資邏輯

資產配置量化交易策略的代表人物首推建立橋水基金（Bridgewater Associates）的瑞 · 達利歐。

達利歐的投資經歷可以追溯到他的少年時代，他將打零工的所得投資給了他的第一檔股票——東北航空。但當時的達利歐並不知道，東北航空其實已經瀕臨破產。在最初挑選投資的公司時，達利歐挑選了他所聽說過的股票價格最便宜的公司，就像我們多數人的第一筆投資一樣。但達利歐是幸運的，瀕臨破產

的東北航空被另一家公司收購，年少的達利歐因此財富增長了兩倍。這使得達利歐開始癡迷於此，也從此開啟了達利歐投資的一生。

20 世紀 60 年代的美國經濟正處於極盛時期，其經濟總量佔當時全球經濟的 40%。那些年，美國股市很火爆，人人都在賺錢，而投資似乎很簡單，隨便買檔股票看著它漲就是了。當時美國人中流行的認知是股市肯定會不停地上漲，因為在此之前的 10 年裡，股價已經平均上漲了 3 倍。因此，「成本平均策略」（即我們眾所皆知的「定投」）被當時大多數人採納。

創造傳奇的人大多都有一段坎坷的經歷：遇到挫折，在挫折中吸取教訓、總結經驗，戰勝挫折，遇到新的挫折……這個過程聽起來很像 PCDA（Plan，Check，Do，Act）循環（或稱戴明環），不斷地從每一次失敗中吸取教訓，總結經驗，調整策略，形成準則。

「在交易中賺到錢的人，都必然經歷過可怕的痛苦。交易就像跟電打交道，你可能被電擊。在做這樁豬腩期貨交易及其他交易時，我感受到了電擊，以及與之相伴的恐懼。」這是 1974 年達利歐在自己手中持有的豬腩期貨連續數天跌停後的感受，這段刻骨銘心的經歷讓他意識到了風險控制的重要性，也讓他意識到「必須確保任何一次押注，甚至賭注組合，都不能使自己的損失超過可以接受的限度。在交易中，你必須既有防禦心，又有進攻心。如果沒有進攻心，你就賺不到錢；而如果沒有防禦心，你的錢就保不住」。

當時，8 年的從業經驗使得達利歐有超凡的自信，他堅信自己的眼光與對時局的判斷力。也就是這份離譜的過度自信，使他失去了全部，一下回到了原點。

1982 年 8 月，隨著墨西哥等國家對其債務違約，美國的商業貸款活動陷於停頓。作為對一系列債務違約事件的回應，美聯儲增加了貨幣供給。而達利歐在此時預言美國的經濟將崩潰，甚至最終有可能發生惡性通貨膨脹。達利歐判斷美國的信貸問題將越來越嚴重，所以他開始買入黃金和美債期貨作為對歐洲美金的對沖。但隨著資金（以美金計價的資金）大舉撤出借債國，大量的美金回到美國，美金在升值的同時使得美國的經濟出現了通縮的壓力，從而讓美聯儲可以在不加劇通脹的情況下降息，最終驅動了一場經濟繁榮。而做出錯誤判斷的達利歐也因此失去了所有。經此之後，達利歐找到了他成功的唯一途徑：

第一，尋找最聰明的與自己觀點不同的人，以便更進一步地理解他們的推理；

第二，認清自己在哪些情況下沒有明確的觀點，不急於下結論；

第三，逐步總結出永恆和普適的原則，對其進行檢驗，並加以系統化；

第四，透過平衡風險，實現較高的收益和降低下跌波動。

這次失敗也開啟了他的「試煉之路」。就如同邱吉爾所說的那樣，「永遠不要浪費一次危機」。達利歐將「危」轉化成「機」，透過不斷總結經驗，調整策略，在危機來臨之時，使其管理的基金的收益遠超其他基金。這使他逐漸走入了人們的視野，從幕後走到了台前。

1987 年 10 月 19 日，美國股市出現了歷史上的最大單日跌幅，人們將這一天稱為「黑色星期五」。而達利歐是少數預見到市場將劇烈下跌的投資經理之一，並在「黑色星期五」來臨之前就做空了股票。在「黑色星期五」當天，大多數人的業績都在下滑之時，達利歐團隊的業績卻增長了 22%，更多的人開始關注這個團隊，而媒體則稱他們是「十月英雄」。

2007 年，償債成本的增速將要超過預期現金流的增速，並且世界各國的利率已經接近於 0。因此，達利歐的團隊判斷，一場債務泡沫即將發展到崩潰點，因為各國央行在本國利率接近 0 的情況下，難以採取足夠有力的貨幣寬鬆政策來扭轉下滑的經濟趨勢。這與 1982 年的債務危機爆發前夕類似，但失敗的教訓以及多年的知識累積讓達利歐變得謹慎了許多。他沒有像在 1982 年債務危機那樣「自以為是」地投入更多的籌碼，而是對押注進行了對沖。2008 年 9 月，雷曼兄弟公司倒閉，各大企業開始像骨牌一樣高速倒下。但當很多投資者的損失都超過了 30% 時，達利歐團隊所管理的旗艦基金的業績卻增長了 14%。

從 2010 年開始，達利歐團隊透過他們的分析系統「預見」了歐洲正在「醞釀」著一場債務危機。透過調查一系列歐洲國家的債務情況，以及債券在市場上的流通情況，達利歐團隊判斷，由於南歐國家的債券可能會出現滯銷，因此將引發如 2008 年那樣的甚至情況更糟的債務危機。此時的歐洲決策者就像 2008 年之前的美國決策者一樣，即使達利歐已經向他們介紹了接下來將要發生的事情，他們也並不認同達利歐的想法……但不得不說的是，達利歐團隊在 2010 年創造了無人能比的收益：2 個「純粹阿爾法」基金的收益率分別接近 45% 和 28%，「全天候資產組合」的收益率接近 18%。

如今，橋水基金是世界上資金管理規模最大的對沖基金。如表 2.1 所示，在投資雜誌《養老金與投資》（*Pension & Investments*）公佈的「2022 年前十大對沖基金管理者」中，橋水基金蟬聯冠軍。截至 2022 年 6 月 30 日，橋水基金以 1264 億美金的收益仍位居榜首，較 2021 年增長 19.60%。

▼ 表 2.1　2022 年前十大對沖基金排行榜

排名	基金名稱	2022 年收益 / 百萬美金	2021 年收益 / 百萬美金	變化率
1	橋水	126400	105700	19.60%
2	英仕曼集團	73500	63400	15.90%
3	文藝復興科技	57000	58000	-1.70%
4	千禧管理	54968	52314	5.10%
5	城堡投資	52970	37630	40.80%
6	德劭集團	47861	39738	20.40%
7	雙西格瑪投資	40969	39550	3.60%
8	大衛森 · 肯普鈉資本管理公司	37450	37350	0.30%
9	法拉龍資本管理公司	37400	38100	-1.80%
10	TCI 基金管理公司	36200	40000	-9.50%

如表 2.2 所示，截至 2022 年 12 月 31 日，橋水基金 2022 年淨收益為 62 億美金，自成立以來累計淨收益為 584 億美金。

▼ 表 2.2 排名前 20 的對沖基金及其基金經理

對沖基金	基金經理	自成立以來累計淨收益 / 十億美金	2022 年淨收益 / 十億美金
城堡投資	肯 · 格里芬	65.90	16.00
橋水	瑞 · 達利歐 / 鮑勃 · 普林斯 & 葛列格 · 詹森	58.40	6.20
德劭集團	德劭	51.90	8.20
千禧管理	伊斯雷爾 · 英格蘭德	50.40	8.00
索羅斯基金管理	肯 · 格里芬	43.90	N/A
艾利特	瑞 · 達利歐 / 鮑勃 · 普林斯 & 葛列格 · 詹森	42.10	2.80
維京	德劭	35.00	-3.00
保寶投資	以色列 · 恩格蘭德	33.20	-1.50
法拉龍資本管理公司	索羅斯 · 喬治 / 其他	33.10	0.50
阿帕魯薩	辛格 · 保羅	32.30	1.60
孤松	哈爾沃森 · 安德莉亞斯	31.30	-10.90
SAC/Point 72	克拉曼 · 塞思	30.10	2.40
奧奇茲夫 / 雕塑家	斯泰耶 · 湯姆 / 斯波克斯 · 安德魯	29.90	-1.80
TCI 基金管理公司	特珀爾 · 大衛	28.40	-8.10
佈雷文豪華	曼德爾 · 斯蒂芬 / 其他	28.10	5.10
埃格頓	科恩 · 史蒂夫	21.60	-4.10
卡克斯頓	奧奇 · 丹尼爾 / 萊文 · 吉米	19.80	2.10
大衛森 · 肯普鈉資本管理公司	霍恩 · 克里斯多夫	19.20	-0.40

對沖基金	基金經理	自成立以來累計淨收益 / 十億美金	2022 年淨收益 / 十億美金
國王街	霍華德 · 艾倫	18.70	-0.70
莫爾 *	阿米塔奇 · 約翰	18.60	N/A

2.2.3　實戰案例：橋水公司的全天候量化交易策略

1. 橋水公司量化交易策略的發展歷程

橋水公司是達利歐於 1975 年在其曼哈頓公寓的一間辦公室裡創立的。截至 2020 年 4 月，該公司管理的資產約為 1380 億美金。

橋水公司在 20 世紀 90 年代開發了幾種「創新的投資策略」，如通貨膨脹指數債券、貨幣疊加、新興市場債務、全球債券和「超長期債券」。該公司還開創了「阿爾法和貝塔的分離投資」，並開發了一種被稱為「阿爾法疊加」的策略，涉及「20 個不相關的」投資組合，利用了風險或收益的槓桿，並與現金或投資市場基準相結合。

橋水公司於 1991 年推出了純阿爾法基金（Pure Alpha Fund），並開始推銷「可攜式阿爾法投資策略」。純阿爾法基金在 2000 年至 2003 年的市場低迷期表現良好。隨著對沖基金的流行，該公司透過與各種資金不足的養老基金的聯繫擴大了資產，其中一些基金已經成為該公司的客戶。1992 年，橋水公司推出了全球債券疊加專案。1995 年，橋水公司高管參加了美國財政部的討論，為美國聯邦政府發展通貨膨脹指數債券提供建議。

最近 30 年，橋水公司推出了全天候對沖基金，並在 1996 年開創了風險平價的投資組合管理方法。公司管理的資產從 20 世紀 90 年代中期的 50 億美金增長到 2003 年的 380 億美金。2000 年 6 月，橋水公司被《養老金與投資》雜誌評為當年和前 5 年裡表現最好的全球債券經理。2002 年，橋水公司被 Nelson Information 評為世界最佳資金管理公司，以表彰其國際固定收益專案 16.30% 的收益率。2003 年，橋水公司獲得了全球投資者卓越獎——全球債券獎。次年，該公司獲得了全球養老金（雜誌）年度貨幣覆蓋經理獎，以及 PlanSponsor 營運調查的 2 個同類最佳獎項。

2. 全天候量化交易策略的投資類型及邏輯

所謂的「全天候」（All Weather）量化交易策略，是橋水公司提出的一種基於資產類別的風險平價策略的全新投資哲學，該策略提倡配置風險，而非配置資產。傳統的資產配置方法控制的是絕對風險，也就是整個投資組合的波動性；而風險平價控制的是相對風險，讓各資產類別的風險處於相對平衡的狀態。

全天候量化交易策略的投資區分（四等距風險分配）：①高增長，股票、大宗商品、公司信用產品、新興經濟體信用產品；②高通脹，通脹聯結債券、大宗商品、新興經濟體信用產品；③低增長，普通債券、通脹聯結債券；④低通脹，股票、普通債券。

全天候量化交易策略的核心邏輯是橋水公司認為，任何資產的價格都和這 2 個因素有關——經濟活動水準（增長、衰退）和價格水準（通脹、通縮）。針對上述 4 種情況配置平衡資產可以有效減小不利波動，並且不需要進行預測。

3. 全天候量化交易策略的實戰流程及案例

針對全天候量化交易策略，一般可以採用三步分析法。

第一步，選擇低相關性的大類資產。通常來講，對於規模不是很大的資金，遵循「股票＋現金」即可；對於規模超大的資金，除了股票＋現金，還需要加入債券、黃金、大宗商品甚至海外資產。

第二步，確定相關參數。包括預期收益區間（計算資產預期年化收益率的歷史資料區間）、預期風險區間（計算資產預期年化波動率的歷史資料區間）、無風險收益（參考當下利率水準）。

第三步，定時定量計算。透過最最佳化比例計算，使得各個資產的風險貢獻度趨於相等，透過調整倉位降低單一資產引起的風險暴露。

4. 全天候量化交易策略的交易規則與表現

策略來源：東尼 • 羅賓斯（Tony Robbins）在他的著作《金錢：掌控遊戲》中推廣了一種適用於希望實施更具機構針對性的全天候基金理念的散戶投資者的方法。

投資組合圖表提供了一些圍繞全天候投資組合的出色分析，以及圍繞「四季」哲學的有趣討論。Lazy Portfolio ETF 使用一組類似的 ETF，並提供了一些關於投資組合如何隨時間執行的有趣分析。

對於英國的 QSAlpha 使用者，Foxy Monkey 部落格提供了一組替代的英國 ETF，可以透過試圖複製全天候投資組合理念的 ISA[1] 進行投資。

IWillTeachYouToBeRich.com 的 Tony Tran 以美國為中心，使用一組 ETF，概述了如何建構全天候投資組合。

Candice Elliott 在網站 ListenMoneyMatters 上撰文介紹了全天候投資組合和金蝴蝶（Golden Butterfly）投資組合之間的區別。

策略描述：全天候投資組合來源於著名的橋水基金的基金經理瑞 • 達利歐，旨在憑藉其資產類別和風險加權理念的組合，「全天候」地提供良好表現。

此處實施的全天候投資組合版本為 5 只低成本流動性 ETF 的集合提供了靜態目標分配，這些 ETF 代表美國股票市場的廣泛資產類別、不同期限的美國國債、商品和黃金。

為了對資產類別進行「風險加權」，靜態配置主要針對固定收益，對股票的配置較少。這是由於債券的歷史波動性較低。與傳統的 60/40 股債組合相比，全天候投資組合透過增加債券配置，將「同等風險」分配給這 2 個資產類別。

組合組成：5 只 ETF，即 GLD（追蹤黃金指數）、GSG（追蹤美國大宗商品指數）、IEI（追蹤美國 3—7 年國債指數）、TLT（追蹤美國長期國債指數）和 VTI（追蹤美國全市場指數）。全天候投資組合採用風險加權的方法，傾向於

1　ISA 是英國的一種稅收優惠的個人儲蓄帳戶，旨在鼓勵個人儲蓄和投資。

配置風險較低的資產，此處的「風險」即收益的歷史波動性。我們在這裡實施了該策略，並每月對這 5 只低成本 ETF 進行再平衡。

交易規則： 自 2007 年 1 月 31 日起，在每個日曆月的最後交易日確定活期帳戶淨值。將此股權劃分為 5 只 ETF 中每只的多頭目標分配，並根據需要進行任意再平衡交易以獲得正確的比例。

策略表現： 2007 年 1 月 31 日—2023 年 3 月 26 日，該投資組合的複合年化增長率為 5.45%，夏普比率為 0.73，當前配置比例為 GLD（黃金類）7.50%、GSG（大宗商品）7.50%、IEI（中期國債）15%、TLT（長期國債）40%、VTI（股票市場）30%。

如圖 2.2 所示，為 2008 年至 2023 年橋水公司全天候投資組合的情況。

投資者可以根據個人風險偏好，自行修改權重以適應個人風格。舉例來說，對資產類別進行平均加權，而非應用風險加權。

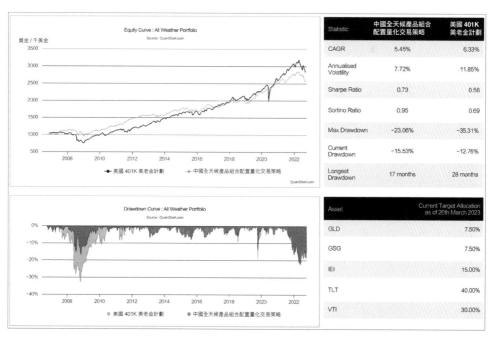

▲ 圖 2.2　2008—2023 年橋水公司的全天候投資組合圖

5. 全天候量化交易策略的邏輯思維導圖

圖 2.3 為橋水公司全天候量化交易策略的邏輯思維導圖。

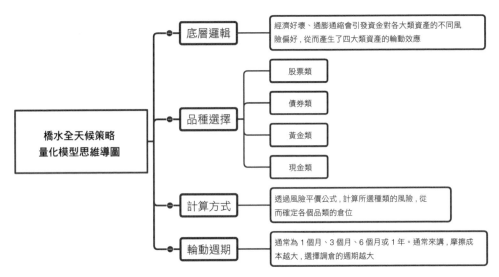

▲ 圖 2.3 橋水全天候策略量化模型思維導圖

6. 全天候量化交易策略的實戰程式範例

參考程式如下所示：

```
# 全天候量化交易策略程式實現
# 匯入函數程式庫
from jqdata import *
import pandas as pd
import numpy as np
import scipy.optimize as sco
import seaborn as sns
import matplotlib.pyplot as plt
# 資產字典
assetdict = {
            '510300.XSHG':' 滬深 300 指數 ',
            '513100.XSHG':' 納指 ',
            '518880.XSHG':' 黃金 ',
```

```
                '511010.XSHG':' 國債 '}
# 初始化函數，設定基準，等等
def initialize(context):
    # 設定滬深 300 指數作為基準
    set_benchmark('511880.XSHG')
    # 開啟動狀態複權模式 ( 真實價格 )
    set_option('use_real_price', True)
    # 按周執行
    run_monthly(risk_parity, -1, '9:30', '000001.XSHE', False)
    # 風險平價參數
    g.longtime = 60
## 開盤前執行函數
def risk_parity(context):
    # 資產程式
    assetdcode = list(assetdict.keys())
    # 資產資料
    closedata = history(g.longtime, unit='1d', field='close',
security_list=assetdcode, df=True, skip_paused=False, fq='pre')
    # 收益率日資料
    retpct = closedata.pct_change().dropna()
    retpct = retpct.dropna(axis = 1)
    # 獲取權重
    weight = portfolio_optimize(retpct)
    # 交易
    for s in assetdcode:
        # 總資產
        total_value = context.portfolio.total_value
        # 目標佔比
        tag_weight = weight[s]
        # 目標金額
        cash = tag_weight*total_value
        order_target_value(s, cash)

'''
風險評價
'''
def portfolio_optimize(ret_mat,cov_shrink=True,method='risk_parity'):
    #time horizon
```

```
    T=len(ret_mat)
    t=int(T/4)
    #expect return
    exp_ret=ret_mat.mean()*252
    #covariance
    if cov_shrink==False:
        cov_mat=ret_mat.cov()*252
    #shrink covariance to 4 time period
    if cov_shrink==True:
cov_mat=252*(ret_mat.iloc[:t].cov()*(1/10)+ret_mat.iloc[t+1:2*t].cov()
*(2/10)+ret_mat.iloc[2*t+1:3*t].cov()*(3/10)+ret_mat.iloc[3*t:].cov()*(4/10))
    #set input data
    k=len(ret_mat.columns)
    weights=np.array(k*[1/k])
    #set function
def risk_parity(weights):
    risk_vector=np.dot(weights,cov_mat)
marginal_risk=weights*risk_vector/np.sqrt(np.dot(weights.T,np.dot(cov_mat,weights)))
    TRC=[np.sum((i-marginal_risk)**2) for i in marginal_risk]
    return np.sum(TRC)
    bnds=tuple((0,0.4) for x in range(k))
    cons = ({'type':'eq', 'fun': lambda x: sum(x) - 1})
if method=='risk_parity':
result=sco.minimize(risk_parity,weights,bounds=bnds,constraints=cons,m
ethod='SLSQP')
    optimal_weights=pd.Series(index=cov_mat.index,data=result['x'])
    return optimal_weights
```

2.2.4 實戰案例：個人養老金量化交易策略

2022 年 4 月 21 日，中國養老保險的第三支柱（個人養老金制度）正式實踐。

1‧什麼是「個人養老金（制度）」

個人養老金制度是中國養老保險系統中的第三支柱，是由政府政策支持、個人自願參加、市場化營運的個人養老金制度。個人養老金實行個人帳戶制度，繳費由參加人個人承擔，實行完全累積。個人養老金可以被簡單地理解為個人在年輕時每年投入一定資金，由政府進行政策支持，進行市場化運作，產生投資收益。等到個人退休之後，再將投入的本金和收益以養老金的形式領取出來。個人養老金的用途是養老，不能提前支取。個人養老金的引入和發展可以提高個人的養老保障水準，滿足個人的養老需求，同時也可以促進養老產業的發展和創新，推動金融市場的發展和穩定。

2. 為什麼需要「個人養老金（制度）」

中國自從 2000 年正式進入高齡化社會以來，人口高齡化趨勢越來越明顯，並且高齡化的速度也在不斷加快。首先，從表 2.3、圖 2.4 中可以看出，2013—2022 年期間，0~14 歲人口的數量相對穩定，而 15~64 歲人口的比例逐漸下降。但是，65 歲及以上的人口數量按照 1000 萬人增長的趨勢。各年齡段總人口數量逐年增加，但增速逐漸放緩。

▼ 表 2.3 2013—2022 年各年齡段人口統計表

指標	2022年	2021年	2020年	2019年	2018年	2017年	2016年	2015年	2014年	2013年
年末總人口 / 萬人	141175	141260	141212	141008	140541	140011	139232	138326	137646	136726
0~14 歲人口 / 萬人	23859	24678	25277	23689	23751	23522	23252	22824	22712	22423
15~64 歲人口 / 萬人	96281	96526	96871	99552	100065	100528	100943	100978	101032	101041
65 歲及以上人口 / 萬人	21035	20056	19064	17767	16724	15961	15037	14524	13902	13262

資料來源：中國國家統計局

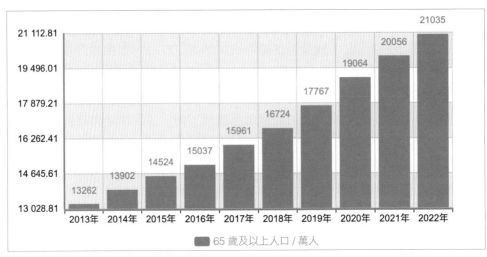

▲ 圖 2.4　2013—2022 年每年 65 歲及以上人口增長柱狀圖

　　其次，從表 2.4、圖 2.5 中可以看出，2022 年的出生率為 6.77‰，人口自然增長率僅為 − 0.60‰。人口的出生率和自然增長率又呈現出逐年下降的態勢。

▼ 表 2.4　2013—2022 年人口自然增長統計表

指標	2022 年	2021 年	2020 年	2019 年	2018 年	2017 年	2016 年	2015 年	2014 年	2013 年
人口出生率 /‰	6.77	7.52	8.52	10.41	10.86	12.64	13.57	11.99	13.83	13.03
人口死亡率 /‰	7.37	7.18	7.07	7.09	7.08	7.06	7.04	7.07	7.12	7.13
人口自然增長率 /‰	-0.60	0.34	1.45	3.32	3.78	5.58	6.53	4.93	6.71	5.90

資料來源：中國國家統計局

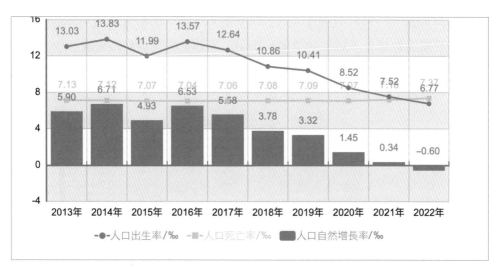

▲ 圖 2.5 2013—2022 年人口自然增長趨勢圖

同時，從圖 2.6 中可以看出，中年人口在 2013—2022 年呈現出逐漸減少的趨勢。這可能是由於人口高齡化和生育率下降導致的。中年人口的減少可能會對勞動力市場和經濟發展產生影響，需要採取措施來應對勞動力供需的變化。而老年撫養比卻呈現出逐漸遞增的趨勢。

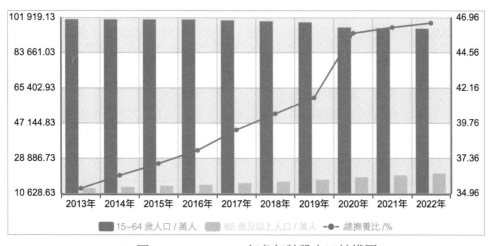

▲ 圖 2.6 2013—2022 年各年齡段人口結構圖

最後，圖 2.7 反映了 2007—2022 年全國企業年金的發展情況。企業年金的數量和參與人數都有了顯著的增加，企業年金基金的規模和投資收益也有了顯著的增長。這表明企業年金在中國的發展獲得了積極的成果，為員工提供了更多的養老保障和福利。

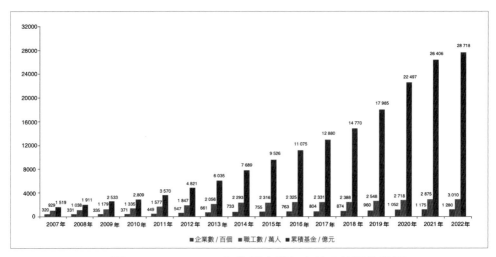

▲ 圖 2.7　2007—2022 年全國企業年金基本情況柱狀圖

這些資料顯示中國人口高齡化問題日益突出，需要採取措施滿足老年人的養老需求。加強對老年人的關注和照顧，提供更好的養老服務和保障。同時，加強養老制度建設和改革，提高養老保障的可持續性和品質，實現高齡化社會的可持續發展。

個人養老金的引入和發展可以解決養老系統存在的問題，滿足個人養老需求，並促進養老產業的發展和創新，以及金融市場的發展和穩定。個人養老金的發展對於提高個人的養老保障水準，減輕個人在退休時的經濟壓力非常重要。同時，個人養老金的量化策略也可以為個人提供個性化的投資建議和風險評估，幫助個人實現養老目標。

3. 個人養老金在中國養老保險系統中的地位是什麼

聊這個問題前,我們先來了解一下中國的個人養老金制度——中國養老保險系統三大支柱,如圖 2.8 所示。

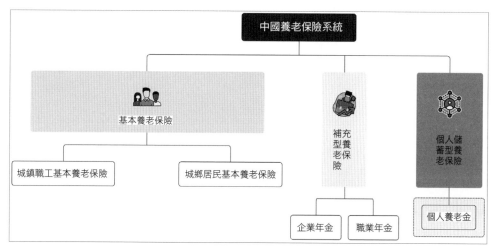

▲ 圖 2.8 中國養老保險系統三大支柱

個人養老金是中國養老保險系統的第三支柱,為現有養老系統提供補充。養老保險系統由基本養老保險、補充型養老保險和個人儲蓄型養老保險三大支柱組成。其中,個人儲蓄型養老保險即由個人養老金組成。個人養老金透過個人帳戶制度,由個人承擔繳費,實行完全累積。引入和發展個人養老金是為了解決養老系統問題和滿足個人養老需求。它可以提高個人的養老保障水準,增加養老資金來源,減輕退休時的經濟壓力。同時,個人養老金的發展還可以促進養老產業和金融市場的發展。個人養老金在完善養老保障系統和提高個人養老保障水準方面具有重要意義。

圖 2.9 展示了居民對養老金融產品投資期限的意願分佈。根據調查結果顯示,調查對象在養老金融投資中偏好靈活存取的產品,超過 40% 的調查對象選擇了 3 年以內的投資期限,僅有 15.78% 的調查對象願意選擇 5 年以上的投資期限。

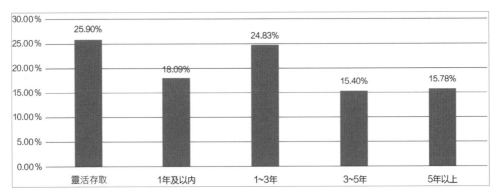

▲ 圖 2.9　居民對養老金融產品投資期限的意願分佈圖

　　表 2.5 說明年輕人和老年人更偏好於靈活存取的養老金融投資方案，中年群眾則有相對較長投資期限（尤其是 3 ～ 5 年、5 ～ 10 年）。

▼ 表 2.5　不同年齡群眾對養老金融產品投資期限分佈圖

	18~29 歲	30~39 歲	40~49 歲	50~59 歲	60 歲及以上
靈活存取	30.62%	21.78%	13.49%	19.88%	41.37%
半年以內	5.26%	3.25%	3.01%	8.82%	9.93%
半年至 1（含）年	10.48%	9.72%	8.31%	13.81%	16.87%
1~3（含）年	18.26%	18.61%	27.24%	28.92%	31.02%
3~5（含）年	15.70%	18.19%	26.58%	17.77%	0.77%
5~10（含）年	10.31%	17.73%	21.36%	10.80%	0.00%
10~20（含）年	6.07%	8.26%	0.00%	0.00%	0.04%
20 年以上	3.30%	2.46%	0.00%	0.00%	0.00%

公眾更傾向於選擇靈活存取的產品和較短的投資期限，注重資金的流動性和安全性。這一結果對於養老金融產品的設計和市場推廣具有重要的參考價值，需要根據公眾的需求和偏好，提供更加靈活和安全的養老金融產品，以滿足公眾對養老資金的需求和保障。

4. 個人養老金量化交易策略的邏輯思維導圖

圖 2.10 為個人養老金量化交易策略的邏輯思維導圖。

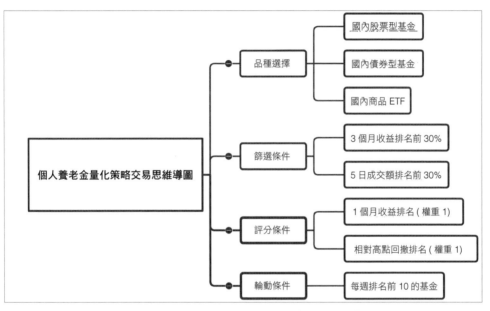

▲ 圖 2.10 個人養老金量化交易策略思維導圖

5. 個人養老金量化交易策略的實戰程式範例

參考程式如下所示：

```
## 個人養老金量化交易策略程式實現
# 匯入所需的函數庫
import pandas as pd

# 假設以下是股票（或基金）的資料
```

```python
data = pd.DataFrame({
    '程式': ['001', '002', '003', '004', '005'],
    '品種': ['股票型基金', '債券型基金', '商品 ETF', '股票型基金', '債券型基金'],
    '3 個月回報率': [0.1, 0.2, 0.15, 0.25, 0.3],
    '5 日成交額': [1000000, 2000000, 1500000, 2500000, 3000000],
    '1 個月回報率': [0.05, 0.1, -0.05, 0.15, 0.2],
    '相對高點回撤': [0.01, 0.02, 0.03, 0.04, 0.05],
    '本周排名': [1, 2, 3, 4, 5]
})

# 1. 篩選出股票型基金、債券型基金和商品 ETF
filtered_data = data[data['品種'].isin(['股票型基金', '債券型基金', '商品
ETF'])]

# 2. 根據條件篩選股票（或基金）
filtered_data = filtered_data[
  (filtered_data['3 個月回報率'] > filtered_data['3 個月回報率
'].quantile(0.7)) |
  (filtered_data['5 日成交額'] > filtered_data['5 日成交額'].quantile(0.7))
]

# 3. 為選出的股票（或基金）評分
filtered_data['得分'] = filtered_data['1 個月回報率'] * 1 + filtered_data['
相對高點回撤'] * 1

# 4. 週期化輪動執行邏輯
top_10 = filtered_data.nsmallest(10, '本周排名')

# 列印結果
print(" 篩選結果：")
print(filtered_data)
print("\n 每週排名前 10 的股票（或基金）：")
print(top_10)
```

　　請注意，以上程式中的資料是假設的範例資料，您可以根據實際情況自行替換為真實的股票或基金資料。此程式實現了以下功能：

（1）從給定的股票（或基金）資料中篩選出「股票型基金」、「債券型基金」和「商品 ETF」品種。

（2）根據條件篩選股票（或基金），篩選出 3 個月回報排名前 30% 或 5 日成交額排名前 30% 的股票（或基金）。

（3）為選出的股票（或基金）評分，根據 1 個月回報率和相對高點回撤計算得分。

（4）實現週期化輪動執行邏輯，選擇每週排名前 10 的股票（或基金）。

最後，程式會列印篩選結果和每週排名前 10 的股票（或基金）結果。

請確保在執行程式之前安裝所需的函數庫，如可使用 pip install pandas 命令安裝 Pandas 函數庫。

▌2.3 貝塔量化交易策略

2.3.1 貝塔量化交易策略的底層邏輯

1. 貝塔量化交易策略的定義

在投資領域，貝塔是相對阿爾法而言的。阿爾法（Alpha）指投資市場的超額收益，主動管理型基金的目標就是獲取市場的超額收益；貝塔（Beta）指來源於整體投資市場的平均收益，傳統市值加權的指數基金，其目標就是獲取整數體投資市場的平均收益。

對於貝塔量化交易策略，市場上通常有兩種解讀。

一是來源於百度百科，即貝塔量化交易策略是指被動追蹤指數的策略。從長期來講，貝塔量化交易策略是可能盈利的，但由於股票市場的波動比較大，所以在某段特定的時間內往往會出現虧損或被套住的情況。該策略在上漲趨勢和下跌趨勢中都好於對沖策略。舉例來說，在上漲趨勢中，不是只做多股票，就是只做多期貨指數；在下跌趨勢中，不是只做空期貨指數，就是只融券賣出。當然，這要求投資者對市場行情中的長期趨勢有準確的判斷。

二是來源於維基百科，即貝塔量化交易策略是指 Smart Beta（聰明貝塔）投資策略（也被稱為 Advanced Beta 或 Alternative Beta），投資者透過增強一個或多個不同因數的特徵，對資產進行選股及最佳化個股權重。這是一種基於透明且固定規則的投資策略，非市值加權，被動交易，期望其收益能超過傳統指數基金獲取的貝塔收益。這裡的聰明貝塔投資策略的理論基礎是因數投資（Factor Investing），該策略的收益來自因數的風險溢價。

不論是貝塔還是阿爾法，對於投資者而言，這種學術術語上的區分意義並不是很大。因為，所有的阿爾法本質上都是貝塔。所以，對於廣義上的貝塔，可以將其最終理解為金融市場中出現的溢價機會。

為了方便讀者理解，本書對於貝塔的討論，仍然是基於傳統的狹義的貝塔概念，即偏向於波動性機會。

2. 貝塔量化交易策略的基本假設

在 20 世紀 90 年代初期，尤金・法瑪教授和肯尼士・弗倫奇（Kenneth French）教授合作提出一個叫 Fama-French 三因數模型（Fama-French 3-Factor Model）的股票收益模型，開啟了因數投資。這類 Smart Beta 因數是以「有限理性」理論假設為基礎的，包括：

假設一，存在著大量投資者；

假設二，所有投資者都在同一證券持有期計畫自己的投資資產組合；

假設三，投資者投資範圍僅限於在金融市場上公開交易的資產；

假設四，不存在證券交易費用（傭金和服務費用等）及稅賦；

假設五，投資者對於證券收益率的平均值、方差及協方差具有相同的期望值；

假設六，所有投資者對證券的評價和對經濟局勢的看法都一致。

以上假設與 1952 年馬科維茲提出的投資組合理論的基本假設略有不同。馬科維茲投資組合理論的基本假設包括：

假設一，投資者是風險規避的，追求期望效用最大化；

假設二，投資者根據其對收益率的期望值與方差來選擇投資組合；

假設三，所有投資者處於同一單期投資期。

但時至今日，人們對投資的認識也發生了變化，越來越多的研究者認為，金融市場上普遍存在的「資訊差」（比如行為金融學研究的異象），是貝塔收益的確定性來源，這也是其根本假設。但在學術界，仍然有大量的學者認為，貝塔收益的產生根源並不清晰，還會有很大的爭議。

對於投資者來講，只有當貝塔量化交易策略的基本假設和自身一致時，他們才有可能對該策略真正展開研究和使用；而對於並不相信貝塔量化交易策略基本假設的投資者，還是建議他們仍然選擇阿爾法量化交易策略進行投資。

2.3.2 貝塔量化交易策略的代表人物及其投資邏輯

貝塔量化交易策略，即對趨勢的追蹤。其代表人物為史坦利・克羅。

1. 史坦利・克羅簡介

史坦利・克羅（Stanley Kroll）被譽為人類有史以來最偉大的期貨操盤手之一！曾有人評價他是期貨行業的「李佛莫爾＋巴菲特」，是巨觀經濟領域的「索羅斯」。他能交易農產品、化工品、工業品、基本金屬、貴金屬、利率，以及利率期貨期權等一切東西。

史坦利・克羅於 1960 年進入全球金融中心華爾街工作。在華爾街工作的 33 年裡，他一直在期貨市場上從事商品期貨交易，累積了大量的經驗。在 20 世紀 70 年代初的商品期貨暴漲行情中，他用 1.80 萬美金的本金成功獲利 100 萬美金。隨著歲月流逝，在累積了足夠多的財富後，史坦利 · 克羅帶著他在華爾街賺取的幾百萬美金，遠離了這一充滿競爭的市場，並開始漫遊世界，獨享人生。

在四處遊歷的 5 年中，史坦利 · 克羅還潛心研究了經濟理論及金融、投資理論，並先後出版了 5 本專著，其中最著名的是《克羅談投資策略》。

克羅有一句話非常出名：只有時刻惦記著損失，利潤才可以照顧好它自己！克羅的這種理念在執行時主要依靠技術方法。

他的座右銘是：KISS（Keep It Simple, Stupid）——追求簡潔。

他的投資策略及理論：盈利時是長線，虧損時就是短線。他應用的技術操作手段很多，但都十分簡單，有時候簡單到只用一根均線。

他的具體做法：追求長線趨勢的投資，漲勢買進、跌勢賣出。

他對投資工具的看法：反覆閱讀長期圖表（周、月）非常有用。對長期趨勢的觀察使克羅對市場活動有了一個更平衡、更全面的了解。

2. 史坦利 · 克羅的投資邏輯

史坦利 · 克羅自述道：知道何時「不要」操作，有耐心地等候在一邊，直到正確的時候才出擊，這是操作者所面臨的最艱難的挑戰之一。但是如果你想要抬頭挺胸地站在贏的陣營裡面，那麼這一點就絕對不可或缺。曾經在無數的日子裡，他內心的操作衝動已經強烈到要逼自己行動了，因此他不得不想些點子來讓自己不要下單，舉例來說，把李佛莫爾的金言「錢是坐著賺來的，不是靠操作賺來的」掛在下單專用的電話上方，再比如，將一本航海雜誌放在他的桌子上面。

他的投資邏輯可用以下七段話來總結：

①培養、練習耐心和決心，以及客觀的思考方式。

②辨識和分離市場上的主要和次要價格趨勢，並只關注主要走勢。應該將交易限制在市場的主要趨勢中，因為那是賺大錢的地方。

③當你開始建倉時，假設你已經準備好進行重大變動，不要因為無聊或不耐煩而關閉交易。

④一方面，當市場走勢有利時，爭取大筆交易，不要滿足於微薄的利潤。你可以透過「堅持交易—讓利潤執行—並透過增加頭寸（金字塔）」來做到這一點。另一方面，當頭寸與市場走勢相反時，將其平倉以將損失降至最低。

⑤按照主要趨勢方向進行交易，應該在先前趨勢或橫盤趨勢有重大突破時或對當前主要趨勢做出反應時建立頭寸。換句話說，在一個主要的下降趨勢中，應該在小幅反彈至上方阻力位或從最近的底部反彈至 45% ～ 55% 時賣出；在主要的上升趨勢中，應該在對支撐的技術位或從近期反彈高點的 45% ～ 55% 開始反彈時買入。

⑥如果只有不到一半的交易是盈利的，那麼應該努力提高勝率並減少交易，而且還要在選擇頭寸時更加耐心地加以辨別。

⑦保持簡單：適用於交易的各個方面，從市場和研究方法到時機和價格目標研究。

2.3.3 實戰案例：RSRS 擇時量化交易策略

量化交易中常用的擇時策略有很多，如布林帶上下軌突破策略（突破上軌時買入，突破下軌時賣出）和均線策略（如以 M20 日均線為界線，高於則買入，低於則賣出）。此處分界點即為阻力位和支撐位，阻力位指當標的價格上漲時遇到壓力，呈現出賣方力量強於買方力量的勢態，此時價格處於難以持續上漲或止跌的價位；支撐位則相反，買方力量強於賣方，價格趨於止跌或反彈上漲的價位。本實戰案例的阻力支撐相對強度（Resistance Support Relative Strength，RSRS）即一種阻力位與支撐位的運用方式。

1. RSRS 擇時量化交易策略的定義

區別於傳統擇時策略將阻力位與支撐位設定為絕對設定值的方式，RSRS 擇時量化交易策略使用相對強度（如斜率、標準化等參數）作為判斷點，引入更多的動態因素，反映的是交易者對當前市場狀態頂底的預判。

當眾多交易者的預判容易改變，支撐位和阻力位的作用力縱向表現在市場上時，支撐位或阻力位的強度小且有效性低。相反，當市場相對穩定波動不大時，支撐位或阻力位的強度高且有效性強。

2. RSRS 擇時量化交易策略的邏輯原理

橫向比較支撐位和阻力位的作用力，當支撐位作用力的強度小且弱於阻力位時，許多交易者對支撐位的分歧大於對阻力位的分歧，市場主要呈現下跌趨勢；相反地，當支撐位作用力的強度大且強於阻力位時，交易者對阻力位的分歧大於對支撐位的分歧，市場傾向於上漲趨勢。

真實交易市場存在不同狀態，支撐位和阻力位在牛市、震盪狀態、熊市中的應用邏輯如下所述。

（1）市場在牛市中：如果支撐位的作用力明顯強於阻力位，則牛市持續，價格加速上漲；相反則牛市可能即將結束，價格見頂。

（2）市場在震盪狀態中：如果支撐位的作用力明顯強於阻力位，則牛市可能即將啟動；相反則熊市可能即將啟動。

（3）市場在熊市中：如果支撐位的作用力明顯強於阻力位，則熊市可能即將結束，價格見底；相反則熊市持續，價格加速下跌。

3. RSRS 擇時量化交易策略的計算邏輯

對於具體該如何量化定義支撐位與阻力位，以及如何量化定義它們的相對強度的問題，需要考慮：

（1）並非要將支撐位與阻力位作為交易策略的設定值，而是要更關注市場參與者對阻力位與支撐位的定位一致性；

（2）需要能迅速反映近期市場對阻力位與支撐位態度的性質；

（3）被全體市場參與者的交易行為所認可。

經過上述分析，業界認為每日最高價與每日最低價是能較好滿足需求的代理變數。

相對位置變化程度以類似 $\Delta high/\Delta low$ 的值來描述支撐位與阻力位的相對強度，計算意義為度量最低價每變動 1 的時候最高價變動的幅度，實際上是連接高低價格線的斜率。由於市場雜訊較大，那麼需要透過最近 N 個 (low,high) 的資料點來得到堅固性較大的最高最低價相對變化程度，考慮使用線性回歸模型：high=α+β*low+ε, $\varepsilon \sim N(0,\sigma)$。其中，$\beta$ 值就是我們所需要的斜率。

計算步驟為：

①取最近 N 日的 (low,high) 資料點；

②將最高點與最低點分別作為 OLS 線性回歸的因變數和引數進行擬合；

③得出的 β 值即為當日 RSRS 斜率指標值。

該方式存在一定的缺點，後續再繼續介紹其他方法的優劣及背後的原因。

4. RSRS 擇時量化交易策略的交易框架

RSRS 擇時量化交易策略採用的交易框架也是設定值交易策略的交易框架，即當指標值越過某個設定值 S1（支撐位較強）時買入，當指標值越過另一個設定值 S2（阻力位較強）時賣出。阻力線和支撐線並不一定是分開的兩條線，也可以是一條線，例如 M20 這條線既可以是阻力線，也可以是支撐線。

5. RSRS 標準分最佳化

（1）標準分

來自百度百科的定義：「標準分是一種由原始分推導出來的相對地位量數，用於說明原始分在所屬的那批分數中的相對位置。」計算公式為 RSRS_std=(RSRS−μ_M)/σ_M，計算意義為以標準差為單位，度量原始斜率偏離其平均值多少個標準差。

計算步驟為：

第一步，取前 M 日的 RSRS 斜率指標值的時間序列；

第二步，計算當日的斜率標準分 RSRS_std，並將其作為 RSRS 標準分指標值；

第三步，應用設定值交易策略的交易框架。

優點是 RSRS 標準分指標值能更加靈活地適應近期的整體市場基本狀態；缺點是當使用斜率為量化阻力支撐的相對強度時，量化的效果受擬合效果影響很大。

（2）修正標準分

斜率擬合效果可以透過線性回歸決定係數 R^2 來評估，該值範圍為 $0 \sim 1$，且越接近 1，擬合效果越好。為平衡掉 RSRS 標準分絕對值很大，但實際斜率模型擬合效果很差的情況下 RSRS 標準分對策略的影響，考慮引入 RSRS 修正標準分 =RSRS 標準分 * 決定係數，RSRS 修正標準分有明顯的向常態修正的效果。

缺點是修正標準分在預測性上的改善效果主要表現於標準分左側，但在做多策略中，左側預測性的改善對擇時策略的幫助並不大。

（3）右偏標準分

斜率值具有幾乎都是非負值的特性，將修正標準分與斜率值相乘可以使原有分佈右偏。在實際運用中，右偏最佳化的指標擇時在預測性與收益上均有所提高。

缺點是依舊存在因沒能克服 RSRS 相對強度邏輯、使用歷史資料擬合等因素而產生的問題，即可能對市場誤判，導致因過早左側開、平倉而造成的巨大回撤。

6. RSRS 擇時量化交易策略的最佳化

在量化市場中，尤其是在做多策略時，左側開倉預判錯誤的損失遠大於左側平倉。故而希望策略在左側開倉上增加規則，以此能避免在熊市買入，即透過增加對目前市場狀態的判斷，過濾掉高風險的左側開倉。

（1）引入市場價格趨勢最佳化交易策略

該策略的具體規則如下：

第一，當 RSRS 標準分指標發出買入訊號時，需判斷市場價格趨勢情況，如判斷前一日 MA20 的值是否大於前三日的 MA20 值，若是，則買入；

第二，當 RSRS 標準分指標發出賣出訊號時，則賣出所持股票，且判斷前一日 MA20 的值是否小於前三日的 MA20 值，若是，則可賣空；

第三，在賣空了所持股票後，若 RSRS 標準分指標發出買入訊號，則可以先判斷指數的 RSRS 方向，如果該方向與個股的一致，則可買入。

在市場價格趨勢最佳化交易策略的加持下，標準分指標、修正標準分指標，以及右偏標準分指標的策略表現都顯著提高，在大熊市中成功規避了慘重損失。

（2）引入交易量相關性最佳化交易策略

市場的漲跌除了與價格息息相關，與交易量也有明顯的正相關性。將交易量相關性引入策略中的規則為：交易量與修正標準分的正相關性為合理的買入訊號。

詳細規則如下：

第一，當 RSRS 標準分指標發出買入訊號時，需判斷交易量與修正標準分的相關性。舉例來說，若前十日的交易量與修正標準分的相關性為正，則買入；

第二，當 RSRS 標準分指標發出賣出訊號時，需賣出所持股票，且若前十日的交易量與修正標準分的相關性為正，則可賣空；

第三，在賣空了所持股票後，RSRS 標準分指標又一次發出買入訊號，則可買入。

（3）引入指數增強最佳化交易策略

指數增強在股票擇時策略和大類資產配置中的運用比較多，主要是透過標的配置和策略獲得超出平均的收益，可以透過以下 2 個方案來最佳化策略。

方案一：自選標的池指數。用配置的標的等權重建構標的池指數，並對標的池指數做同樣的 RSRS 基礎策略，在自訂指數多頭的情況下，各標的的多頭訊號才會被執行，對空頭交易也做同樣的處理。

方案二：波動率倉位管理。透過波動率指標動態調整倉位。

綜合 RSRS 的基礎交易邏輯和指數增強技術建構多維度交易策略，可以發現指數增強後的策略表現要遠勝於基礎策略的。

舉例來說，複合雙動量（Composite Dual Momentum）策略是對加里・安東納奇（Gary Antonacci）提出的全球權益動量（Global Equities Momentum，GEM）策略的改進，可將資產的類別從股票擴充到信貸、房地產和「經濟壓力」。可用複合雙動量策略找出可操作的大類資產，再用 RSRS 擇時量化交易策略判斷是否買入或賣出。

7. RSRS 擇時量化交易策略思維導圖

圖 2.11 為 RSRS 擇時量化交易策略思維導圖。

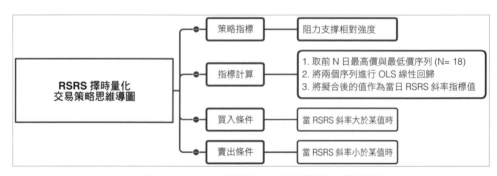

▲ 圖 2.11　RSRS 擇時量化交易策略思維導圖

8. RSRS 擇時量化交易策略的實戰程式範例

參考程式如下所示：

```python
# RSRS 擇時量化交易策略程式實現
# 匯入函數程式庫
import statsmodels.api as sm
from jqlib.technical_analysis import *

def initialize(context):
    # 設定上證指數作為基準
    set_benchmark('000300.XSHG')
    # 開啟動態複權模式（真實價格）
    set_option('use_real_price', True)
    # 輸出內容到日誌 log.info()
    log.info(' 初始函數開始執行且全域只執行一次 ')

    # 每筆股票類交易的手續費是：買入時傭金的萬分之三，賣出時傭金的萬分之三加千分之一印
花稅，每筆交易傭金最低扣 5 元
    set_order_cost(OrderCost(close_tax=0.001, open_commission=0.0003,
close_commission=0.0003, min_commission=5), type='stock')

    # 開盤前執行
    run_daily(before_market_open, time='before_open',
reference_security='000300.XSHG')
    # 開盤時執行
    run_daily(market_open, time='open',
reference_security='000300.XSHG')
    # 收盤後執行
    run_daily(after_market_close, time='after_close',
reference_security='000300.XSHG')

    # 設置 RSRS 指標中 N, M 的值
    g.N = 18
    g.M = 300
    g.init = True

    g.security = '000300.XSHG'
```

```
    # 買入設定值
    g.buy = 0.7
    g.sell = -0.7

    g.ans = []
    g.ans_rightdev= []

    # 計算 2005 年 1 月 5 日至回測開始日期的 RSRS 斜率指標
    prices = get_price(g.security, '2005-01-05', context.previous_date,
'1d', ['high', 'low']).dropna()
    highs = prices.high
    lows = prices.low
    g.ans = []
    for i in range(len(highs))[g.N:]:
        data_high = highs.iloc[i-g.N+1:i+1]
        data_low = lows.iloc[i-g.N+1:i+1]
        X = sm.add_constant(data_low)
        model = sm.OLS(data_high,X)
        results = model.fit()
        g.ans.append(results.params.low)
        #計算 r2
        g.ans_rightdev.append(results.rsquared)

## 開盤前執行函數
def before_market_open(context):
    # 輸出執行時間
    log.info(' 函數執行時間 (before_market_open)：
'+str(context.current_dt.time()))

    # 給微信發送訊息（增加模擬交易，並綁定微信生效）
    send_message(' 美好的一天 ')

## 開盤時執行函數
def market_open(context):
    log.info(' 函數執行時間 (market_open):'+str(context.current_dt.time()))
    security = g.security
    # 取得當前的現金
    cash = context.portfolio.available_cash
```

```
    # 填入各個日期的 RSRS 斜率值
    security = g.security
    beta=0
    r2=0
    if g.init:
        g.init = False
    else:
        # RSRS 斜率指標定義
        prices = attribute_history(security, g.N, '1d', ['high',
'low'],fq=None) # 指數無複權，個股應該使用前複權
        highs = prices.high
        lows = prices.low
        X = sm.add_constant(lows)
        model = sm.OLS(highs, X)
        beta = model.fit().params.low
        g.ans.append(beta)
        #計算 r2
        r2=model.fit().rsquared
        g.ans_rightdev.append(r2)
    # 計算標準化的 RSRS 指標
    # 計算平均值序列
    section = g.ans[-g.M:]
    # 計算平均值序列
    mu = np.mean(section)
    # 計算標準化 RSRS 指標序列
    sigma = np.std(section)
    zscore = (section[-1]-mu)/sigma
    #計算右偏 RSRS 標準分
    zscore_rightdev= zscore*beta*r2
    if zscore_rightdev > g.buy :
    # if zscore_rightdev > g.buy and ma5[g.security] > ma20[g.security]:
        # 記錄這次買入
        log.info(" 標準化 RSRS 斜率大於買入設定值，買入 %s" % (security))
        # 用所有 cash 買入股票
        order_value(security, cash)
    # 若上一時間點的 RSRS 斜率小於賣出設定值，則空倉賣出
    elif zscore_rightdev < g.sell  and
context.portfolio.positions[security].closeable_amount > 0:
```

```
    # elif zscore_rightdev < g.sell and ma5[g.security] <ma20[g.security]
and context.portfolio.positions[security].closeable_amount > 0:
        # 記錄這次賣出
        log.info(" 標準化 RSRS 斜率小於賣出設定值，賣出 %s" % (security))
        # 賣出所有股票，使這檔股票的最終持有量為 0
        order_target(security, 0)

## 收盤後執行函數
def after_market_close(context):
    log.info(str(' 函數執行時間
(after_market_close):'+str(context.current_dt.time())))
    # 得到當天所有成交記錄
    trades = get_trades()
    for _trade in trades.values():
        log.info(' 成交記錄：'+str(_trade))
```

2.3.4　實戰案例：打板量化交易策略

1. 打板量化交易策略的定義

　　打板量化交易策略指透過電腦自動運算，在漲停板或股價漲停的時候賣出股票的打板策略。換句話說，就是透過數量化的方式，幫助投資者保持理性，克服投資者人性中的貪婪、恐懼與優柔寡斷等缺點。

2. 打板量化交易策略的邏輯原理

　　運用打板量化交易策略，需掌握下面 3 個核心要素。

　　（1）**把握時機**。建議在開盤 3 分鐘內打板，最遲不超過 10 分鐘，如果過了這個時間就不建議再參與。在做準備工作時，要保證通道和席位足夠快速、通暢。交易所的開盤集合競價有 VIP 通道和散戶通道，二者的應對速度自然是不一樣的，並且由於資料併發及集合步驟本身具有一定的隨機性，因此，通常需要開通多個 VIP 通道來打板。

（2）**靠前原則**。在同一板塊中，打最早漲停的個股；在同一梯隊中，打最早上板的個股，但是對於再往後的，就不建議繼續參與了。同板塊或同梯隊相關票的聯動，透過「機器輔助＋人肉」維護各種經典的 lead-lag 策略是各大量化機構的基本功。

（3）**關注掛撤單量**。透過分析每 3 秒的切片行情下逐筆成交，推算即時盤口同樣也是各大量化機構的基本功。尤其要關注大單的掛撤單時間和成交情況，掛多靠前能成交和掛多靠後足夠安全。

打板量化交易策略很多時候都是在「吃」反應比較慢的散戶們賣盤或打板的單，屬於典型的增加市場波動性的策略，因此，使用打板量化交易策略的交易者需要密切關注股票在市場中的波動性。貝塔值在股票市場中一般可被用來衡量單隻股相對於整個股市（市場）的波動情況，而波動又代表風險，因此它被當作評估股票系統性風險的風險指數。

一般情況下，我們將市場風險預設為貝塔值 =1，那麼應當如何透過股票的貝塔值來預測其波動情況呢？當貝塔值 > 1 時，說明這檔股票的波動性比市場的波動性高；當貝塔值 =1 時，說明這檔股票的波動性與市場的波動性一致；當貝塔值 < 1 時，說明這檔股票的波動性比市場的波動性低。

貝塔值可透過模型計算得到，也可以在公開、專業的服務機構查詢、購買。

3. 打板量化交易策略的交易規則

在 A 股市場中，打板量化交易策略的交易原則是按照高價優先、成交等待時間短優先的順序。通常來說，股票達到漲停板和跌停板時均仍可以交易。當達到漲停板的時候，股票的價格到達最高點，買入需要排隊按時間順序成交，而此時賣出一般可以立刻成交。達到跌停板時則是反過來，賣出時需要等待，買入則可以隨時進行。

每個交易者的打板邏輯都不同，買進漲停板股票的方式有很多種。值得注意的是，在達到漲停板時買進需要承擔的風險非常大，但如果買到連續漲停的股票，那麼獲得的投資盈利也十分可觀。「打板戰法」具有高風險、高收益的特性，通常比較適合經驗豐富的老股民。對新股民來說，在缺乏實戰經驗的狀態下打板會面臨更多的風險。

4. 常見的打板量化交易策略

（1）打首板

首板就是指第一個漲停板，打首板就是指交易者提前買入即將漲停的股票，等到該股票第一次達到漲停板的時候，就將股票賣出，以賺取其中的差價。打首板非常考驗交易者對基本面、資訊面的判定等綜合能力。只有預判到股票的上漲，才能夠提前購買股票並成功將其售出。

交易者採用的打首板方法通常為：抓熱點＋找龍頭＋判形態。具體如下：

第一，**抓熱點**。特別注意近期熱點題材、概念的相關股票。在 A 股市場中，題材和概念股最容易被主力資金炒作，尤其是新穎的話題、全新的概念，它們對股價有明顯的刺激作用。

第二，**找龍頭**。題材和概念出現後，就要找準龍頭股去抓首板。龍頭股一般具備基本面良好、流通盤適中、歷史股性好的特性，在題材和概念出現後通常最先漲停，並且封單最多。

第三，**判形態**。若買不進龍頭股，則可以選擇買進「龍二」或「龍三」，方法同樣是選擇基本面好、沒有破位、有技術支撐的股票。

與打首板概念相似的是打二板、打三板。打二板就是投資者在該股票的上漲幅度第二次達到漲停板時將其出售。

打首板的優勢是：

第一，**成本低**。因為是第一個漲停，所以買入成本相對於連板要低很多，收穫的利潤更多，同時也擁有了心理成本優勢。

第二，**抗回撤**。同樣也是因為成本低、位置低，短期回撤時的幅度相對於連板會小很多，且大多在主力成本區域內，容易打到支撐區域，相對於連板失敗的回撤幅度有較大的優勢。

打首板的劣勢是：

首板難被捕捉。首板很多都股性較差，每日股市上沖板回落紛繁、形態各異，給人思考的時間較短，選擇難度大，需要交易者具備較強的綜合能力，能夠在相同走勢個股中瞬間判斷孰優孰劣。

（2）連板

連板打法是在市場已經漲停的股票中篩選出第二天可低吸或漲停的標的，經過綜合決策來打板。通常可以分為啟動連板、連板加速、連板走壞 3 個階段。

階段一，啟動連板：

第一，**首板**。最好較前一日有放量，一板量在前一日一倍以內的放量最健康；

第二，**二板**。二板也最好較一板有一倍以內的放量，微微放量最好；

第三，**三板**。三板較二板也是一倍以內的放量，最好使一板、二板、三板形成均勻的階梯狀。

階段二，連板加速：

連板加速階段的標識就是開始縮量，強勢個股甚至一字量很少。

階段三，連板走壞：

連板走壞階段只需要一天，標識是當天放量收盤跌成陰線，實際放的量和連板的高度有關係，二板走壞放量的機率為 20%，三板走壞放量的機率為 30%，四板走壞放量的機率為 40%，依此類推，七板走壞放量的機率為 70% 到 100%。

連板的優勢是：

第一，**複盤工作量小**。常規的複盤需要研究大盤、板塊、個股，工作量很大，而連板只需要研究當天的漲停板個股，跌停板個股用於輔助情緒判斷即可，工作量小很多。

第二，**高效高利**。打板後的第二天基本都是高溢價，甚至經常能提前介入龍頭，獲取數板的收益，因此，資金使用率和賺錢效率都非常高。

交易者採用的連板要點通常和首板類似，也是「抓熱點＋找龍頭＋判形態」。區別在於，連板打法對漲停時間的要求並沒有那麼高。實際市場中，前排的股票往往會因為一致性預期太強而過早夭折，後排的股票反而更容易變成「黑馬」，成為真正的「換手龍」。

（3）一字板

一字板是指股票中的「一字板開板」，描述的是股市的一種現象，即新股或停牌重組的個股在經過若干天的一字漲停潮後，當天集合競價所產生的開盤價小於股市規定的漲停價。

一字板則指開盤後股價馬上漲停，K 線的開盤價、最高價、最低價、收盤價相同。其形成的主要原因是場外主力資金瘋狂搶購，場內資金捂盤不賣，導致市場呈現出有價無市的狀態。一字板一定是集合競價時漲停的，正式交易時，開盤價就是漲停價。在牛市中，一字板出現的頻率比較高。

一字板的優勢是：

對 1 只新股或利好股來說，一字板開板有慣性的上衝動能，一般溢價空間比較大，所以只要是一字板開板，就有大量資金瘋狂搶進，且還有機會連創新高，在短短幾天內連續漲停，獲取超額利潤。

5. 連板打板量化交易策略的思維導圖

圖 2.12 為連板打板量化交易策略的思維導圖。

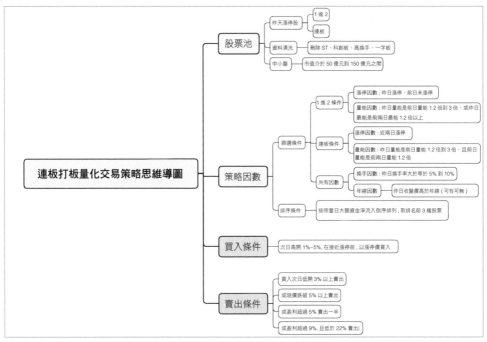

▲ 圖 2.12 連板打板量化交易策略的思維導圖

6. 連板打板量化交易策略的實戰程式範例

參考程式如下所示：

```
## 連板打板量化交易策略程式實現
## 開盤前執行函數
def before_market_open(context):
    # 輸出執行時間
    log.info(' 函數執行時間 (before_market_open)：
'+str(context.current_dt.time()))

    # 更新一下股票池
    stock_pool(context)
    # 更新帳戶股票的 atr
    for code in context.portfolio.positions.keys():
        position= context.portfolio.positions[code]
        high_price=get_price(code,start_date=position.init_time,
```

```
end_date=context.current_dt,frequency="1m",fields=['high'],skip_paused
=True,fq="pre",count=None)['high'].max()
        if code not in g.cache_data.keys():
            g.cache_data[code]=dict()
        g.cache_data[code]['high_price'] = high_price

        atr = calc_history_atr(code=code,end_time=get_last_time
(position.init_time),timeperiod=ATR_WINDOW,unit=LONG_UNIT)
        if code not in g.cache_data.keys():
            g.cache_data[code] = dict()
        g.cache_data[code]['atr'] = atr

## 開盤時執行函數
def market_open(context):
    buy(context)
    sell(context)

## 收盤後執行函數
def after_market_close(context):
    log.info(str(' 函數執行時間
(after_market_close):'+str(context.current_dt.time())))
    # 得到當天所有成交記錄
    trades = get_trades()
    log.info(" 收盤時的帳戶記錄 :",str(context.portfolio.positions))
    for _trade in trades.values():
        log.info(' 成交記錄：'+str(_trade))

    # if g.stock_pool_update_day % CHANGE_STOCK_POOL_DAY_NUMBER == 0:
        # 更新股票池
    stock_pools = set()
    log.info(' 一天結束 ')
    log.info('#####################################################
######')

def load_fundamentals_data(context):
    '''
    載入財務資料，選出市值大於 10 億元到 350 億元的個股
```

```
    '''
    # names=get_all_securities(types=['stock'], date=None)
    df=get_fundamentals(query(valuation).filter(valuation.market_
cap>10).filter(valuation.market_cap<350))
    return df['code'].tolist()

def buy(context):
    '''
    買入邏輯，開倉前買入
    '''
    for code in g.stock_pool:
        if code in context.portfolio.positions.keys():
            continue
        current_data=get_current_data()[code]
        if  current_data==None:
            return
        if is_high_limit(code):
            continue

        position_amount=calc_position(context,code)
        log.info("計算出來的倉位量：",position_amount)
        num=g.stockNum-len(context.portfolio.positions)

        if(num>0):
            order_=order_target(security=code,amount=position_amount)
            log.info("成交記錄 2022:",str(order_))
            log.info("當前的帳戶記錄：",str(context.portfolio.positions))
            if((order_ is not None) and (order_.filled>0)):
                log.info("成交了嗎？ ")
                log.info("交易 買入 ",code," 成交均價 ",order_.price," 買入的股數 ",
order_.filled)
                atr = calc_history_atr(code=code,end_time=get_last_time
(context.current_dt),timeperiod=ATR_WINDOW,unit=LONG_UNIT)
                if code not in g.cache_data.keys():
                    g.cache_data[code] = dict()
                g.cache_data[code]['atr'] = atr
                g.cache_data[code]['high_price'] = current_data.last_price
        g.bar_number=g.bar_number+1
```

```
    g.stock_pool=[]
    pass

def is_high_limit(code):
    current_data=get_current_data()[code]
    if current_data.last_price>=current_data.high_limit:
        return True
    if current_data.paused:
        return True
    return False

def is_low_limit(code):
    current_data=get_current_data()[code]
    if current_data.last_price<=current_data.low_limit:
        return True
    if current_data.paused:
        return True
    return False
# m賣票策略
def sell(context):
    sell_list=list(context.portfolio.positions.keys())
    if(len(sell_list)>0):
        for stock in  sell_list:
            close_data1 = get_bars(stock, count=1, unit='1m',
fields=['close'])[0]['close']
            cost=context.portfolio.positions[stock].acc_avg_cost
            close_data=attribute_history(stock,5,'1d',['close'])
            current_price=get_price(stock, start_date=None,
end_date=context.current_dt, frequency='1m', fields=['close'],
skip_paused=True,  count=1).iloc[0]['close']
            pre_close=close_data['close'][-1]
            if(current_price<cost*0.90):
                order_target(stock,0)
                log.info(" 虧本賣出：%s"%(stock))
            elif current_price>=cost*1.20:
                if (is_high_limit(stock)):
```

```python
                    continue
                order_target(stock,0)
                log.info(" 賺錢賣出：%s"%(stock))
    pass

def stop_loss(context):
    '''
    追蹤止損
    '''
    for code in context.portfolio.positions.keys():
        position = context.portfolio.positions[code]
        if position.closeable_amount <= 0:
            continue
        if is_low_limit(code):
            continue
        current_data = get_current_data()[code]
        if current_data == None:
            continue
        current_price = current_data.last_price

        # 獲取持倉期間最高價
        start_date = context.current_dt.strftime("%Y-%m-%d") + " 00:00:00"
        # 為防止發生 start_date 遭遇建倉時間，這裡需要進行判斷
        # 當前時間和建倉時間在同一天時，start_date 設置為建倉時間
        if context.current_dt.strftime("%Y-%m-%d") <=
position.init_time.strftime("%Y-%m-%d"):
            start_date = position.init_time

        high_price = get_price(security=code, start_date=start_date,
end_date=context.current_dt, frequency='1m', fields=['high'],
skip_paused=True, fq='pre', count=None)['high'].max()
        # 每日 9:30 時，get_price 獲取 00:00 到 09:30 之間的最高價時，資料傳回的為
NaN，需要特殊處理。這裡採用當前價格和快取的最高價進行比較
        if not np.isnan(high_price):
            high_price = max(high_price,g.cache_data[code]['high_price'])
        else:
            high_price = max(current_price,g.cache_data[code]['high_price'])
        g.cache_data[code]['high_price'] = high_price
```

```
        atr = g.cache_data[code]['atr']
        avg_cost = position.avg_cost

        if current_price <= high_price - atr * TRAILING_STOP_LOSS_ATR:
            # 當前價格小於等於最高價回撤 TRAILING_STOP_LOSS_ATR 倍 ATR，進行止損
賣出
            order_ = order_target(security=code, amount=0)
            if order_ is not None and order_.filled > 0:
                flag = "WIN*" if current_price > avg_cost else "FAIL"
                log.info(" 交易 賣出 追蹤止損 ",
                    code,
                    " 賣出數量 ",order_.filled,
                    " 當前價格 ",current_price,
                    " 持倉成本 ",avg_cost,
                    " 最高價 ",high_price,
                    "ATR",(atr * TRAILING_STOP_LOSS_ATR),
                    " 價差 ",(high_price - current_price)
                    )
    pass

def stock_pool(context):
    current_dt=context.current_dt.strftime("%Y-%m-%d")
    codeList=load_fundamentals_data(context)
    current_datas=get_current_data()
    log.info("---- 股票池更新 ------")
    i=0
    for code in codeList:
        codeStart=code[0:3]
        current_data=current_datas[code]

        '''
        交易日期
        '''
        trade_days=get_trade_days("2014-01-01",current_dt)
        yesterDay=trade_days[-2]
        if current_data.is_st:
            continue
        if current_data.paused:
```

```
            continue
        name= current_data.name
        if 'ST' in  name or '*' in name or ' 退 ' in name:
            continue

        if (codeStart=="300" or codeStart=="301" or codeStart =="688"):
            continue

        # if (capFilter(code) is False):
        #     continue

        # log.info(" 昨日換手率 :%s"%zrtr)
        if not (tr(code,context)):
            continue

        '''
        進行各種選股條件的判斷
        '''
        price=get_price(code,count=30,end_date=current_dt,panel=
False,fields=['close','open','high','low','volume','paused'])
        '''
        XG:( 進 2 強勢  OR 每日強勢 ) AND 超預期  AND 清洗  AND 高開 ;
        '''
        if((j2qs(price) or mrqs(price))  and cyq(price,code,current_dt)
and gaokai(price) ):
        # if(qs(price)):
            log.info(" 日期 ",current_dt," 選出股 :",code)
            g.stock_pool.append(code)

    if(len(g.stock_pool)==0):
        log.info(" 沒有選到股票 ")
    else:
        log.info(" 選出股票個數：",len(g.stock_pool))
    pass

def tr(code,context):
        current_dt=context.current_dt.strftime("%Y-%m-%d")
        tr=get_valuation(code,fields=["turnover_ratio"],
```

```
        end_date=current_dt,count=4)
        # print(tr)
        # 昨日換手率
        if(len(tr)>2):
            zrtr=tr.iloc[-2]['turnover_ratio']
        # print(zrtr)


            if ((not zrtr is None) and  zrtr>3):
                return True
            else:
                return False
        else:
            return False


def gaokai(priceList):
    currOpen=priceList.iloc[-1,1]
    preClose=priceList.iloc[-2,0]
    if(currOpen>=preClose*1.002 and currOpen<preClose * 1.092):
        return True
    else:
        return False


# 定義黃金線
def hjx(code,current_dt,price):
    df2=price.iloc[-32:-2]
    gl=df2['high'].mean()
    return gl*(1+13/100)
# 定義超預期 # 超預期 :=REF(C,1)> 黃金線 *1.03;
def cyq(priceList,name,current_dt):
    gl=hjx(name,current_dt,priceList)
    if(priceList.iloc[-2,0] >gl*1.03):
        return True
    else:
        return False


# 只要中小市值的股票
def capFilter(code):
    q = query(
```

```python
            valuation.code,
            valuation.market_cap
        ).filter(valuation.code==code)

    df = get_fundamentals(q)
    cap=df.iloc[0]['market_cap']
    if(cap>10 and cap<35):
        return True
    else:
        return False

def aa1(price,i):
    b=False
    c=price.iloc[i,0] # 收盤
    h=price.iloc[i,2] #high
    r=price.iloc[i,0]/price.iloc[i-1,0]
# 漲停傳回 True
    if(r>1.094 and c==h):
        return True
    else:
        return False
def vv(price,dp,i):
    b=False
    s=price.iloc[dp,4]/price.iloc[dp-i,4]
    if(s>1.2):
        # log.info(i,":",s)
        return True
    else:
        return False
# 定義前日未漲停
def qrwzt(priceList):
    if aa1(priceList,-3):
        return True
    else:
        return False
# 定義進二強勢
def j2qs(price):
    zrzt=aa1(price,-2)
```

```
    zrln=(vv(price,-2,1) or vv(price,-2,2))
    if(qrwzt(price) is False and zrzt and zrln):
        return True
    else:
        return False
# 定義每日強勢
def mrqs(price):
    qrzt=aa1(price,-3)
    zrzt=aa1(price,-2)
    zrln=(vv(price,-2,1) or vv(price,-2,2))
    if(qrzt and zrzt and zrln):
        return True
    else:
        return False


#------------------------------- 賣出所需要的工具函數 ------------------
def calc_history_atr(code,end_time,timeperiod=14,unit='1d'):
    '''
    計算標的的 ATR 值
    Args:
        code 標的的編碼
        end_time 計算 ATR 的時間點
        timeperiod 計算 ATR 的視窗
        unit 計算 ATR 的 bar 的單位
    Returns:
        計算的標的在 end_time 的 ATR 值
    '''
    security_data = get_price(security=code, end_date=end_time,
frequency=unit, fields=['close','high','low'], skip_paused=True,
fq='pre', count=timeperiod+1)
    nan_count = list(np.isnan(security_data['close'])).count(True)
    if nan_count == len(security_data['close']):
        log.info(" 股票 %s 輸入資料全是 NaN，該股票可能已退市或剛上市，傳回 NaN 值資料。"
%stock)
        return np.nan
    else:
        return tl.ATR(np.array(security_data['high']),
np.array(security_data['low']), np.array(security_data['close']),
```

```
timeperiod)[-1]
    pass

def calc_position(context,code):
    '''
    計算建倉頭寸依據：資金池每份現金 * 風險因數 / 波動率
    Args:
        context 上下文
        code 要計算的標的的程式
    Returns:
        計算得到的頭寸，單位為股數
    '''
    # 計算 risk_adjust_factor 用到的 sigma 的視窗大小
    RISK_WINDOW = 60
    # 計算 risk_adjust_factor 用到的兩個 sigma 間隔大小
    RISK_DIFF = 30
    # 計算 sigma 的視窗大小
    SIGMA_WINDOW = 60

    # 計算頭寸需要用到的資料的數量
    count = RISK_WINDOW + RISK_DIFF * 2
    count = max(SIGMA_WINDOW,count)
    history_values = get_price(security=code,
end_date=get_last_time(context.current_dt), frequency=LONG_UNIT,
fields=['close','high','low'], skip_paused=True, fq='pre', count=count)
    h_array = history_values['high']
    l_array = history_values['low']
    c_array = history_values['close']
    log.info(" 當前現金：",context.portfolio.starting_cash)

    if (len(history_values.index) < count) or
(list(np.isnan(h_array)).count(True) > 0) or
(list(np.isnan(l_array)).count(True) > 0) or
(list(np.isnan(c_array)).count(True) > 0):
        # 資料不足或資料錯誤存在 NaN
        return 0

    # 資料轉換
```

```
    value_array = []
    for i in range(len(h_array)):
        value_array.append((h_array[i] + l_array[i] + c_array[i] * 2) / 4)

    first_sigma  =
np.std(value_array[-RISK_WINDOW-(RISK_DIFF*2):-(RISK_DIFF*2)])    #
-120:-60
    center_sigma =
np.std(value_array[-RISK_WINDOW-(RISK_DIFF*1):-(RISK_DIFF*1)])    #
-90:-30
    last_sigma   = np.std(value_array[-RISK_WINDOW              :])
#  -60:
    sigma        = np.std(value_array[-SIGMA_WINDOW:])
    risk_adjust_factor_ = 0
    if last_sigma > center_sigma :
        risk_adjust_factor_ = 0.5
    elif last_sigma < center_sigma and last_sigma > first_sigma:
        risk_adjust_factor_ = 1.0
    elif last_sigma < center_sigma and last_sigma < first_sigma:
        risk_adjust_factor_ = 1.5
    return int(context.portfolio.starting_cash * 0.055 *
risk_adjust_factor_ / ((POSITION_SIGMA * sigma) * 100))  * 100
```

▌ 2.4　阿爾法量化交易策略

2.4.1　阿爾法量化交易策略的底層邏輯

投資策略的收益到底從何而來？是什麼在影響投資組合的收益？

諾貝爾經濟學獎得主威廉 · 夏普在 1964 年發表的一篇論文中，將金融資產的收益拆分成兩部分：和市場一起波動的部分叫貝塔收益，不和市場一起波動的部分叫阿爾法收益。

　　貝塔收益與整體市場完全相關，可以表示為整體市場的平均收益乘以一個貝塔係數。貝塔係數是一種風險指數，用來衡量投資組合相對於整個市場的價格波動情況。

　　阿爾法收益與整體市場無關，也稱為超額收益。阿爾法量化交易策略就是要獲取阿爾法收益，就是要精選投資標的，跑贏市場。從廣義上講，獲取阿爾法收益的投資策略有很多種，其中包括傳統的基本面分析選股策略、估值策略、固定收益策略等，也包括利用衍生工具對沖掉貝塔風險，從而獲取阿爾法收益的可轉移阿爾法策略。

2.4.2　阿爾法量化交易策略的代表人物及其投資邏輯

　　阿爾法收益的概念於 20 世紀中葉被提出。據統計，當時約 75% 的股票型基金經理建構的投資組合無法跑贏根據市值大小建構的簡單組合。不少研究者將此現象歸因於市場的有效性，也就是由於金融市場聚集了許多的投資者，這些投資者時刻緊盯市場，一旦市場中出現套利機會，他們就會迅速行動以使市場恢復均衡。在一個有效的金融市場中，任何尋找超額收益的努力都是徒勞的，投資者只能獲得基準收益。但是，在 20 世紀後半葉，隨著金融衍生品的誕生，不少基金取得了令人炫目的收益，這說明使用積極的投資策略是可以獲得超額收益的。高收益基金的誕生使得投資者不再滿足於保守投資策略帶來的收益，投資者希望能夠獲取超越基準指數的收益。

　　彼得・穆勒在 1991 年創造了阿爾法量化交易策略，其基礎是 CAPM（Capital　Asset Pricing Model，資本資產定價模型）和 Fama-French 三因數模型。該策略基於分析影響股票價格的相關因素，選出表現可以超越大盤的股票，並進行合理的投資組合配置，以獲得超額收益。若將超額收益與股指期貨對沖投資組合相結合，就能獲得絕對收益。這便是市場中性策略的運作方式。隨後，克裡夫・阿斯內斯於 1992 年發現了處於跌勢的股票總是比理論跌幅跌得更深，而處於漲勢中的股票也會比理論漲幅漲得更多。為應對這一現象，阿斯內斯在Fama-French 三因數模型的基礎上加入了價值和動量因數，形成了多因數策略。現在，許多量化基金都從巨量歷史資料中挖掘與股票未來預期收益相連結的因數，以形成自己獨有的多因數策略。多因數策略至今仍是一種被廣泛應用的量化交易策略。

費雪作為巴菲特的老師而被大家熟知。他出生於美國舊金山，是現代投資理論的先鋒之一，是成長股投資策略的創始人和重要推廣者，更是備受推崇的華爾街投資大師之一。他長期主張持有成長股、注重企業成長性，因此被世人尊稱為「成長型價值投資之父」。和葛拉漢不同，費雪更注重企業的潛力和發展方向，他被譽為現代價值投資理論的創立者之一。他在 2004 年去世時已經達到 97 歲的高齡，和其他價值投資大師一樣，享有長壽的美譽。費雪撰寫的《非常潛力股》一書在出版後迅速風靡全球，成為第一部登上《紐約時報》暢銷書排行榜榜首的投資著作。他提出的成長型價值投資理念也在此後逐漸成了全球股市的主流投資理念之一。巴菲特曾表示，自己的投資哲學 85% 來自葛拉漢，15% 則來自費雪，前者教給他安全，後者則教給他速度。

彼得 ・ 林區因其傑出的選股技能而被譽為「全球最佳選股者」。他不僅被美國《時代》雜誌評為「全球最佳基金經理」，還被美國基金評級公司評為「歷史上最傳奇的基金經理」。他對共同基金的貢獻，就像是喬丹之於籃球、鄧肯之於現代舞蹈一樣不可或缺。他使投資變得像藝術一樣精妙絕倫。在 1977 年至 1990 年，他一直是富達公司旗下麥哲倫基金的經理。在這 13 年間，他將麥哲倫基金的資產規模從 1800 萬美金增長到 140 億美金，年平均複利收益率高達 29%，無人可比。麥哲倫基金的投資人超過 100 萬人，是世界上最成功的基金之一，其投資績效處於首位。

2.4.3　實戰案例：彼得 ・ 林區多因數量化交易策略

1. 彼得 ・ 林區多因數量化交易策略的簡介

彼得 ・ 林區的策略基於一個十分古老的基本原則：當一家成功的公司在開拓新市場時，隨著盈利的增長，其股價也大漲；當一家身陷困境的公司經營好轉時，股價也會上漲。基於以上基本原則，應該關注哪些因數呢？彼得 ・ 林區把需要關注的因數分成兩大類：篩選因數和排序因數。篩選因數主要有：利潤總額較大（比如單季利潤總額大於 1000 萬元）、股價比現金流小於 10、資產負債率低（比如低於 25%）、市盈率／淨利率同比增長率小於 1。排序因數主要有：存貨周轉較快、營收比預期增長較高。了解了以上的關鍵因數，任何人都可以去實踐它。

2. 彼得 · 林區多因數量化交易策略的邏輯思維導圖、實戰流程及案例

圖 2.13 為彼得 · 林區多因數量化交易策略的思維導圖。

根據上述思維導圖可知，首先，我們進行彼得 · 林區多因數量化交易策略的整體設計，主要包括股票池、策略因數、進場條件、出場條件 4 個部分。再者，我們對這 4 個部分分別進行詳細設計。對於股票池，我們選擇所有股票（不包括 ST），回測時間為 2018 年 10 月到 2023 年 7 月。策略因數包括篩選因數和排序因數，我們將篩選因數設定為單季利潤總額大於 1000 萬元、股價比現金流小於 10、資產負債率小於 25%、市盈率比淨利率同比增長小於 1，排序因數主要有存貨周轉率（從大到小排序）、預期營收增長率（從大到小排序）。進場條件是排名前 30 名的股票等權買入，將手續費設置為 2‰。出場條件為每 5 天進行一次調倉。

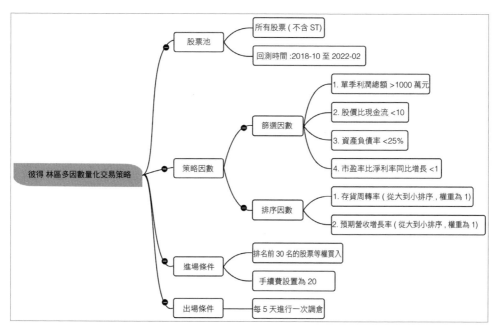

▲ 圖 2.13 彼得 · 林區多因數量化交易策略思維導圖

依據上面的策略，我們實操一下，如圖 2.14 所示。

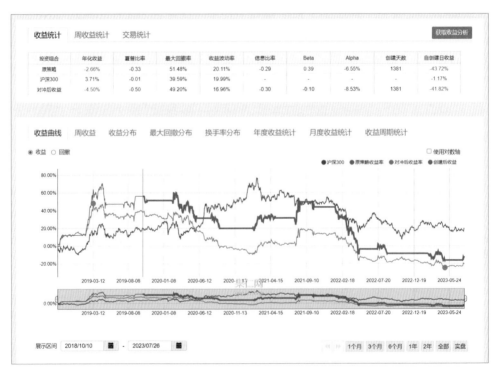

▲ 圖 2.14 彼得・林區多因數量化交易策略演示圖 (編按：本圖例為簡體中文介面)

執行後的實際收益效果如圖 2.15 所示。

▲ 圖 2.15 彼得・林區多因數量化交易策略收益統計圖
(編按：本圖例為簡體中文介面)

可以看出，該策略年化收益才 –2.66%，阿爾法收益為 -6.53%，遠遠沒有達到預期啊，我們需要進一步改進！圖 2.16 為修正後的彼得 · 林區多因數量化交易策略的思維導圖。

我們最佳化了 2 個因數：一個是將篩選因數中的「市盈率比淨利率同比增長」修改為大於 1.50，一個是將排序因數中的存貨周轉率的排序規則修改為在一級行業從大到小排序。如圖 2.17 所示，為修正後的策略的收益情況。

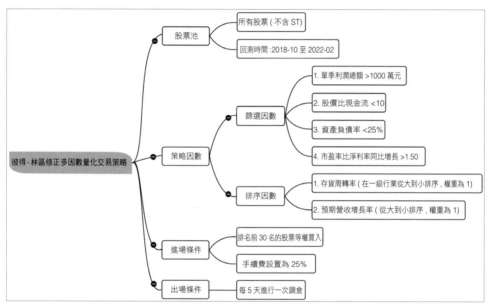

▲ 圖 2.16 修正後的彼得 · 林區多因數量化交易策略的思維導圖

投資組合	年化收益	夏普比率	最大回撤率	收益波動率	信息比率	Beta	Alpha	創建天數	自創建日收益
原策略	0.23%	-0.19	41.81%	19.77%	0.04	0.49	-1.51%	1231	-21.67%
滬深300	-0.66%	-0.23	39.59%	20.00%	-	-	-	-	-1.11%
對冲后收益	-0.83%	-0.29	34.53%	16.71%	-0.01	-0.43	-6.83%	1231	-23.15%

▲ 圖 2.17 修正後的彼得 ‧ 林區多因數量化交易策略收益統計圖 (編按：本圖例為 簡體中文介面)

我們看到，修正後的策略年化收益變為了 0.23%，阿爾法收益為 –1.51%， 收益提高了不少，能不能再最佳化一下呢？圖 2.18 為修正增強後的彼得 ‧ 林區 多因數量化交易策略的思維導圖。

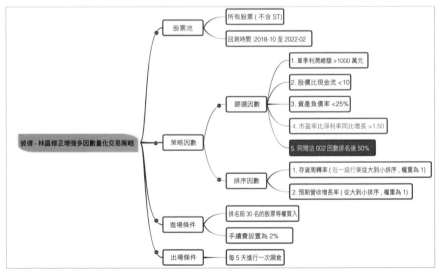

▲ 圖 2.18 修正增強後的彼得 ‧ 林區多因數量化交易策略的思維導圖

在上述策略中，我們新增了一個篩選因數——阿爾法 002 因數排名後 50%。我們再看一下該策略的收益情況，如圖 2.19 所示。

可以看到，修正增強後的彼得‧林區多因數量化交易策略的年化收益已經達到了 1.07%，阿爾法收益為 -0.83%，比上一次修正策略的收益提高了不少，大家可以進一步挖掘有效因數，進一步改進策略，不斷提升收益！

▲ 圖 2.19 修正增強後的彼得‧林區多因數量化交易策略的收益統計圖（編按：本圖例為簡體中文介面）

3. 彼得‧林區多因數量化交易策略的實戰程式範例

參考程式如下所示：

```
def handlebar(ContextInfo):
    rank1 = {}
    rank2 = {}
    rank_total = {}
    tmp_stock = {}
    d = ContextInfo.barpos
    price = ContextInfo.get_history_data(1,'1d','open',3)
    #
```

```
    if d > 5 and d % 5 == 0:                      # 每5天一調倉
        nowDate =
timetag_to_datetime(ContextInfo.get_bar_timetag(d),'%Y%m%d')
        print('調倉日：', nowDate)
        buys, sells = signal(ContextInfo)     # 計算調倉買，賣列表
        order = {}
        for k in sells:
            print('ready to sell')
            order_shares(k,-ContextInfo.holdings[k]*100,
'fix',price[k][-1],ContextInfo,ContextInfo.accountID)
            ContextInfo.money += price[k][-1] * ContextInfo.holdings[k] *
100 - 0.0003*ContextInfo.holdings[k]*100*price[k][-1]
# 手續費按萬三設定
            ContextInfo.profit += (price[k][-1]-ContextInfo.buypoint[k]) *
ContextInfo.holdings[k] * 100 -
0.0003*ContextInfo.holdings[k]*100*price[k][-1]
            #print price[k][-1]
            print(k)
            #print ContextInfo.money
            ContextInfo.holdings[k] = 0
        for k in buys:
            print('ready to buy')
            order[k] = int(ContextInfo.money_distribution[k]/
(price[k][-1]))/100
            order_shares(k,order[k]*100,'fix',price[k][-1],
ContextInfo,ContextInfo.accountID)
            ContextInfo.buypoint[k] = price[k][-1]
            ContextInfo.money -= price[k][-1] * order[k] * 100 -
0.0003*order[k]*100*price[k][-1]
            ContextInfo.profit -= 0.0003*order[k]*100*price[k][-1]
            print(k)
            ContextInfo.holdings[k] = order[k]
        print(ContextInfo.money,ContextInfo.profit,ContextInfo.capital)

    profit = ContextInfo.profit/ContextInfo.capital
    if not ContextInfo.do_back_test:
        ContextInfo.paint('profit_ratio', profit, -1, 0)
```

```
def signal(ContextInfo):
    buy = {i:0 for i in ContextInfo.s}
    sell = {i:0 for i in ContextInfo.s}
    filter(ContextInfo)
    sort_candidate_to_buy(ContextInfo)
    candidate_buy30 = ContextInfo.candidate_buy[:30]
    for k in candidate_buy30:
        hold = ContextInfo.holdings.get(k, 0)
        if hold == 0:
            buy[k] = 1   # 如果在待買列表，且沒有持有，則買入
    for k, hold in ContextInfo.holdings.items():
        if not (k in candidate_buy30):
            if hold == 1:
                sell[k] = 1 # 如果不在待買列表，且持有，則賣出
    return buy, sell            # 買入賣出備選


def filter(ContextInfo):
    """
    篩選因數：
        選取利潤總額較大的股票，比如單季利潤大於 1000 萬元
        選取股票價格 / 每股自由現金流小於 10 的股票
        選取資產負債率低的股票，比如低於 25%
        選取市盈率 / 淨利率同比增長率小於 1 的股票
    """
    ContextInfo.candidate = {}
    # 選取利潤總額較大的股票，比如單季利潤大於 1000 萬元
    filter_tot_profit(ContextInfo)
    # 選取股票價格 / 每股自由現金流小於 10 的股票
    filter_price__CashEquivalentPS(ContextInfo)
    # 選取資產負債率低的股票，比如低於 25%
    filter_gear_ratio(ContextInfo)
    # 選取市盈率 / 淨利率同比增長率小於 1 的股票
    filter_PE__net_profit_incl_min_int_inc(ContextInfo)


def filter_tot_profit(ContextInfo):
    #
    index = ContextInfo.barpos
    for one in ContextInfo.s:
```

```
        market, code = one.split('.')
        v = ContextInfo.get_financial_data('ASHAREINCOME', 'tot_profit',
market, code, index);
        if v > 1000:      # 利潤大於 1000 萬元
            ContextInfo.candidate[one] = ContextInfo.candidate.get(one, 1) and 1
        else:
            ContextInfo.candidate[one] = 0


def filter_price__CashEquivalentPS(ContextInfo):
    #
    index = ContextInfo.barpos
    nowDate =
timetag_to_datetime(ContextInfo.get_bar_timetag(ContextInfo.barpos),'%
Y%m%d')
    hisdict = ContextInfo.get_history_data(1,'1d','close')
    for stockcode in ContextInfo.s:
        if not (stockcode in hisdict):
            continue
        close = hisdict[stockcode][0]
        #
        fieldList = ['Per_Share_Analysis.CashEquivalentPS']
        cash =
ContextInfo.get_factor_data(fieldList,stockcode,nowDate,nowDate)
        if (close / cash) < 10:      # 選取股票價格 / 每股自由現金流小於 10 的股票
            ContextInfo.candidate[one] = ContextInfo.candidate.get(one, 1)
and 1
        else:
            ContextInfo.candidate[one] = 0


def filter_gear_ratio(ContextInfo):
    #
    index = ContextInfo.barpos
    for one in ContextInfo.s:
        market, code = one.split('.')
        v = ContextInfo.get_financial_data('PERSHAREINDEX', 'gear_ratio',
market, code, index);
        if v < 0.25:      # 選取資產負債率低的股票，比如低於 25%
            ContextInfo.candidate[one] = ContextInfo.candidate.get(one, 1)
```

```
and 1
        else:
            ContextInfo.candidate[one] = 0


def filter_PE__net_profit_incl_min_int_inc(ContextInfo):
    index = ContextInfo.barpos
    for stockcode in ContextInfo.s:
        fieldList = ['Valuation_and_Market_Cap.PE']
        pe =
ContextInfo.get_factor_data(fieldList,stockcode,nowDate,nowDate)
        market, code = one.split('.')
        du_profit_rate = ContextInfo.get_financial_data('PERSHAREINDEX',
'du_profit_rate', market, code, index);
        if (pe / du_profit_rate) < 1:
                            # 選取市盈率 / 淨利率同比增長率小於 1 的股票
            ContextInfo.candidate[one] = ContextInfo.candidate.get(one, 1) and 1
        else:
            ContextInfo.candidate[one] = 0


def sort_candidate_buy(ContextInfo):
    data = []
    for stockcode, flag in ContextInfo.candidate.items():
        if not flag:
            continue
        fieldList = ['Operation.InventoryTRate']
        InventoryTRate =
ContextInfo.get_factor_data(fieldList,stockcode,nowDate,nowDate)
        fieldList = ['Analyst_Estimation.SFY12P']
        SFY12P =
ContextInfo.get_factor_data(fieldList,stockcode,nowDate,nowDate)
        data.append({'code': stockcode, ' 存貨周轉率 ': InventoryTRate, ' 預期
營收增長率 ': SFY12P})
    df = pd.DataFrame(data)
    df = df.sort_values(by=[' 存貨周轉率 ', ' 預期營收增長率 '], ascending=[True,
False])
    ContextInfo.candidate_buy = df['code'].tolist()
```

2.5 另類量化交易策略

量化交易策略的基礎是資料，但金融本身能產生的資料是有限的。因此，有很多量化交易者想到了利用另類資料生成量化交易策略。世界上已經有近50%的基金經理在使用另類資料，還有25%的基金經理計畫在1年內引入另類資料。在這些另類資料中，利用爬蟲從網頁中爬取的資料佔大多數，特別是輿情資料的使用頻率比較高。在中國，大部分投資者對另類資料的使用還處於探索期。

2.5.1 另類量化交易策略的底層邏輯

前面提過，另類量化交易策略的想法不但難以複製，實施起來也困難重重，因其本質都是利用資訊差。使用另類量化交易策略的投資者認為，非金融類資料對人們的投資決策同樣影響巨大，而普通金融類資料由於可以被大部分投資者輕易得到，所以反而會失去資訊優勢。

另類量化交易策略的一些應用場景甚至被搬上了銀幕，在美劇《金錢戰爭》（*Billions*）中，華爾街對沖基金就利用衛星資料分析經濟和行情，以獲取超額的阿爾法收益。全球最大的空頭基金公司尼克斯聯合基金公司的創始人及掌門人——詹姆斯·查諾斯，以及數位華爾街金融大佬都曾在其中出鏡。現在，這一幕已在中國成為現實。中國招商銀行理財首席投資官曾經講過：「中國招商銀行已經用了170多顆衛星對標的進行監控，（中國招商銀行金融應用衛星）總資料量已經超過了1000多TB。」

另類量化交易策略與傳統量化交易策略相比，具備5個優勢：

（1）可以更進一步地利用機器學習。由於資料不再依賴於金融本身，所以其密度和頻次可以更高，從而更有利於用機器學習的方法進行策略的深度挖掘。

（2）能發現未被挖掘的觀點。與傳統方法相比，另類資料探勘由於維度不同，所產生的價值可能更為深刻。

（3）具有更長的存活時間。傳統量化交易策略很容易因為使用者的增加而失效，但另類量化交易策略對資料的獲取天然帶有「護城河」優勢，從而讓另類量化交易策略擁有更長的生命週期。

（4）策略的生成更加泛化。另類量化交易策略可以利用一切可以想到的相關性資訊與資料，從而不再僅依賴於金融資料本身，這讓不同領域的人進行跨界量化交易成為可能。

（5）更加高效。另類量化交易策略通常來講都比較高效，這與其具有更廣泛的覆蓋度密切相關。

另類量化交易策略通常會考慮利用 15 類資料：社交媒體資料、新聞評論、網頁搜索資料、天氣預報、衛星影像、穿戴裝置資料、物聯網資料、App 資料、高頻資料、專家及大 V 觀點、ESG 資料、員工資料、商場客流資料、個人消費資料、地理位置等。這些資料也可以按來源被歸納為由人產生、由商業活動產生和由感測器產生。當然，使用另類量化交易策略也有一些顯而易見的弊端。比如收集資料的費用昂貴，很可能出現策略收益無法覆蓋資料收集相關費用的情況；再比如，會涉及個人隱私和商業隱私，甚至會引發監管風險。

2.5.2 另類量化交易策略的代表人物及其投資邏輯

1. 另類量化交易策略的代表人物——喬治 · 索羅斯

另類量化交易策略的代表人物首推建立量子基金的喬治 · 索羅斯，他是史上最著名（惡名昭彰）的匯率投機者，他在 1992 年做空英鎊、1997 年做空泰銖的操作都已成為傳奇。量子基金在自建立以來的 40 年時間裡，總共為投資者產生了 400 億美金的收益，是史上最成功的對沖基金之一。如果一位投資者在 1969 年買入 1 萬美金的量子基金，那麼到 1996 年他將得到 3 億美金的收益，比本金增長了 3 萬倍，平均年收益在 30% 以上。

索羅斯之所以能成為另類量化交易策略的代表人物，是因為其提出的反身性理論（Theory of Reflexivity）。雖然反身性理論一直不被主流經濟學界重視和接納，但是索羅斯以其實踐結果證明反身性理論具有不容忽視的有效性與令人神往的獨特魅力。

索羅斯提出反身性理論的目的，不是技術性地預測證券市場的漲落，也不是專業性地分析金融問題，而是擱置主流經濟學，創造出一套能夠解決實際問題的新的理論。正如他自己所說：「我的幻想是用反身性理論，來解釋 20 世紀 80 年代的大蕭條，一如凱恩斯的《就業、利息和貨幣通論》解釋了 20 世紀 30 年代大蕭條。」索羅斯的反身性理論，在哲學邏輯上可以被解釋為黑格爾辯證法和馬克思辯證唯物主義的綜合，接受資訊不完全的現實假設，建構市場情況與市場主體之間的認識函數 $y=f(x)$ 和參與函數 $x=\Phi(y)$，實現「理解現實世界的要求將迫使人們的視線從臆測的最終結果（均衡）上移開，轉向周圍生動的、真實的經濟變化」。

由於量子基金並不是公開的基金，所以很難探究其交易邏輯。唯一可以接近其交易思想的，應當是索羅斯本人所著的《金融煉金術》。這本書並不是定位於金融投資方法，而是更接近於哲學著作。索羅斯自己也認為，《金融煉金術》是一本起始於哲學思考，落實於方法論探討的書。索羅斯在書的結尾處寫道：「應該強調的是，本書並非股市致富的實用指南。它幾乎囊括了我的平生所學，至少在理論形態上是如此。我沒有藏匿任何東西，但推理的鏈條卻是反向的。本書不是討論怎樣用我的方法去賺錢；相反，它從我在金融市場的經驗中發展出一種方法，用以研究一般性的歷史過程，特別是當前的歷史。如果不是出於這一目的，本書可能根本不會涉及我的投資活動。」

如果索羅斯在書中透露的哲學思想是他在投資時的真實想法，那麼可以用一句話來概括他的底層投資邏輯：根據反身性理論，金融市場中的投資者做多情緒會在上漲行情中得到不斷的正向激勵，進而致使連續暴漲的情況的出現；同樣，做空情緒也會在下跌行情中得到不斷的正向激勵，進而致使連續暴跌的情況的出現。

當然，索羅斯的投資行為也為很多經濟學家所質疑和不齒。因為，後期的索羅斯已經從資訊差的獲取者，變身為資訊差的製造者。在 1997 年的東南亞金融危機時，索羅斯大量做空東南亞貨幣，致使市場恐慌迅速蔓延，令地區發展雪上加霜。

2. 國外新奇的另類量化交易策略

核子試驗多空策略，策略來源：韓國基金經理。北韓核子試驗，始於 2006 年 10 月 9 日，至今已經至少進行了 6 次。策略專家發現，每次試驗後國際黃金都會大漲，而韓國股票指數會短期下跌。這個策略已經盛行 10 多年了，以至於現在有些失效了。具體操作是在南北韓邊境放震動探測儀，當探測到的振幅超過一定數量時，就啟動策略——做多黃金、做空股票指數。後來，使用這個策略的人越來越多，導致該策略對裝置的敏感度要求越來越高，有些人甚至會用衛星提前觀察北韓方的部署，預測什麼時候會進行核子試驗，從而達到提前佈局的目的。

看天氣多空策略，策略來源：文藝復興。桑德斯是最早研究天氣和股市相關性的學者，他收集了 1927 年至 1989 年紐約市的天氣資料，發現紐約上空的雲層覆蓋率影響了道指的日收益率，市場收益率在陰天時要顯著低於晴天。另有兩位學者 Hirshleifer 和 Shumway 將桑德斯的研究拓展到全球主要股市，發現全球 26 個股市中有 25 個的收益都與陽光 / 雲層覆蓋率顯著相關，即交易所所在地越是陽光燦爛（雲層覆蓋率越低），股票指數當日收益就相對越高。據說，文藝復興是較早應用這一策略的投資機構，其使用的方法即看紐約天氣，豔陽天做多，陰雨天做空。

推特多空策略，策略來源：美國寬客。透過對川普發的推特的資料複盤，有人發現在其使用推特帳號的 143 個月中，一共有 146 次影響了金融市場的漲跌……美銀美林集團的分析師曾在一份報告中表示，自 2016 年以來，當川普日發推特量超過 35 筆時，股市收益為 −9 個基點；而當其日發推量少於 5 筆時，股市收益則達到 5 個基點。換言之，川普越少發推特，美國股市的表現就越好。撰寫該報告的分析師還強調，這個結論是具有統計學意義的。美國的一幫寬客早就發現了這一規律，並用語義分析人工智慧軟體，每分每秒地盯著推特，隨時根據川普所發推特的內容決定是否做多股市。

　　國外還有很多另類量化交易策略，想法都很奇特。比如，在核電站周圍佈置紅外監測裝置，以檢測發電情況，從而對電價進行預測。再比如，某期貨交易員雇直升機在巴西鐵道上巡邏觀測礦產出貨情況，以求在其到達港口之前判斷產量，從而決定投資方向。

3. 中國市場中的另類量化交易策略基金

　　中國市場上近幾年也崛起了一批另類量化交易策略基金，2022 年也引來了不少機構資金和 FoF（Fund of Funds，基金中的基金）的關注。下面給大家介紹 2 隻中國的另類量化交易策略基金。

　　（1）恒泰融安乾睿量化 1 號

　　策略收益：如圖 2.20 所示，從 2022 年 1 月 1 日至 2022 年 7 月 22 日，恒泰融安乾睿量化 1 號在將近 8 個月的時間裡，收益率為 7.25%，最大回撤為 −1.15%，超越滬深 300 指數 22.84%，夏普比率為 2.68（年化），而同類基金同期的夏普比率平均為負值。

　　策略簡介：基於量化技術和手段，利用動態資料（匯率、石油價格等）、風險因數（風險溢價、流動性暴露等）、基本面（A 股利潤組成、熱點板塊歸因等）等量化情緒指標建構擇時訊號，確定中期最大倉位水準。在微觀擇股層面，透過量化熱點板塊歸因及其與指數的共通性，界定埋伏的板塊，量化當前領漲類股票的個股和分支題材的聯動效應，篩選股票池。對可埋伏個股進行對標吻合程度、流通市值、籌碼形態、啟動時機的微觀量化研究，確定觸發交易條件與頭寸比例。策略平均持倉週期在 3 天以內，年初以來倉位多在 30% 以內，持倉數量不到 20 只。

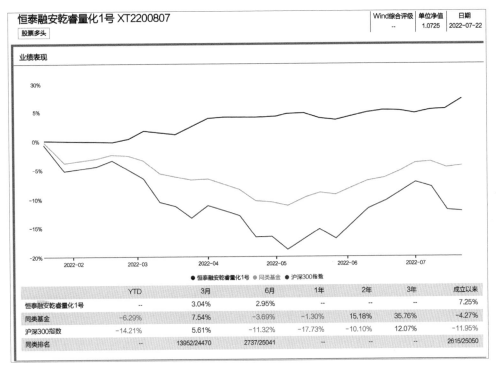

| 恒泰融安乾睿量化1号 XT2200807 | | | | | Wind综合评级 | 单位净值 | 日期 |
| 股票多头 | | | | | -- | 1.0725 | 2022-07-22 |

业绩表现

	YTD	3月	6月	1年	2年	3年	成立以来
恒泰融安乾睿量化1号	--	3.04%	2.95%				7.25%
同类基金	-6.29%	7.54%	-3.69%	-1.30%	15.18%	35.76%	-4.27%
沪深300指数	-14.21%	5.61%	-11.32%	-17.73%	-10.10%	12.07%	-11.95%
同类排名	--	13952/24470	2737/25041				2615/25050

▲ 圖 2.20 恒泰融安乾睿量化 1 號的業績表現 (編按：本圖例為簡體中文介面)

策略點評：中國這兩年的板塊輪動效應比較明顯，因此，在這種行情下，一方面龍頭強勢股、熱點股票等能獲得比較好的收益，量化強勢股策略相比傳統的指數增強策略或量化多因數選股策略來說，能夠更進一步地抓到這些交易機會。另一方面，若個股和板塊出現頻繁的「一日遊」或無序輪動的行情，則不利於量化強勢股策略的表現。如果這種無序輪動的行情比較連續，那麼很難避免產生相應的回撤。除此以外，比較極端的市場行情，如強勢股崩盤，隨後出現連續幾天的跌停，也會對這類策略有較大的負面影響。

（2）躍威順鑫 1 號

策略收益：如圖 2.21 所示，從 2022 年 1 月 1 日至 2022 年 7 月 15 日，躍威順鑫 1 號在這 7.50 個月的時間裡，收益率為 3.57%，最大回撤為 –1.93%，超越滬深 300 指數 17.54%，夏普比率為 1.93（年化），而同類基金同期的夏普比率平均為負值。

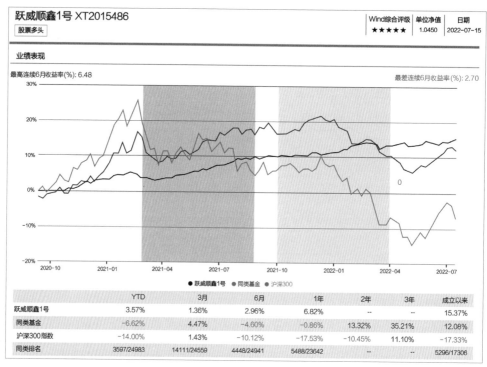

▲ 圖 2.21　躍威順鑫 1 號的業績表現 (編按：本圖例為簡體中文介面)

　　策略簡介：主要包括期權賣方策略和波動率曲面套利策略。期權賣方策略的收益貢獻大概佔產品的 70%；波動率曲面套利策略，包括期限結構套利和偏態套利，貢獻了產品收益的 30% 左右。

　　策略點評：從風險收益來源的角度看，期權賣方策略最適用的盈利環境，是市場處於中等波動率水準，或波動率水準持續下降時的市場環境。在市場持續處於極低波動率時，期權賣方策略的盈利空間有限；當市場波動率快速升高時，期權賣方策略容易發生回撤。

2.5.3 實戰案例：高頻交易策略

1. 高頻交易策略的簡介

　　高頻交易是市場微觀層面的一種交易模式。其特點是周轉率和訂單率都很高，能在毫秒內滿足大量買賣和取消指令的要求，並能在極短的市場變化中尋求獲利機會。大部分策略的開發者都在使用隨機分析工具來尋找最佳策略。全球高頻交易行業始終被籠罩在「迷霧」之中，大多數高頻交易公司都拒絕揭露任何財務或營運資訊。一般來說，高頻交易公司除了籠統地談論「流動性提供」和「套利」等概念，從不透露有關其演算法目標的任何資訊。

　　通常來講，高頻交易具備以下 4 個特點：

　　（1）處理分筆交易資料；

　　（2）高資金周轉率；

　　（3）日內開平倉；

　　（4）演算法交易。

　　處理分筆交易資料和高資金周轉率基本上描述了什麼是高頻交易。中國的分筆資料在股票和期貨中有所不同，股票為每 3 秒一筆，期貨為每 0.50 秒一筆（Tick 級）。持倉時間如果小於等於 1 個交易日，那麼大部分交易者就認為其是高頻交易了，但在實際操作中，頻率通常更高。這種當日開平倉的高頻交易可以大大降低隔夜持倉成本或隔夜風險，所以理論上可以關注更少的因素。另外，由於演算法交易處理起資料比人腦更多、更快、更精確，所以這種不帶任何感情色彩的交易決策，讓高頻交易更加風靡。

2. 高頻交易策略的分類

　　近幾年，國際學術機構透過對多家高頻交易公司的資料進行研究，並運用了機器學習聚類分析，認為高頻交易策略領域存在三類公司，即套利高頻、做市高頻和投機高頻，如圖 2.22 所示。

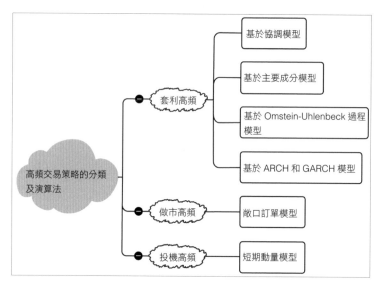

▲ 圖 2.22　高頻交易策略的分類及演算法

　　研究發現：第一，高頻交易降低了買賣價差，提高了市場流動性，且沒有增加市場波動率，甚至可能反而降低了市場波動率；第二，沒有發現高頻交易者存在系統性搶單行為（並不排除有特定高頻交易者存在此類行為）；第三，有些學術研究認為高頻交易有導致市場風險的可能性，但是事件調查的最終結論是，在絕大多數情況下，高頻交易並不是引發市場風險的罪魁禍首。

3. 高頻交易策略的研究意義

　　如圖 2.23 所示，在美國、歐洲的成熟證券市場中，高頻交易的佔比已經超過了 70%，特別是在外匯市場中佔比高達 80%；而亞洲地區的高頻交易僅為 5% ～ 10%，還有很大的發展空間。目前，中國真正研究高頻交易的團隊不足 80 個，越早起步，越有優勢。

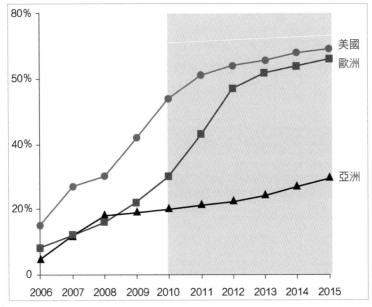

▲ 圖 2.23 近幾年美國、歐洲、亞洲的證券市場高頻交易比例統計

　　透過測試，近幾年中國基金的最佳調倉週期已經由 1 個月降至 1 周，而很多因數策略的調倉期也由 5 天變成 1 ～ 2 天，這是由於在中低頻交易領域已經出現了較為嚴重的同質化現象，未來必然要向高頻交易領域推進。高頻交易策略是一個與趨勢和波動無關的異類策略，中低頻交易策略的想法無法在該策略中延伸應用，因此，需要獨立開展研究。

　　2012 年至 2013 年，美國金融業監管局（FINRA）檢測到 WTS 有超過 20 萬次疊加式報價，並據此對多家公司進行了處罰。因此，高頻交易策略也存在符合規範風險。如何系統、科學、符合規範地使用高頻交易策略，比如訂單 / 成交比率多少算符合規範，也是各團隊遲早要面對和解決的問題。這幾年，隨著 Jump、Tower、Optiver（澳帝樺）、AlphaGrep 等國外高頻交易機構的參與和擴大，中國團隊在高頻交易的研究、策略和速度上，都已無法與國外最前線公司抗衡。防範金融風險，培養我們自己的高頻交易量化團隊更是勢在必行。

4. 高頻交易策略在中國的發展

　　對於中國期貨來講，高頻交易策略的測試早就可以在各類軟體上完成。但由於受制於手續費，更高頻次的投機高頻交易策略在中國期貨中暫時還無法應用。如圖 2.24 所示，為中國院校高頻交易排行榜。

NO.		学校	算力	信号入库数	活跃天数	加入时间
1	zz0	上海交通大学	52997	0	1052	2019/07/10
2	ydmrain	中国科学技术大学	32780	0	719	2019/08/26
3	xia0shi	清华大学	23734	0	537	2019/07/12
4	cccyyylll	清华	9954	0	231	2019/09/17
5	snowzkj	重庆大学	7520	0	165	2021/03/30
6	299792458m/s	北京大学	6560	0	140	2020/08/02
7	缘外求缘	上海大学	6364	4	165	2019/08/16
8	罗珊	哈尔滨工业大学	6268	0	153	2019/07/13
9	xx	北京邮电大学	6256	0	132	2021/05/31
10	kuangge	香港中文大学	6150	0	123	2019/07/11

（排行榜　算力榜　策略榜　学校算力榜　累计登录榜）

▲ 圖 2.24 中國院校高頻交易團隊排行榜 (編按：本圖例為簡體中文介面)

　　對中國股票來講，中國之前也有一個網站，用於高頻交易策略的測試。近 2 年由於這個團隊轉向集合資產管理，所以股票高頻交易策略的測試通常需要自建系統來完成。筆者在這個網站上也進行過少量高頻交易策略的測試。

　　由於中國的投資者對回撤越來越敏感，也促使更多的量化團隊轉向對高頻交易策略模型的研發。這一趨勢，從一些頭部私募量化基金的應徵廣告上可以明顯看出。

5. 訂單簿高頻因數量化交易策略的應用

訂單簿（Orderbook）高頻因數屬於高頻交易策略中的「敞口訂單」模型，也就是我們通常講的做市高頻。本節以訂單簿高頻因數量化交易策略為例，從實戰的角度為大家講解一下高頻交易策略量化模型的意義和應用。

什麼是訂單簿高頻？量化交易者透過對訂單簿的不平衡和流動性缺失等資訊來進行策略建構。可能用到的資訊如下所述。

Bid/AskPrice1(bp)：一檔買價 / 賣價。1 是第一檔的意思，總共有十檔，表述為 1 ～ 9，A（第十檔）。

Bid/AskVolume1(bv)：一檔買價 / 賣量。

Bid/AskCount1(bc)：一檔買單一數 / 賣單一數。

TotalBid/AskVolume(tv)：全檔買盤 / 賣盤總掛單量。

WeightedAvgBid/AskPrice(wp)：全檔掛單量加權買價 / 賣價。

訂單簿高頻因數範例：

(2*df["bv1"]+df["bv2"]−2*df["av1"]−df["av2"])/(2*df["bv1"]+df["bv2"]+2*df["av1"]+df["av2"])

這裡的 df，是 DataFrame（Python 函數庫）的簡寫，bv 和 av 分別代表買賣盤在各檔的量。這個例子中所描述的高頻因數的意思是：買賣盤兩檔買賣量的「差」，與兩檔買賣量「和」的「比值」（距離最近的買賣盤，被賦予了兩倍權重）。

在實盤中，這個因數的意思通常代表：比值越大，未來價格上升的阻力越小，短期內上漲的可能性就越大；反之，則下跌的可能性越大。

在實際應用中，這個因數短期預測的準確性，至少取決於以下 3 個因素。

第一，因數歸一化的問題。如果只考慮 1 個截面的話，買盤和賣盤都很小，這個時候預測能力會被減弱。

解決方案：用過去一段時間的值或 EoD（End of Data）資料進行調整。

第二，流動性缺失的問題。如果買一檔 / 賣一檔、買二檔 / 賣二檔之間的流動性缺失，那麼仍然會導致預測失真。

解決方案：可以考慮用百分比 / 最近的平均波動率，重新定義訂單簿。

第三，價格快速變動的問題。由於訂單簿在實盤中是不斷變化的，範例因數相當於完全沒有考慮其的上下移動。因為價格剛剛變化的時候訂單簿肯定是比較薄，這個時候也會導致預測失真。

解決方案：需要考慮價格在某處停留的時間，加入持續性時間因數這個維度。

除了以上 3 個重要因素，還包括高價股因素、十檔訂單因素、大量撤掛單因素等，這些都需要高頻交易策略量化模型的建構者綜合考慮。

6. 訂單簿高頻因數量化交易策略的實戰程式範例

參考程式如下所示：

```python
import pandas as pd
# 載入 level2 交易資料
data = pd.read_csv("level2_data.csv")
# 計算特徵
data["feature"] = (2*data["bv1"]+data["bv2"]-2*data["av1"]-data["av2"])
/ (2*data["bv1"]+data["bv2"]+2*data["av1"]+data["av2"])
# 定義預測函數
def predict_price(df):
    mean_feature = df["feature"].mean()
    if mean_feature > 0.01:
        return "UP"
    elif mean_feature < -0.01:
        return "DOWN"
```

```
    else:
        return "STAY"
# 對未來 1 ～ 3 分鐘進行價格預測
for i in range(1, 4):
    future_data = pd.read_csv(f"future_data_{i}min.csv")
    prediction = predict_price(future_data)
    print(f"Prediction for {i} minute(s) later: {prediction}")
```

在這個例子中，我們首先載入了 level2 交易資料，並使用給定的運算式計算出每一行交易資料的特徵值。然後，我們定義了一個 predict_price() 函數，該函數接受一個 DataFrame 物件作為輸入，並根據該物件的特徵值計算出未來 1 ～ 3 分鐘的價格走勢。具體地說，如果特徵值的平均值大於 0.01，則傳回「UP」；如果小於 –0.01，則傳回「DOWN」；否則傳回「STAY」。最後，我們使用 for 迴圈對未來 1 ～ 3 分鐘的資料進行預測，並將結果列印出來。

```
>> Prediction for 1 minute(s) later: UP
>> Prediction for 2 minute(s) later: DOWN
>> Prediction for 3 minute(s) later: STAY
```

假設我們對未來 1 ～ 3 分鐘的資料進行預測，得到的結果分別為「UP」「DOWN」和「STAY」。這表示模型認為股價在未來 1 分鐘內將上漲，但在未來 2 分鐘內將下跌，並在未來 3 分鐘內保持不變。請注意，這只是一個模擬的結果，實際效果可能會受到很多因素的影響。

2.5.4 實戰案例：事件驅動量化交易策略

1. 事件驅動量化交易策略的定義

事件驅動量化交易策略（Event-driven Strategy）是在提前挖掘和深入分析可能造成股價異常波動的事件的基礎上，透過充分把握交易時機獲取超額投資收益的交易策略。這是一個採用一系列合理的手段，提前分析出可能對股價產生影響的事件將要公佈的內容和時間範圍，並以事件明朗化前逢低買入、事件明朗化後逢高賣出作為主要原則的中短線投資策略。

2. 事件驅動量化交易策略的投資類型及邏輯

事件驅動量化交易策略一般包括兩類：

第一類，巨觀大事件。

第二類，微觀大事件。

透過提出研究理念——事件驅動量化交易策略理念，對大事件進行研究，並以此來作決策，忽略下波動，主抓大行情。

事件驅動量化交易策略的核心邏輯：提前潛伏市場熱點（事件），等事件明朗或將要明朗時逢高（低）賣出。

3. 事件驅動量化交易策略的實戰流程及案例

運用事件驅動量化交易策略進行投資，一般可以採用五步分析法：

定性分析（重要事件或訊息有無影響）→定量分析（影響程度有多大）→定時分析（影響時間有多長）→異動分析（龍頭股及標的異常表現）→輪動分析（同板塊內同概念的股票誰先異動）。

這裡以可轉債為例，講解一下實戰中量化套利投資者是如何利用此類事件驅動量化交易策略的。

由於可轉債實行「T+0」交易制度，手續費也比較低，也沒有印花稅和過戶費，所以很適合進行事件驅動套利。但中國的可轉債流動性較差，大資金套利有一定難度。此類方法一般分為五步：

第一步，定性分析（評估轉股價向下修正的時機）。轉股價向下修正有 2 個前提：一是可轉債進入回售期，二是正股股價跌破轉股價的 70%。從歷史資料來看，大部分上市公司在滿足上述 2 個條件時，都會向下修正轉股價。

第二步，定量分析（分析可轉債的風險和收益）。如果上市公司在可轉債觸發回售條款前沒有修正轉股價，則持有人將面臨可轉債價格下跌的風險。一般來說，回售價是可轉債的底線，即使發行人不修正，持有人還有權以回售價回售。轉股價修正後，可轉債一般會為 110 元以上。

第三步，定時分析（選擇合適的時機介入）。 可轉債發行人一般只在最後關頭才會提出轉股價修正預案。召開臨時股東大會需要提前 15 日（一般在 10 到 11 個交易日）公告。因此，投資者需要在正股股價跌破轉股價的 70% 後的第 4~10 個交易日介入。如果在這之前介入，那麼就要面臨正股走強導致回售條款免於觸發的風險。

第四步，異動分析（動態評估風險和收益）。 在持有可轉債的過程中，需要動態評估風險和收益是否合理，如果發生異動，就需要提前介入處理倉位。對倉位控制風險的計算，應當參考凱利公式建構合理的模型。計算倉位的內容，詳見本書 3.3 節。

第五步，輪動分析（擇機離場選擇下一標的）。 當可轉債發行人公告修正預案，或離觸發回售條款只有 8~9 個交易日而發行人仍未公告時，不論是否有正向收益，套利者都應當離場，以免正股股價下跌侵蝕已套取的收益。同時，要將套利資金轉向下一標的。

對普通投資者來講，更容易理解的事件驅動是訊息面的突發所帶來的股價異動。舉例來說，新冠疫情的暴發導致口罩股票的上漲。

事件驅動量化交易策略的來源包括熱門事件的突發、貨幣政策的調整、國家大政方針的制定、公司內部人員的變化等。針對這些事件，市場上的量化交易策略通常會以熱度為衡量指標，去推測事件所可能產生的強度和時長。

衡量熱度的指標並不需要投資者特別去研發（畢竟 99% 的研發團隊並不具備相應的實力和資源），目前萬得和同花順等資料平臺已經提供了大量此類資料，量化交易者呼叫即可。

隨著事件驅動量化交易策略的使用者越來越多，這類策略的可使用時間也變得更加短暫，以前可以維持幾天的上漲，而現在則普遍出現了資金「一日遊」的現象，這就需要使用這一策略的量化交易者具備更高維度的邏輯與判斷力。

第**3**章

量化交易策略的邏輯與設計

▌ 3.1 因數建模

　　因數是量化交易的基礎，其基本思想是透過研究許多變數之間的內部依賴關係，探求觀測資料的基本結構，並用少數幾個假想變數（因數）來表示原始資料。因數用來反映許多原始變數的主要資訊。金融中的量化交易以資料作為支撐，開展包括組合配置、擇時、倉位管理和止盈止損等各項投資決策活動。因數作為理解、分析和應用資料的手段和橋樑，在量化分析和研究中具有舉足輕重的地位和作用。

3.1.1　如何理解量化交易策略中的因數

　　我們研究事物執行的規律往往從觀察現象開始，先建立定性層面的認知，然後透過科學的方法更為精確地描述該現象背後所隱藏的規律，即從定性再到定量。舉例來說，牛頓發現萬有引力的過程，就是從蘋果掉到地上開始。牛頓透過思考，認為物體間存在某種相互吸引的力量，然後進一步發現了萬有引力，並準確地描述和計量萬有引力的大小，揭示了影響萬有引力大小的因素，包括物體的品質、物體間的距離等。量化交易的策略研究也遵循著類似的過程。量化研究的最終目的是找到影響股票未來收益和風險的關鍵因素，並且透過建立關鍵因素與股票收益和風險間的定量關係建構量化交易策略，為投資決策提供支援。舉例來說，價值投資者認為公司的內在價值與該公司的股票密切相關，因此公司的估值與公司股票未來的收益密切相關。下一步需要建立估值相關的因素與收益之間的量化關係，其主要的手段則是透過尋找和建構因數來實現。量化交易策略中所謂的因數，是指與股票的收益和風險密切相關的一類關鍵資料特徵。因數在量化交易策略中的作用，就是建立股票收益和風險與其背後影響因素之間的量化關係，以實現透過因數預測股票未來收益情況的目的。量化交易策略中的因數需要滿足以下條件。

（1）**可持續性**。因數與股票的收益存在高相關性，因此應當盡可能在不同的市場環境下持續地帶來超額的收益，以避免因短期運氣成分所帶來的超額收益的影響。

（2）**可投資性**。可投資性反映在兩方面：一是因數建模所使用的資料應當是當前或歷史可觀測到的資料。使用未來函數或資料建構因數，可能導致量化交易策略在回測中有效，但對於實盤的應用卻毫無意義。二是儘量考慮在實盤交易中的各類約束因素，例如交易成本、市場規模、監管要求等各方面的約束對因數的影響。

（3）**可區分性**。因數的重要用途之一就是進行篩選。好的因數能夠對風險或收益進行有效區分，對未來超額收益具備可靠的預測能力，從而為投資決策提供支援。

（4）**可解釋性**。因數需要充分反映策略所認為的股票的超額收益與其重要因素之間的聯繫，也可以認為因數是股票超額收益的量化解釋。舉例來說，某量化交易策略認為經濟增長是股票收益增加的重要因素，因為經濟增長使公司的利潤增加，提升公司整體的價值，從而推動公司股價的上升。因此，可以使用中國生產總值（GDP）作為代表經濟漲跌的量化因數應用於該量化交易策略的設計中。

3.1.2 阿爾法 101 因數建模範例解讀

1. 背景介紹

前面提過，阿爾法收益指不和市場一起波動的部分。對於大部分希望戰勝市場的投資者而言，其投資策略的重點在於獲取盡可能高的阿爾法收益。因此，挖掘阿爾法因數成為不少量化交易者所關注的重點之一。但為了防範市場上其他投資者複製和模仿，盡可能地保證因數的有效性，市場上大部分比較成功的量化交易基金都選擇不公開自己所使用的因數和策略，使其他投資者無法一探究竟。幸運的是，世界頂級的量化對沖基金之一——WorldQuant 在其 2015 年發表的論文「101 Formulaic Alphas」中公開了 101 個經典的阿爾法因數及建構的公式，量化因數的神秘面紗被揭示在世人面前。

目前，中國大部分主流的量化交易平臺（聚寬、米礦、優礦等）均為阿爾法 101 因數的使用提供了技術支援，量化交易者可以直接呼叫這些平臺所提供的介面，將所需的因數應用於自己的策略中。

2. 解讀阿爾法 002 因數

下面我們以阿爾法 002 因數為例介紹一下因數建模的具體過程。為了理解阿爾法 002 因數，我們首先需要建立定性層面的認知。阿爾法 002 因數的底層邏輯是技術分析中的價量理論。價量理論認為，股票價格未來趨勢的變化可以使用成交量與價格進行預測，它還將股票的走勢分成 4 種情況：①放量上漲；②縮量上漲；③縮量下跌；④放量下跌。如果想買入未來最可能上漲的股票（或跑贏大盤的股票），應當對應②和④兩種情況才對。這個結論是否成立，可以從行為金融學和博弈論等角度去思考和解釋。如果一位量化交易者認為這個結論是正確的，那麼下一步他就需要建構有效區分這 4 種情況的因數，從而為其分析資料、建構策略和篩選股票等提供決策支援。而阿爾法 002 因數的作用就是從定量的層面為有效區分股票的 4 種情況提供一條實現路徑。

因數公式：

Alpha002:(-1*correlation(rank(delta(log(volume),2)),rank((close-open)/open),6))。

函數說明：

① correlation(*x,y,d*)：*x,y* 兩個隨機變數過去 *d* 天的係數。

② rank(*x*)：*x* 這組數中當下的排名。

③ delta(*x,d*)：當天 *x* 的值減去過去第 *d* 天 *x* 的值。

④ log：取對數，通常的理解是為了減小資料之間的差異，也可理解為將變數轉換成時間變數，或是一種降維觀測方法。

⑤ volume：成交量。

⑥ close：收盤價。

⑦ open：開盤價。

因數翻譯：

阿爾法 002 因數公式可以分成三部分：① rank(delta(log(volume), 2))，對相隔 2 天的成交量數值的變化進行排序；② rank((close-open)/open)，對每日的漲跌幅變化進行排序；③ correlation 函數值反轉，使用過去 6 天的資料作為樣本，對①和②排序後求相關性並反轉。阿爾法 002 因數的設定值範圍為 –1 到 1。整體上，成交量的變化與漲跌幅的負相關程度越高，該公式計算的結果值越接近 1，因數預測未來股價上漲的可能性就越大，反之亦然。

情景演示：

以下利用滬深 300 指數 2021 年的歷史資料針對不同情景逐步計算對應的因數值，演示因數如何根據價量理論對股票走勢進行預測。

情景一：漲跌幅逐日上升，同時成交量放大，如表 3.1 所示。

▼ 表 3.1 情景一的數值表

交易日	1	2	3	4	5	6	7	8
成交量 / 億元	137.1500	115.9800	120.3700	133.6300	129.6300	123.0900	148.0900	144.0700
delta(log(volume),2)	-	-	0.0719	0.0512	0.0073	0.1001	0.1761	0.0706
排序	-	-	6	2	4	5	3	1
漲跌幅 /%	-	-	-0.5500	0.6500	-0.5200	0.2500	0.3400	0.9100
排序	-	-	6	2	5	4	3	1
因數得分 -1*correlation(rank(delta(log(volume),2)),rank((close-open)/open),6)								-0.9429

情景二：漲跌幅逐日上升，同時成交量萎縮，如表 3.2 所示。

▼ 表 3.2 情景二的數值表

交易日	1	2	3	4	5	6	7	8
成交量 / 億元	166.3100	165.2100	188.0500	180.5800	189.7000	164.0300	164.8900	170.1700
delta(log(volume), 2)	-	-	0.0534	0.0386	0.0038	-0.0417	-0.0609	0.0159
排序	-	-	1	2	4	5	6	3
漲跌幅 /%	-	-	-0.2700	0.3700	-0.2100	1.0600	1.8300	1.7200
排序	-	-	6	4	5	3	1	2
因數得分 -1*correlation(rank(delta(log(volume),2)),rank((close-open)/open),6)								0.7143

情景三：漲跌幅逐日下降，同時成交量萎縮，如表 3.3 所示。

▼ 表 3.3　情景三的數值表

交易日	1	2	3	4	5	6	7	8
成交量 / 億元	173.6200	179.0500	157.4900	220.5700	193.7000	211.8000	159.1100	150.5300
delta(log(volume), 2)	-	-	-0.0423	0.0906	0.0899	-0.0176	-0.0854	-0.1483
排序	-	-	4	1	2	3	5	6
漲跌幅 /%	-	-	1.2500	1.5600	0.1800	-0.1200	-0.3300	-0.6000
排序	-	-	2	1	3	4	5	6
因數得分 -1*correlation(rank(delta(log(volume),2)),rank((close-open)/open),6)								-0.8286

情景四：漲跌幅逐日下降，同時成交量放大，如表 3.4 所示。

▼ 表 3.4　情景四的數值表

交易日	1	2	3	4	5	6	7	8
成交量 / 億元	181.0800	169.9600	153.2000	129.3000	167.9800	185.5600	216.5400	228.1100
delta(log(volume), 2)	-	-	-0.0726	-0.1187	0.0400	0.1569	0.1103	0.0897
排序	-	-	5	6	4	1	2	3
漲跌幅 /%	-	-	0.5900	0.5700	0.4200	0.0300	-1.0900	-2.8000
排序	-	-	1	2	3	4	5	6
因數得分 -1*correlation(rank(delta(log(volume),2)),rank((close-open)/open),6)								0.7143

情景五：漲跌幅無明顯趨勢，成交量基本保持平穩，如表 3.5 所示。

▼ 表 3.5 情景五的數值表

交易日	1	2	3	4	5	6	7	8
成交量 / 億元	161.3900	149.1600	142.9000	164.1700	167.4000	158.0100	159.3900	132.9500
delta(log(volume), 2)	-	-	-0.0528	0.0416	0.0687	-0.0166	-0.0213	-0.0700
排序	-	-	5	2	1	3	4	6
漲跌幅 /%	-	-	0.5300	-1.2100	0.9700	-0.9500	-1.1400	0.4500
排序	-	-	2	6	1	4	5	3
因數得分 -1*correlation(rank(delta(log(volume),2)),rank((close-open)/open),6)								0.0286

從上面五類情景的因數值計算結果可以看到，當價增量跌（情景二）或價跌量增（情景四）時，因數值相對比較接近 1，這時候因數預測未來價格上漲的可能性比較大。相反，當價量齊漲（情景一）或價量齊跌（情景三）時，因數值相對比較接近於 -1，這時候因數預測未來價格下跌的可能性比較大。當價量沒有存在明顯關係（情景五）時，因數值接近於 0，這時候因數對未來的價格變動沒有明顯的指示。

因數分析結論：

大部分人對因數好壞的評價主要聚焦於因數所產生的收益率。但實際上，對因數的評價是多維度的，需要綜合考慮風險、相關性、收益率、集中度等方面的因素。因數分析的工具一般包括以下幾項：分組收益分析、IC 分析（資訊係數）、換手率分析、行業分析等。下面以阿爾法 002 因數為例，對 2021 年的滬深 300 指數成分股進行分析，介紹其中所使用的一些主要工具的應用。

3. 分組收益分析

分組收益分析是指根據股票標的的因數值進行分組，將因數值相近的股票標的歸為一組，並統計每組收益的平均值，然後比較不同組別的收益是否具備差異，從而評估因數對收益率是否具備預測能力。在進行分析時往往需要結合持倉時間，考慮在不同持倉時間下的分組收益情況。

下面將持有期為 1 天、5 天和 10 天的 2021 年滬深 300 指數成分股按照因數值的不同分為五組，分析結果如圖 3.1 所示。

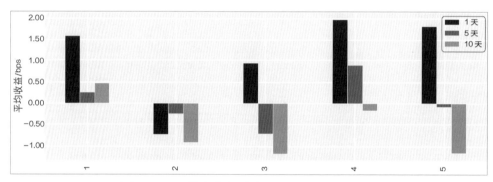

▲ 圖 3.1 不同持有期對應各分位數平均收益對比圖

結果顯示，持有時間為 1 天的情況下，因數得分較高的分組（分組 4 和 5）平均收益相對較好。但在持有時間為 5 天或 10 天的情況下，得分較高的分組未出現明顯的超額收益。考慮到動量因數一般為短線技術因數，分組收益分析中因數對持倉時間較短的情況預測的效果較好也正反映了這一特點。

4. IC 分析

IC 是指資訊係數（Information Coefficient），表示所選股票的因數值與股票下期收益率的截面相關係數，透過 IC 值可以判斷因數值對下期收益率的預測能力。資訊係數的絕對值越大，該因數越有效。IC 為負，則表示因數值越小越好；IC 為正，則表示因數值越大越好。IC 的計算方法是：計算全部股票在調倉週期的期初收益排名和期末收益排名的線性相關度（Correlation）。IC 越大的因數，選股能力就越強。

圖 3.2 為 2021 年滬深 300 指數成分股 1 天、5 天和 10 天持倉情況下的 IC 分析結果。

結果顯示，IC 表現沒有達到 0.03 的最低標準，該因數在滬深 300 指數成分股中沒有突出的預測能力。

5. 換手率分析

換手率分析的主要作用是預測交易成本，其方式是計算相鄰兩期選股組合中股票的平均換手率。如果因數挑選出來的每一期股票的變動範圍不大，那麼對應的換手率就不高，交易成本（傭金）相對就會比較低。

圖 3.3 為 2021 年滬深 300 指數成分股 1 天、5 天和 10 天持倉情況下的換手率分析結果。

結果顯示，因數的換手率比較高，持有期為 1 天的情況下換手率大概為 30%，持有期為 5 天和 10 天的情況下更是達到了平均超過 70% 的換手率。因此，在使用該因數的時候預期會付出較高的交易成本。

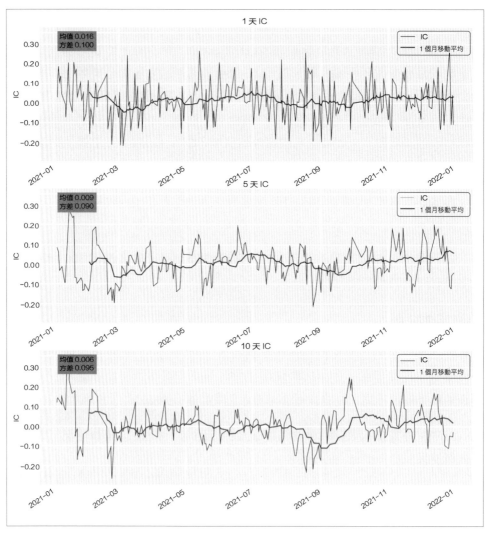

▲ 圖 3.2　滬深 300 指數成分股對應不同持有期的 IC 分析結果

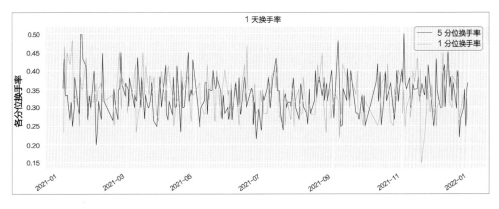

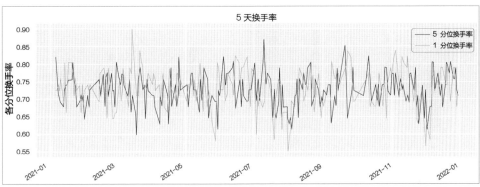

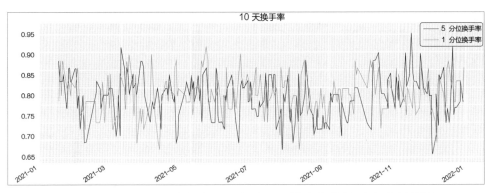

▲ 圖 3.3 滬深 300 指數成分股對應不同持有期的換手率分析結果

6. 行業分析

行業分析是以行業為維度，對因數的收益率、IC 值、換手率等表現進行評價，從而了解不同行業中因數的表現是否存在明顯的差異。由於不同行業公司的內在特性差別比較大，所以不同行業中因數的表現也可能存在不同。行業分析主要是身為分析維度，與收益率等其他指標相結合，對因數在不同行業中的表現進行評價。

圖 3.4 為 2021 年滬深 300 指數成分股不同行業收益率的分析結果。

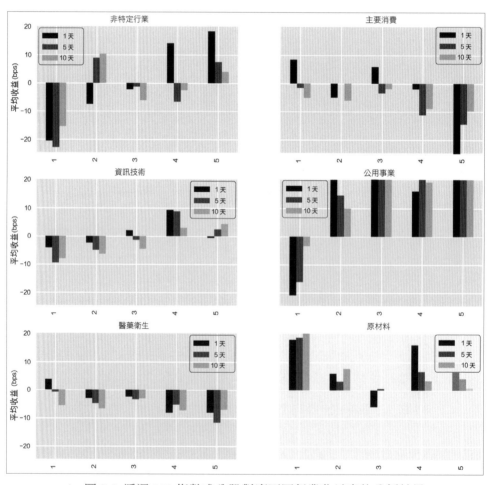

▲ 圖 3.4　滬深 300 指數成分股對應不同行業收益率的分析結果

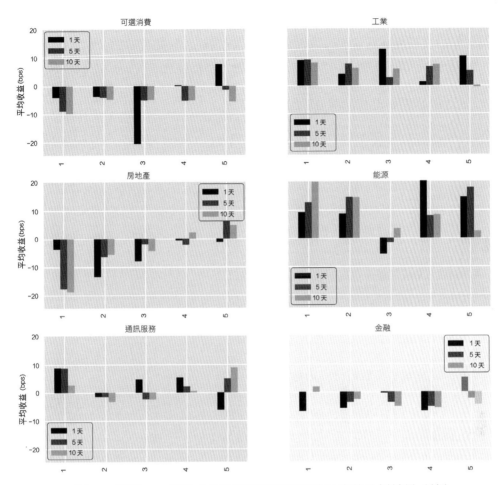

▲ 圖 3.4 滬深 300 指數成分股對應不同行業收益率的分析結果（續）

結果顯示，在持有 1 天的情況下，醫藥衛生、可選消費和非特定行業因數的收益率表現比較好，這些都是在 2021 年期間市場遊資相對偏好的板塊，表明該動量因數比較適用於短線資金熱炒的股票。雖然上述的因數分析結果顯示，阿爾法 002 因數的表現並不好，但也為我們對因數的改進提供了一些想法。這裡簡單介紹對因數的可能改進方向。

第一，**股票池的選擇：**上述因數分析是針對滬深 300 指數成分股的，在分析過程中發現喜好遊資的股票因數表現相對較好。我們嘗試把股票池換成遊資相對偏好的創業板指數成分股，二者的因數收益率分別如表 3.6 和表 3.7 所示。

▼ 表 3.6 滬深 300 指數成分股因數收益率

	1 天	**5 天**	**10 天**
阿爾法收益	0.016	0.003	-0.011
貝塔收益	0.045	0.056	0
平均週期收益率前百分位數（基點）	0.702	-0.105	-0.571
平均週期收益率底部分位數（基點）	0.455	0.237	1.067
平均周期間的擴散（基點）	0.247	-0.347	-1.643

▼ 表 3.7 創業板指數成分股因數收益率

	1 天	**5 天**	**10 天**
阿爾法收益	0.081	0.066	0.043
貝塔收益	0.039	0.056	0.062
平均週期收益率前百分位數（基點）	10.676	6.817	3.399
平均週期收益率底部分位數（基點）	4.852	1.850	-0.674
平均周期間的擴散（基點）	5.824	5.025	4.129

透過對比發現，在不同的持有期內，創業板指數成分股因數的阿爾法收益較滬深 300 指數成分股的均有所提升。因此，我們可以考慮沿著這個方向持續對因數進行改進。

第二，**對不同市場環境和規則差異的調整**：因為阿爾法 101 因數是美國的投資企業 WorldQuant 所提供的，所以這些因數往往是在美國等成熟市場中經過一定時間的檢驗後形成的。然而，中國的 A 股市場與美國成熟市場的市場環境和規則均有較大的差異，這些差異有可能對因數的表現造成影響。因此，將這些因數應用於中國 A 股市場時需要對其進行適當調整，從而更進一步地適用於中國 A 股市場。

在考慮調整方式時，我們需要綜合考慮因數背後所代表的規律，以及不同市場狀況對其規律所產生的影響。以阿爾法 002 因數為例，其核心思想是認為價增量跌或價跌量增的情況下，股價未來會出現上漲。但我們知道，中國 A 股市場存在漲跌停板的交易規則。這個規則會導致所觀測到的市場價量資料出現一定的扭曲。舉例來說，當股價出現漲停時，投資者無法買進，因此成交量可能會萎縮。但是，如果在沒有漲跌停板限制的市場環境中，那麼其成交量反而可能會上升。由於該規則的存在，阿爾法 002 因數可能會錯誤地引導投資者進行投資決策。因此，另外一個改進方法是，先剔除觸及漲跌停板的股票，然後根據因數值對股票進行篩選，使篩選的過程更貼近於因數的設計初衷。

其他可以考慮的改進方向還包括對開盤價的資料進行前置處理、選擇不同的相關係數演算法和對成交量進行去噪處理等。

本節主要介紹了因數建模的基本想法和方法。因數是量化交易的基礎，要想發掘出好的因數，就需要對市場執行規律有深刻的理解，並且要具備將定性的思想轉化為定量模型的能力，這些都需要投資者在市場中不斷地磨煉和提高。

▌ 3.2 邏輯與設計

3.2.1 什麼是思維導圖

思維導圖是由英國的東尼 ‧ 博贊於 20 世紀 70 年代提出的一種輔助思考工具。思維導圖往往在平面上從一個主題出發，畫出相連結的物件，最後形成的影像如同一個心臟及其週邊的血管，故又被稱為「心智圖」。由於這種表現方式比單純的文字更加接近人思考時的空間想像，所以越來越頻繁地被大家用於創造性思維過程中。

東尼 • 博贊認為思維導圖是一個深奧且優秀的筆記方法，因為它不會導致使用者出現其他筆記方式所帶來的那種「半睡眠或模糊」（Semi-hypnotic Trance）狀態。

在量化交易中，思維導圖是一種用影像整理資訊的圖解方式。它用一個中央關鍵字或想法以輻射線形式連接所有的代表字詞、想法、任務或其他連結項目。相對其他方式來講，這種方式更有利於策略師與程式設計師的溝通，因為語言是線性串聯的，而思維導圖是多維並聯的。

常用的思維導圖製作軟體有很多，比如 XMind、GritMind、幕寶腦圖等。對於一個合格的策略師來講，熟練使用其中一種思維導圖製作工具十分重要。

對思維導圖的使用在建構量化模型的初期最為關鍵，策略師通常需要策略來源（交易實戰者或論文）和策略實踐（程式設計師）這 2 種類型的思維導圖。

1. 策略來源類思維導圖

大部分量化模型來源於交易實戰者或研究類文章，但實戰者的說明與研究類文章通常是一種線性描述，策略師必須透過思維導圖的方式來理清脈絡。

舉例來說，一名交易實戰者會這樣說明他的交易策略：在交易中首先需要關注大盤指數，在 20 日均線大於 60 日均線時才考慮建倉，同時，也要考慮行業，主要看行業的基本面，比如營收增長是否為正。在實際的操作中，還要選擇半年內上漲不超過一倍的 MACD 金叉的股票。最多持有 10 檔股票且每只不超過兩成倉位，通常會在開盤觀察 1 個小時後買入或賣出。如果個股下跌超過 20%，就需要止損了。可以每隔 5 天進行一次漲跌排名，去弱留強。

策略師首先要做的就是把交易實戰者的話轉化成思維導圖，這樣才能進行更清晰的思考。具體思維導圖如圖 3.5 所示。

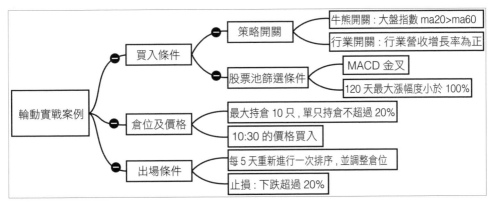

▲ 圖 3.5 輪動實戰案例的策略來源類思維導圖範例

策略師再用這個思維導圖和交易實戰員進行交流，溝通就會十分順暢。

2. 策略實踐類思維導圖

策略師從策略來源處得到靈感並建構了思維導圖後，還需要將其轉化成程式設計師可以看懂的思維導圖。我們仍然以上面的交易策略為例，看一看什麼樣的思維導圖可以讓程式設計師直接上手。最後得到的思維導圖如圖 3.6 所示。

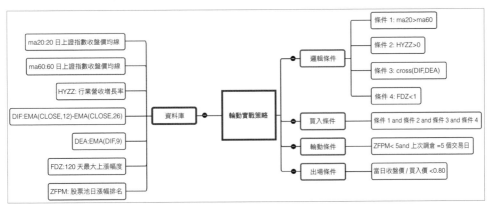

▲ 圖 3.6 輪動實戰案例的策略實踐類思維導圖範例

對於程式設計師來講，更容易看懂從資料庫到邏輯條件這樣的思維導圖，而策略來源類思維導圖通常需要程式設計師有一定的交易經驗才能更進一步地理解。

3.2.2　思維導圖建構邏輯與設計的要點

建構思維導圖並不是為了建模，而是要找到一個可能存在的好的量化模型。所以，一個好的策略師，在建構思維導圖的過程中，就會對其可行性進行一些初步驗證。

好的策略師會快速找到關鍵性邏輯並加以驗證，也有團隊將關鍵性邏輯稱為「原旨邏輯」，這種底層的因素通常會決定一個模型在真實交易中的成敗。

這裡仍然以上面的例子來進行分析。好的策略師會注意到在這個量化模型中除了普通的量價模型，還有一個基本面因數，即行業營收增長率，這是一個長期因數，每季會轉換一次，這個因數在「原旨」方面有硬邏輯存在。如表 3.8 所示，為各行業的營收增長率因數分析。

▼ 表 3.8　各行業營收增長率因數分析

行業分類	每股營業總收入（算術平均）[報告期] 去年年報 [幣種] 人民幣 [單位] 元	每股營業總收入（算術平均）[報告期] 今年三季 [幣種] 人民幣 [單位] 元	增長率 /%
CSRC 農、林、牧、漁業	4.9803	3.9329	-0.21
CSRC 採礦業	7.9706	6.5909	-0.17
CSRC 製造業	7.7588	6.0648	-0.22
CSRC 電力、熱力、燃氣及水生產和供應業	4.9922	4.2347	-0.15
CSRC 建築業	13.2761	9.3716	-0.29
CSRC 批發和零售業	25.4468	18.5825	-0.27
CSRC 交通運輸、倉儲和郵政業	7.5012	5.4848	-0.27
CSRC 住宿和餐飲業	3.7797	2.9298	-0.22
CSRC 資訊傳輸、軟體和資訊技術服務業	5.9382	3.9560	-0.33
CSRC 金融業	4.8671	3.5668	-0.27
CSRC 房地產業	6.6387	3.8346	-0.42
CSRC 租賃和商業服務業	10.5202	8.1330	-0.23
CSRC 科學研究和技術服務業	5.9379	3.4818	-0.41
CSRC 水利、環境和公共設施管理業	4.2069	2.6405	-0.37
CSRC 居民服務、修理和其他服務業	2.3979	1.5045	-0.37
CSRC 教育	4.0195	2.2537	-0.44
CSRC 衛生和社會工作	5.3617	6.0039	0.12
CSRC 文化、體育和娛樂業	3.3600	2.2844	-0.32
CSRC 綜合	3.0320	2.4749	-0.18

資料來源：萬得 2022-12-24

透過比較，可以發現衛生和社會工作是唯一符合條件的板塊，這個資料在 2022 年 10 月 31 日即可得出。而在隨後的近 2 個月中，這個板塊的股價上漲了 15.10%，同期大盤的平均股價下跌了 1.87%，這說明這個底層邏輯存在一定的溢價。

這裡要提下金融交易「不可能三角」的概念，金融交易的「不可能三角」是指：策略長期有效性、高收益風險比、高資金容量，三者不可兼得。具體來說，策略長期有效性是指某種交易策略可以長期持續賺錢，而非僅用了幾個月或幾年就失效了。高收益風險比指的是賺錢的時候收益高，虧錢的時候回撤小，資金曲線能夠平穩向上。高資金容量指的是某種交易方法最多可以管理多少資金，高頻交易策略能管理的資金就非常有限，而價值投資策略可以管理非常多的資金。

為何三者不可兼得，原因簡單粗暴：如果三者兼得，那麼全世界所有的錢就都被你賺走了。而根據物理學上的熵增定律，熵增到極限，就表示混亂與毀滅。因此，一定會有一股熵減的力量，將這種不可持續的狀態恢復到均衡，這種力量就是「不可能三角」的由來。

思維導圖的建構就是在對「不可能三角」進行取捨。

基金經理與個人交易者對「不可能三角」的取捨是不同的，二者修煉出了迥異的思維分支。基金經理一定要保證他的策略具有很高的資金容量，這樣才可以盡可能多地管理他人的資金。所以基金經理就只能捨棄另外 2 個「角」，即不是捨棄策略的長期有效性，就是捨棄高收益風險比。

對於量化基金經理而言，他們追求的是「高資金容量＋高收益風險比」，捨棄的是策略的長期有效性。只有在歷史回測中資金曲線平穩向上的策略才會被投入實盤使用，極少看到某個量化基金經理會使用歷史回測中資金曲線回撤很大的策略。根據「不可能三角」，量化基金經理使用的策略只能在一段時間內有效，失效了就要換新的策略，量化基金經理透過不斷地研發新策略，用新策略替換老的失效策略，以此達到持續良好的實盤業績。

對於主觀基本面分析的基金經理而言，他們追求的是「高資金容量 + 策略長期有效性」，捨棄的是策略的高收益風險比。一個成熟的主觀基本面分析者主要依託資訊優勢以及特定行業分析框架來盈利，策略長期有效性是有保證的，但是不一定能做出比較穩定的資金曲線，主觀基本面分析的基金經理常常會經歷比較大的回撤。

而個人交易者往往會捨棄高資金容量，追求「策略長期有效性 + 高收益風險比」。畢竟個人的起步資金很少，沒有必要一開始就研發能管理幾十億元的資金交易策略，能把自己的幾十萬元打理好已經很不容易了。同時，個人交易者因為其本金很少，像基金經理一樣長期來看每年賺 10% ～ 15% 的情況，對其明顯沒有足夠的吸引力。因此個人交易者往往追逐「高收益」。

3.2.3 止盈止損的常用方法

在量化模型的邏輯與設計中，止盈止損是很重要的一環。即使是策略輪動，也有退出所有交易的時候，比如最終模型只持有現金。

止盈，也叫「停利」，是投資者在投資前預先設定目標價位，當價格觸及該價位時，即沽出或掛出止賺沽盤（止賺位、停利點），將帳面利潤套現。

止損，俗稱「割肉」或「停損」，即投資者為保住本金，在投資的時候預先設定止蝕沽盤（止蝕位、停損點），若價格下跌至止蝕盤價位，投資者即需當機立斷，以限價沽盤賣出，甚至以市價沽盤即時賣出，以免價格走向弱勢，繼續下跌，導致虧損進一步擴大。

止盈位和止損位都沒有特定的標準，需根據所投資標的物的前景、個人觀點或週邊環境等因素而定。止盈止損也可以被統稱為退出策略，好的退出策略不是每次都賺錢的，投資者尤其要意識到這點。

整體來講，止盈止損可以分成五大類 21 種：固定類止盈止損（3 種）、移動類止盈止損（4 種）、時間類止盈止損（6 種）、比較類止盈止損（4 種）、組合類止盈止損（4 種）。

在固定類止盈止損中，止盈通常有 2 種方法：一是到達固定價格全部止盈，比如盈利 15% 離場；二是到達固定網格價格分批止盈，比如每盈利 5% 離場 20%。止損通常只有 1 種方法，即達到某一特定價格或比例時執行止損操作，比如進場價下跌 20% 時止損。

在移動類止盈止損中，止盈通常有 2 種方法：一是吊燈止盈，即收益在達到一定幅度後，回落多少即離場，比如上漲 10% 以後，價格從高點回落 5% 時離場；二是移動指數拋物線止盈，即在收益達到一定幅度後，從 0 收益開始啟動一條盈利拋線，當盈利觸及時出場。比如上漲 10% 後，每天增加 1% 的指數等級，即 1%、2%、4%、7%、11%……當盈利情況低於這個數值時離場。止損通常也有 2 種方法，與移動止盈是相反的。

在時間類止盈止損中，一是到時出場。不論是盈利還是虧損，到達固定時間都離場，這種方法通常是截面量化交易者最喜歡採用的方式。舉例來說，入場後第 10 天離場。採用這種方法的量化模型通常其入場的邏輯是高頻因數。二是分時出場。這有點類似於固定價格的網格離場方法，比如每隔 5 天離場 20%，這樣離場是因為策略的有效性會隨時間衰減。三是擇時離場，就是根據之前的機率統計，模型會自動算出一個離場時間，比如將距離下次季報的時間除以 2。這 3 種方法如果用止盈止損來限定，就擴充成 6 種方法。

在比較類止盈止損中，一是跨品種或類別（龍頭股或對應指數）進行比較，強則持有，弱則離場。舉例來說，買入某檔股票後，在周線跑輸所屬行業後離場。二是與關鍵因數（量能等）進行比較，在交投不活躍時離場。舉例來說，買入某檔股票後，在成交縮量時離場。這 2 種方法如果用止盈止損來限定，就擴充成 4 種方法。

在組合式止盈止損中，可以採用多種方法的組合，以實現更靈活的策略。然而，並非使用更多的組合方式就能達到最佳效果，最重要的是保持策略的隱蔽性。因此，對於量化交易者而言，他們更喜歡使用第 4 種方法：比較式止盈止損。這種方法非常特殊，不容易被主力資金和散戶迅速察覺到。

　　此外，與這些離場方式相匹配的是決定策略回測結果好壞，以及是否能進一步最佳化相關參數的因素，過多或過少都不是最理想的選擇。所以在設計策略時，策略師需要綜合考慮模型效果。

3.3　凱利公式與倉位計算

3.3.1　什麼是凱利公式

　　凱利公式（Kelly Criterion）是一種根據賭博贏或輸的機率，計算出每次下注的資金佔所有賭本的最佳比例的公式，由約翰・賴瑞・凱利於 1956 年在《貝爾系統技術期刊》中發表，可用於計算出每次遊戲中應投注的資金比例。除可將長期增長率最大化外，此公式不允許在任何賭局中有失去全部現有資金的可能，因此具有不存在破產疑慮的優點。凱利公式假設貨幣與賭局可無窮分割，而只要資金足夠多，在實際應用上就不成問題。

　　凱利公式透過尋找能最大化結果對數期望值的資本比例 f^* 來獲得資金長期增長率的最大化，適用於只有 2 種結果的簡單賭局：不是輸掉所有本金，就是贏得本金乘以特定賠率。公式的一般性陳述為：

$$f^* = \frac{bp - q}{b} = \frac{b(b+1) - 1}{b} \qquad （公式一）$$

其中，f^* 為現有資金應進行下次投注的比例；

b 為投注可得的賠率（不含本金）；

p 為獲勝率；

q 為落敗率，即 $1-p$。

　　舉例而言，若一賭博有 60% 的獲勝率（$p=0.60$，$q=0.40$），而賭客在贏得賭局時，可獲得一賠一的賠率（$b=1$），則賭客應在每次機會中下注現有資金的 20%（$f^*=0.20$），以最大化資金的長期增長率。如果賠率沒有優勢，即 $b < q/p$，

公式的結果是負的，那麼建議不下注。如果賠率是負的，即 $b < 0$，那也就是暗示應該下注到另外一邊。

如果我們把這個原理簡單地運用到投資中，那麼凱利公式表明，一方面，如果一個人在投資中的投資比例總是超過20%，那麼他最終破產的可能性很大。另一方面，如果總用低於 20% 的金額進行投資，那麼也會導致利潤減少，無法讓投資產生最大化的增長率。

因為最廣為人知的凱利公式只適用於全部本金參與的情形，為了更進一步地在金融市場上被應用，凱利公式還有一個衍生的變形公式：

$$f^* = \frac{p \times W - q \times L}{W \times L} \qquad （公式二）$$

其中，f^*, p, q 同公式一；

W 是獲勝後的淨盈率；

L 是失敗後的淨損率。

這個變形公式很適合計算固定類止盈止損的股票。舉例來說，投資者決定用 10 萬元參與股票投資（本金不止 10 萬元），30% 的增長幅度止盈，20% 的虧損幅度止損，最多盈利 3 萬元，最多虧損 2 萬元，這裡 W=0.30，L=0.20，仍然假設 p=0.60，q=0.40，此時可以計算出最佳倉位為 1.66（關於大於 1 如何理解，具體看倉位計算）。這種情況由公式一是算不出來的，主要原因是這裡並沒有投入所有本金。

再舉一個例子，投資者有 1 萬元買股票，30% 的增長幅度止盈，10% 的虧損幅度止損，最多盈利 3000 元，最多虧損 1000 元，這裡 rW=0.30，rL=0.10，此時可以計算最佳倉位，但是用公式一是算不到的，主要原因是這裡並沒有投入所有本金。

凱利公式在風險管理和倉位控制上的確非常有用，儘管現在的投資大師們不認為投資是賭博，二者之間的確存在著許多相似之處。

3.3.2　凱利公式所引發的思考

　　凱利公式之所以受歡迎，是因為與其他類型的策略相比，從長遠來看，它通常會帶來更多的價值與財富，而有時它又會讓投資看起來與眾不同。

啟示一：應當買入什麼樣的股票

　　儘管任何公式的好壞都取決於插入其中的估值和資料，但凱利公式迫使每一名投資者在投資時，必須同時考慮收益和機率這 2 個因素。所以，有時它會阻止投資者投資那些低收益、高風險的公司——而這恰恰是大多數「熱門」股票的特點。投資那些公司的股票看似可以很快賺到錢，但其實這類股票下跌的風險很高。凱利公式可以引導投資者轉向低價股票，這些股票中的大部分風險已被消除並且潛在收益很高。舉例來說，美國石棉公司（NYSE:USG）是一隻失寵的股票，其股價已從 110 美金左右暴跌至 48 美金。然而，在對這家公司進行了大量研究之後可以發現，對美國石棉公司的投資將有很高的獲勝機率和高收益，這可能就是波克夏 · 海瑟威公司（紐約證券交易所程式：BRK.A）最近一直在搶購這檔股票的原因。

啟示二：趨勢交易者的思考

　　對於低勝率的趨勢交易者，在一定條件下提高勝率可以大幅提高其所能下注的最大額度，加快本金的累積。但是，由於這個結論只是在理論條件下得出的，尤其是趨勢交易者很難提高勝率，有時還會發生「黑天鵝」事件，所以此方法成為了金融市場博弈的一大「秘笈」。

　　1969 年，也就是「不敗秘笈」問世的 7 年後，索普開始將注意力轉向華爾街新興的股票權證，透過他的籌備，史上第一家量化對沖基金普林斯頓 - 紐波特合夥公司（Princeton-Newport Partners，PNP）應運而生。PNP 是最早採用數學方法建立套利模型的對沖基金之一，當時在金融界可謂出盡了風頭。到了 1988 年，這個對沖基金的淨值上漲了 14.50 倍，而同期標普 500 指數僅上漲了 5 倍。

啟示三：著名的 2% 法則

索普有一個著名的「2% 法則」：當你過度下注時，你將失去一切。在 21 點的賭博中，如果你從不一次下注超過你總籌碼的 2%，就永遠也不可能輸光所有的錢。投資也一樣。如果你從不將超過 2% 的頭寸暴露在任何一種風險中，那麼就不可能虧光本金。

有趣的是，很多量化基金經理也參照「2% 法則」進行資產配置，他們通常會將每檔股票的最大持倉設定為 2%。也就是說，很多量化基金的持倉會保持在 50 只左右。

3.3.3 凱利公式的倉位計算

凱利公式的倉位計算可以從 2 個維度去思考：一是自身維度，二是組合維度。

1. 自身維度的計算

仍然假設你準備投入 10 萬元，如果用公式一計算（條件不變，一倍收益或損失全部投入），只能每次拿出 2 萬元買股票；如果用公式二（條件不變，收益 30%，損失 20%），計算的結果是 1.66，這種情況下（大於 1 時）似乎暗示著你可以將 10 萬元本金全部拿去投資。

很明顯，公式一的情況在金融市場中很少發生（槓桿類不算），而公式二的情況其實並沒有考慮到黑天鵝事件（突發事件導致連續跌停）的情況。也就是說，公式一的結論有些保守，而公式二的結論有些樂觀。

這就需要根據投資品種的情況進行評估。舉例來說，加槓桿的品種，槓桿越大，結果越趨向於公式一的結論；而黑天鵝越少的品種，結果越趨向於公式二的結論。這時，人們很容易得到一個結論，即債類的投資很少有黑天鵝事件，似乎可以採用更高的倉位。

沒錯，經濟學領域的天才們也是這樣想的，同時也是這樣做的。長期資本管理公司是一家著名的對沖基金管理公司，管理著龐大的金融資產。該公司的管理人員陣容顯赫，以華爾街著名投資銀行所羅門兄弟公司的前債券部副總裁和交易明星約翰 • 梅里威瑟為創始人，兩位諾貝爾經濟學獎獲得者默頓和斯科爾斯及美國最著名商學院教授和美聯儲前副主席等為合夥人，公司麾下共有 25 位博士。但該公司仍然不到 5 年就破產了，就是因為他們有以上想法。

實際上，少不等於沒有，大家永遠不要忘記黑天鵝的存在。所以，從自身維度來計算，到底是保守一點好，還是激進一點好，目前沒有標準答案，完全取決於投資者本人的主觀判斷。

2. 組合維度的計算

既然在自身維度的計算中黑天鵝事件不可避免，那麼用組合維度的計算是不是更加合理呢？這裡也給大家舉一個例子：如果有 100 萬元本金，用來投資市場上最活躍的前 5 檔股票，那麼利用公式二如何計算各自的倉位。

截至 2022 年年底，單月全市場成交量最大的前 5 檔股票分別是：中國聯通、包鋼股份、ST 大集、海航控股、中國建築。如果您經過研究，認為這 5 檔股票會在未來跑贏市場，利用凱利公式則需要進行以下三步計算。

第一步：計算公式中的各項資料。計算結果如圖 3.7 所示。

計算項	中國聯通	包鋼股份	ST 大集	海航控股	中國建築
交易月	12	12	12	12	12
正收益月	5	4	4	5	7
負收益月	6	8	7	7	5
零收益月	1	0	1	0	0
勝率 (D)	0.42	0.33	0.33	0.42	0.58
敗率 (g)	0.50	0.67	0.58	0.58	0.42
正收益月平均值 (W)	0.04	0.04	0.14	0.04	0.05
負收益月平均值 (L)	-0.02	-0.07	-0.08	-0.04	-0.03
贏虧比 (b)	2.34	0.65	1.83	1.05	1.53
公式一	0.29	-0.70	0.01	0.14	0.31
公式二	15.99	-10.26	0.19	-3.64	10.39
資料來源：萬德				資料截至 2022-12-25	

▲ 圖 3.7　2022 年凱利公式各因數計算結果圖

第二步：找到結果為正的標的。

中國聯通、ST 大集和中國建築的結果均為正，那麼對應的表達就是可以投資。

第三步：計算標的在 2 種情況下的倉位。

按公式一來計算，100 萬元本金只能投入三份的平均值 20.30%，共 20 萬元（(0.29+ 0.01+0.31)/3=0.203），這 20.30 萬元按分配比例計算，3 檔股票分別佔比 47.60%、1.60% 和 50.80%，那麼資金分配應當為 9.67 萬元、0.32 萬元和 10.31 萬元，剩餘的 79.70 萬元可持有現金或購買國債。

按公式二來計算，需要把 100 萬元本金平分成三份，即每份 33.33 萬元，3 檔股票的投入分別是 33.30 萬元、6.32 萬元和 33.30 萬元，剩餘的 27.08 萬元可持有現金或購買國債。

很明顯，這兩組資料舉出了保守值和激進值（前提是資料假設在未來仍然成立），那麼投資者就可以根據個人情況在中間進行設定值了，這時運氣的因素就起作用了。相應的資料和結果如表 3.9 所示。

▼ 表 3.9 凱利公式統計各股倉位

	中國聯通	ST 大集	中國建築
公式一金額 / 萬元	9.67	0.32	10.31
公式二金額 / 萬元	33.30	6.32	33.30
投入範圍 / 萬元	9.67～33.30	0.32～6.32	10.31～33.30

這樣的計算對於個人而言，還是比較麻煩的，特別是針對全市場的計算。但對於電腦而言，可能只需要不到 1 秒就可以算完 5000 多檔股票。很明顯，單單從速度來講，量化交易仍然是必由之路。

▌3.4　量化交易策略的有效性評估

影響量化交易策略的有效性因素有很多，但最為致命的有 3 個：未來函數、過度擬合和夏普比率突變。所以，要想評估 1 個量化交易策略的有效性，就必須檢測該策略中是否存在未來函數和過度擬合，還要檢測夏普比率的平穩性。

3.4.1　未來函數

很多人在網路上叫賣著各種神奇的炒股技術指標、軟體，號稱它們具備高成功率，買點全在最低點，賣點全在最高點，忽悠了大批股民，其實他們都是使用了「未來函數」。事實上，99% 的初學者並不了解什麼是「未來函數」。

所謂「未來函數」，是指可能引用了未來資料的函數，即引用或利用了當時還沒有發生或還不確定的資料對之前作出的判斷進行修正的函數。具體來說，策略中含有未來資料的基本特徵是買賣訊號不確定，常常是某日發出了買入或賣出訊號（線段的轉捩點與此同理），第二天如果繼續下跌或上漲，則該訊號消失，並在第三天標示出新的位置。

以季報為例，第三季的季報並不是在季結束時（9 月底）公佈的，而是在下個月（10 月底）前才陸續公佈完畢。如果在策略中使用了未來資料，就需要格外留意時間標籤，以防止未來函數的出現。

即使是最老練的交易員，在建構一些新策略時，仍然會不可避免地用到未來函數。所以，檢查量化交易策略中是否存在未來函數，與策略提出者的交易經驗無關。

3.4.2　過度擬合

在統計學中，過度擬合（Over Fitting）是指過於密切或精確地匹配特定資料集，以至於出現了無法良好地擬合其他資料或預測未來的觀察結果的現象。過度擬合模型指的是對於有限的資料而言，參數過多或結構過於複雜的統計模型。

當發生過度擬合時，模型的偏差很小，但方差很大。過度擬合的本質在於訓練演算法無意中從統計雜訊中提取了資訊，並將其表達為模型結構參數。和訓練資料的總量相比，只要模型結構足夠複雜或參數足夠多，就總能完美地適應資料。

過度擬合可以被理解為違背了奧卡姆剃刀原理，這個原理是指「如無必要，勿增實體」，即「簡單有效原理」。

在機器學習或類神經網路中，過度擬合有時也被稱為過訓練（Over Training）。之所以存在過度擬合的可能，是因為選擇模型的標準和評價模型的標準不一致。舉例來說，選擇模型時往往是選取在訓練資料上表現最好的模型；但評價模型時則是觀察模型在訓練過程中不可見資料上的表現。當模型嘗試「記住」訓練資料而非從訓練資料中學習規律時，就可能發生過度擬合。一般來說，當參數的自由度或模型結構的複雜度超過資料所包含的資訊內容時，擬合後的模型可能使用任意多的參數，就會降低或破壞模型泛化的能力。

在統計學習和機器學習中，為了避免或減輕過度擬合現象，需要使用額外的技巧（如模型選擇、交叉驗證、提前停止、正則化、剪枝、貝氏資訊量準則、赤池資訊量準則或退火）。這些方法大致可分為兩類：

第一類，對模型的複雜度進行懲罰，從而避免產生過於複雜的模型；

第二類，用驗證資料測試模型的效果，從而模擬模型在實際工作環境中的表現。

在實際的應用中，我們只要觀察 2 個維度的情況，就可以大致判斷這個量化交易策略模型是否存在過度擬合的問題：一是模擬交易成本是否過於保守，訂單執行是否過於樂觀，流動性是否被錯誤地考慮，是否已經出現規則的重大改變，這些都被視為過度擬合發生的前提。二是模型的複雜度。如果模型過於複雜，存在著大量的變數和參數，回測資料還十分樂觀，那麼通常會發生過度擬合。

這個問題的本質，需要回到 3.2 節的「不可能三角」中去理解和思考。

3.4.3　夏普比率

夏普比率（Sharpe Ratio），或稱夏普指數（Sharpe Index）、夏普值，在金融領域衡量的是一項投資（例如證券或投資組合）在被調整風險後，相對於無風險資產的表現。

夏普比率於 1966 年由威廉 • 夏普提出。它的定義是投資收益與無風險收益之差的期望值，再除以投資標準差（即其波動性）。它代表投資者額外承受的每一單位風險所獲得的額外收益。

假設目前投資一個預期收益率為 12%、波動率為 10% 的投資組合，無風險利率是 5%。

夏普比率的計算結果為：(0.12–0.05)/0.10=0.70。

夏普比率是三大經典指標之一，能夠綜合考慮投資的收益與風險。投資具有一定的規律性：預期收益高時，投資人可以容忍更高的波動風險；反之，預期收益低時，投資人可忍受的波動風險也相應降低。因此，理性的投資人在確定投資標的與投資組合時，主要考慮 2 個方面：在能夠承受的風險範圍內，盡可能地追求最大收益；或在固定的預期收益下，盡可能地降低風險。

但在市場下跌時，夏普比率對未來的預測表現欠佳。所以，近些年原始演算法的夏普比率經常被質疑是否適合作為績效評估指標。

因此，在評估量化模型的有效性時，策略師通常會引入夏普比率的衍生演算法，即捲動夏普比率。

就追蹤有效性而言，捲動夏普比率是一個非常好用的工具。具體演算法：夏普比率是根據上次計算的資料週期得出的，該週期用於日終策略，為 252 個工作日（即 1 個交易年）。

這樣觀測到的夏普比率通常會有所不同。如果捲動夏普比率已經開始超過回測歷史中的最大跌幅，則通常預示著這個量化交易策略可能已經失效。

因此，策略師在建構量化交易策略的邏輯和設計中，通常會加入這個維度的測試和觀測，從而快速評估策略能否繼續使用。

3.5 實戰案例：米倫坎普量化交易策略的邏輯與設計

3.5.1 米倫坎普簡介

基金經理羅恩・米倫坎普（Ron Muhlenkamp）是一名價值投資者，於 1966 年獲得麻省理工學院機械工程理學學士學位，並於 1968 年獲得哈佛商學院工商管理碩士學位。他擁有特許金融分析師（CFA）稱號。他因大膽、巨觀的投資風格而備受讚譽，這種讚譽也是實至名歸：在 15 年內，以他名字命名的基金年收益率高達 10.25%，比標普 500 指數每年高出 2%。他也是《財富引路人》一書的作者。

米倫坎普涉足股市始於 1968 年，那個時候美國正從 20 世紀 60 年代的牛市急速墜入 1973—1974 年的熊市和 20 世紀 70 年代的滯脹之中。歷經數 10 年的實踐而累積起來的投資知識與為公眾所普遍接受的法則轟然倒塌，而那些人們自以為掌握在手的關於股票與投資的各方面知識也都不再有用……

2008 年，他的投資組合遭受了重創：米倫坎普基金在保險和抵押貸款領域的投資組合淨值縮水了 40%，比藍籌股的平均縮水情況更糟糕。但是當市場觸底時，米倫坎普基金開始投資價值型股票，買進了許多聲譽下降的公司，如 IBM 和雷格・梅森（Legg Mason）。

　　這些股票從那時起就一路飆升，米倫坎普基金在 2009 年的收益為 31.49%，比標普 500 指數高 5%。在他經驗豐富的投資生涯中，米倫坎普觸控到了投資與經濟的關係，他認為投資者必須了解投資大環境，諸如通貨膨脹、利率、政策規則、國際局勢等因素，這樣才能忽略眼前的吹捧和恐嚇，獲得長期收益。

　　《財富引路人》一書是米倫坎普作為一名成功的基金經理的投資備忘錄。書中提到了減少風險的方法。

　　（1）延長投資期限。投資首先要考慮的是投資期限。大多數的投資者與大多數的商人一樣——應該有至少 3 年的投資期限。養老基金最合適的投資週期是 10 年以上。

　　（2）分散投資以尋求最大收益。如果僅是持有股票、債券、房地產、抵押貸款和商業票據，那麼並不表示投資已經分散化。因為如果購買的股票、債券、房地產等都是屬於同一家公司的，那麼投資並沒有分散化。相反，如果投資幾個不同行業中的優秀公司，則投資分散的程度就提高了。

　　（3）投資股票最大的風險不是波動性，而是以過高的價格買入公司股票。

　　（4）根據投資氣氛選擇投資標的。由於大環境的不同，米倫坎普認為投資的種類也需要根據投資氣氛而進行相應的改變。

　　任何投資行為都是雙方進行的交易，有 3 種類型的有價證券——短期債券、長期債券和股票，另外還有房地產。在過去的 50 年中，由於經濟環境的變化，這四類不同的投資選擇有的更能讓投資者賺錢，有的則不再那麼容易獲利。要想選擇和區分它們，還是要看巨觀經濟形勢。「雖然我們常把短期債券和長期債券當作安全投資推銷給投資者，但把稅收和通貨膨脹因素考慮在內後就會發現，在過去的 50 年中，投資長期債券與國庫券的時候更容易虧錢。而且，在過去的 50 年中，股票的收益整體上要好於國庫券與債券的收益。」

3.5.2 米倫坎普的投資邏輯

在《財富引路人》中，米倫坎普有這樣一段名言：「我得說我從農夫那裡學到的關於投資的東西，比從華爾街專業人士和 MBA 們那裡學到的更多。他們懂得在不同的季節採取不同的方法。決定何時賣出股票和決定何時收穫蘋果類似。農夫們不能精確地告訴你他們準備何時收穫，但是他們知道果實什麼時候成熟。」

從他的書及訪談中，人們大致可以了解到米倫坎普的主要投資邏輯，包括三點：

（1）價值線投資主線（Value Line Investment Survey）是尋找財務狀況良好且淨資產收益率不錯的公司，ROE 應該達到 15% 或更高；

（2）核心對年度財務報表中的資料和註釋（稽核過的），確認資料準確；

（3）與有興趣投資的公司的管理人員（或董事長秘書）交談。

對於價值投資主線而言，米倫坎普有著明確的量化指標，比如 ROE 大於 15%，在實際運用過程中可以用排名來替代；對於核心對年度財務報表中的資料，這個難度有點大，但目前已經有量化因數可以檢測；與管理人員交談很難量化。

即使如此，投資者仍然可以從《財富引路人》這本書中找到十分明確的量化因數：淨資產收益率的排名、5 年淨資產收益率的排名、市盈率排名、市淨率、4 年 EPS 複合增長率、4 年 EPS 複合增長率排名、流動比率、市現率等。

將其整理成思維導圖，如圖 3.8 所示。

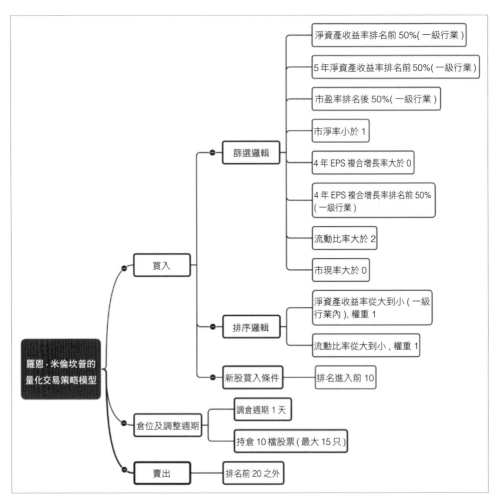

▲ 圖 3.8　米倫坎普量化交易策略思維導圖

3.5.3 米倫坎普量化交易策略在中國市場的適應情況

這個簡單的邏輯是可以放到中國市場上進行回測的。如圖 3.9 所示，為 2011 年 1 月 4 日至 2023 年 7 月 28 日的回測資料，透過比較可以發現 12 年來中國市場的超額收益仍然存在。

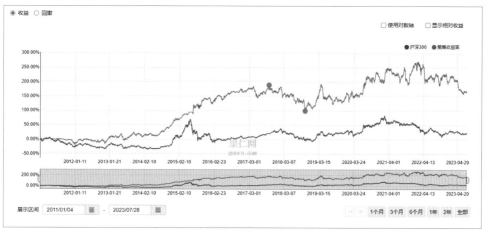

▲ 圖 3.9 米倫坎普量化交易策略年化收益率分析（編按：本圖例為簡體中文介面）

如圖 3.10 所示，這個策略的年化收益率為 8.12%，遠超滬深 300 指數 1.80% 的年化收益率。在 12 年的時間裡，該策略的波動性低於滬深 300 指數，最大回撤低於滬深 300 指數，夏普比率為 0.21。

投資組合	總收益率	年化收益率	夏普比率	最大回撤率	收益波動率	信息比率	Beta	Alpha
本策略	166.71%	8.12%	0.21	31.23%	19.36%	0.38	0.59	5.43%
滬深300指數	25.18%	1.80%	-0.10	46.70%	21.95%	-	-	-
相對收益	113.07%	6.21%	0.13	37.71%	17.02%	0.13	-0.41	1.30%

▲ 圖 3.10 米倫坎普量化交易策略年化收益率分析（編按：本圖例為簡體中文介面）

　　透過策略歸因，可以發現這個策略整體上比較均衡，在中國市場上也具有較強的生命力，如圖 3.11 所示。

| 策略超额收益归因 | | | | | |
| ◉ 因子暴露度 ○ 暴露度统计 | | | | | |
因子	相对基准风格	因子暴露度	年化配置收益	年化择股收益	年化超额收益
行业	分布较均衡	1.90	0.32%	7.68%	8.00%
市值	较低市值	-1.30	4.69%	3.31%	8.00%
估值(PB)	低估值	-3.30	2.38%	5.62%	8.00%
增长	平均增长	-0.80	0.84%	7.16%	8.00%
盈利	较高盈利	2.00	2.86%	5.13%	8.00%
波动	较低波动	-1.60	2.64%	5.36%	8.00%
反转	平均反转	0.60	1.91%	6.09%	8.00%
缩量	较高缩量	1.90	9.69%	-1.70%	8.00%
预期	较低预期	-1.60	1.93%	6.07%	8.00%
估值(PE)	较低估值	-2.90	1.11%	6.89%	8.00%

▲ 圖 3.11　米倫坎普量化交易策略超額收益歸（編按：本圖例為簡體中文介面）

3.5.4　米倫坎普量化交易策略的改進想法

　　即使這個策略截至 2022 年年底仍然有效，但策略師仍然會希望其有所改進。

　　要想改進一個策略，通常需要從策略的原始想法入手，這樣才不會對整體策略產生衝擊。對於米倫坎普的量化交易策略而言，其整體想法是從巨觀到微觀，善於從財務資料中挖掘超額收益。所以，改進想法仍然可以對策略的底層邏輯進行改進，從巨觀到微觀，加入一個更巨觀的角度，比如行業的淨資產收益率。

　　將改進後的米倫坎普量化交易策略畫成思維導圖，如圖 3.12 所示（改進的部分進行了特別標注）。

這樣一來，就對米倫坎普量化交易策略的原邏輯進行了加強和補充。這個改進後的策略的邏輯，仍然可以放到中國市場上進行回測。

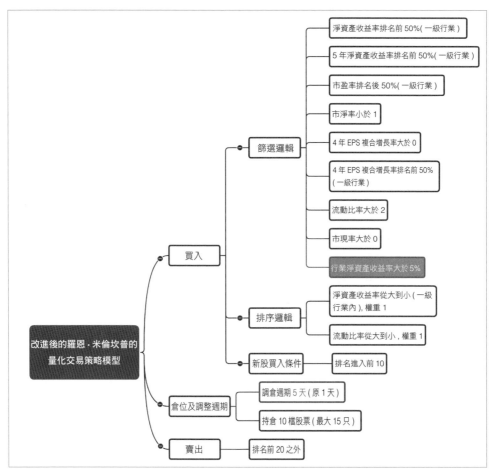

▲ 圖 3.12 改進後的米倫坎普量化交易策略思維導圖

圖 3.13 為該策略於 2011 年 1 月 4 日至 2023 年 7 月 28 日的回測資料，透過比較可以發現近 12 年中國市場的超額收益仍然存在。

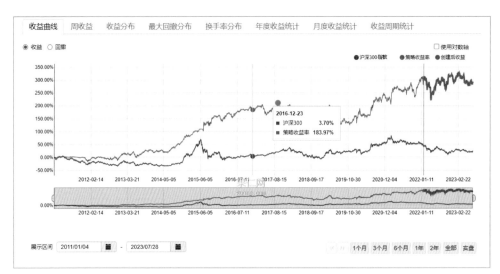

▲ 圖 3.13　改進後的米倫坎普量化交易策略近 12 年收益曲線
（編按：本圖例為簡體中文介面）

如圖 3.14 所示，改進後的策略年化收益率為 11.43%（原策略為 8.12%），遠超滬深 300 指數 1.62% 的年化收益率。在 12 年的時間裡，該策略的波動性低於滬深 300 指數，最大回撤低於滬深 300 指數，夏普比率為 0.39（原策略為 0.21）。

投資組合	年化收益率	夏普比率	最大回撤率	收益波動率	信息比率	Beta	Alpha	創建天數	自創建日收益
本策略	11.43%	0.39	34.46%	19.17%	0.59	0.59	8.85%	535	-2.97%
沪深300指数	1.62%	-0.11	46.70%	21.94%	-	-	-	-	-15.79%

▲ 圖 3.14　改進後的米倫坎普量化交易策略年化收益率分析

特別是在建立之後的 1 年中，改進後的策略在樣本外的表現仍然不俗，超額收益跑贏了原有策略。

如圖 3.15 所示，透過策略歸因，可以發現這個改進策略主要在估值因數和盈利因數上有所改善，相對因數暴露度更低，其生存能力要強於原策略。所以，這個改進是成功的。

因子	相对基准风格	因子暴露度 ⓘ	年化配置收益 ⓘ	年化择股收益 ⓘ	年化超额收益 ⓘ
行业	分布较均衡	1.90	0.67%	9.17%	9.83%
市值	较低市值	-1.10	2.94%	6.90%	9.83%
估值(PB)	低估值	-3.20	2.02%	7.81%	9.83%
增长	平均增长	-0.60	0.96%	8.88%	9.83%
盈利	较高盈利	2.20	2.84%	6.99%	9.83%
波动	较低波动	-1.80	2.67%	7.17%	9.83%
反转	平均反转	0.60	1.82%	8.02%	9.83%
缩量	较高缩量	1.80	8.34%	1.50%	9.83%
预期	较低预期	-1.20	2.18%	7.65%	9.83%
估值(PE)	较低估值	-2.90	1.20%	8.63%	9.83%

策略超额收益归因
◉ 因子暴露度　○ 暴露度统计

▲ 圖 3.15 改進後的米倫坎普量化交易策略超額收益歸因
（編按：本圖例為簡體中文介面）

3.5.5 米倫坎普量化交易策略的實戰程式範例

參考程式如下所示：

```
# 匯入函數程式庫
from jqdata import *
from jqlib.technical_analysis import *
import numpy as np
import talib as tl
import math
# 初始化函數，設定基準
import datetime as datetime
import pandas as pd
ATR_WINDOW = 20

# 更新股票池的間隔天數
CHANGE_STOCK_POOL_DAY_NUMBER = 15
def initialize(context):
    # 設定滬深 300 指數作為基準
    set_benchmark('000300.XSHG')
    # 開啟動狀態複權模式（真實價格）
    set_option('use_real_price', True)
```

```
    # 初始化全域變數
    init_global(context)
    # 輸出內容到日誌 log.info()
    log.info(' 初始函數開始執行且全域只執行一次 ')
    # 過濾掉 order 系列 API 產生的比 error 等級低的 log
    g.stockNum=10
    # 每筆股票類交易時的手續費是：買入時傭金的萬分之三，賣出時傭金的萬分之三加千分之一
印花稅 , 每筆交易傭金最低扣 5 元
    set_order_cost(OrderCost(close_tax=0.001, open_commission=0.0003,
close_commission=0.0003, min_commission=5), type='stock')
    # 開盤時執行
    run_daily(market_open, time='9:30',
reference_security='000300.XSHG')
    # 收盤後執行
    run_daily(update_pool, time='after_close',
reference_security='000300.XSHG')
def init_global(context):
    '''
    初始化全域變數
    '''
    g.stock_pool=[]
    g.stock_pool_update_day = 0
    g.current_date=context.current_dt
## 開盤時執行函數
def market_open(context):
    buy(context)
    sell(context)
def buy(context):
    '''
    買入邏輯，開倉前買入
    '''
    buy_num=0
    buy_codes=[]
    if(len(g.stock_pool)>0):
        for code in g.stock_pool:
            if code in context.portfolio.positions.keys():
                continue
            current_data=get_current_data()[code]
```

```
            if   current_data==None:
                return
            buy_num=buy_num+1
            print("buy_num",buy_num)
            buy_codes.append(code)
        # 每份的金額
        cost=context.portfolio.total_value/buy_num
        for code in buy_codes:
            order_=order_target(code,int(cost))
            log.info("買入 {0}, 價值 {1}".format(code,cost))
    pass
# m 賣票策略
def sell(context):

    for code in context.portfolio.positions.keys():
        if code not in g.stock_pool:
            order_=order_target(security=code,amount=0)
            if order_ is not None and order_.filled:
                log.info("賣出 :",code,order_.filled)
    pass
# ------------------------------------- 策略開始
-----------------------------------------------
def update_pool(context):
    '''
    更新股票池
    '''
    if g.stock_pool_update_day % CHANGE_STOCK_POOL_DAY_NUMBER==0:
        set_stock_pool(context)
    g.stock_pool_update_day=(g.stock_pool_update_day+1)%
CHANGE_STOCK_POOL_DAY_NUMBER
pass
def set_stock_pool(context):
    '''
    設置股票池
    '''
    df=get_industries("jq_l1")
    indust_codes=df.index.tolist()
    filter_pools=[]
```

```
    for ins in indust_codes:
        codelist=get_industry_stocks(ins, date=None)
#        print(" 該行業程式 :",len(codelist))
        roeList,roe_rank_df=get_cur_roe(codelist)
        roe5List=get_5y_roe(roeList)
        peCodeList=get_pe_codeList(roe5List)
        epsList=get_eps_codeList(peCodeList)
        filter_pools.extend(epsList)
    crRankDF=get_currentRatio_rank(filter_pools)
    print("cr ratio df :",crRankDF.shape)
    # 要和 ROE 的排名進行合併。獲得一個流動比率 df 程式對應的 ROE
    q=query(indicator.code,indicator.roe). filter(indicator.code.in_(filter_pools))
    filter_roe_df=get_fundamentals(q)
    filter_roe_df['rank']=filter_roe_df.roe.rank(method=
"first",ascending=False, na_option='bottom')
    rank_df=pd.merge(crRankDF,filter_roe_df,on='code',how='left')
    rank_df['rank_sum']=rank_df['cr_rank']+rank_df['rank']
    rank_df=rank_df.sort_values(by='rank_sum',ascending=False)
    print(rank_df.shape)
    print(rank_df[['code','cr_rank','rank','rank_sum']])
    g.stock_pool=[]
    g.stock_pool=rank_df['code'].tolist()
pass
# 函數
def create_code_set(list):
    set2=set(list)
    return set2
# 需要傳回一個排序後的 code list, 以及 ROE 的排名
def get_cur_roe(codeList):
    q=query(indicator.code,indicator.roe).
filter(indicator.code.in_(codeList)).order_by(indicator.roe.desc())
    df=get_fundamentals(q)
    n=df.shape[0]
    roe_num=int(n*0.5)
    df_roe=df[0:roe_num]
    list=df_roe['code'].tolist()
#        print (type(list))
    df_roe['rank']=df_roe.roe.rank(method="first",ascending=False,
na_option='bottom')
```

```
     return list,df_roe
# 取得 5 年的 ROE
def get_5y_roe(codeList):
    q=query(indicator.code,indicator.roe).
filter(indicator.code.in_(codeList) ).order_by(indicator.roe.desc())
    df=get_fundamentals(q)
    n=df.shape[0]
    roe_num=int(n*0.5)
    df_roe=df[0:roe_num]
#      先做個空的 df，用來合併計算 5 年的 ROE
    roe5_df=pd.DataFrame(codeList,index=codeList,columns=['code'])
    month=g.current_date.month
    day=g.current_date.day
    for i in range(5):
        y5=g.current_date.year-(i+1)

        statDate=str(y5)+"-"+str(month)+"-"+str(day)
        per_roe_df=get_fundamentals(q,date=statDate)
        per_roe_df.columns=['code','roe'+str(i)]
#          print(df2)
        roe5_df=pd.merge(roe5_df,per_roe_df,left_on=
"code",left_index=True,
                     right_on="code")
    # 把行索引用股票程式替換
    df3=roe5_df.set_index("code")
    d3=df3.iloc[:,1:].mean(axis=1)
    d3=d3.sort_values(ascending = False)
    d3_num=int(d3.shape[0]*0.5)
    d4=d3[0:d3_num,]
    roelist=d4.index.tolist()
    return roelist
# 計算 pe, 過濾：pe>0,pb_ratio<2，pcf_ratio >0
def get_pe_codeList(codeList):
    pe_q=query(valuation.code,valuation.pe_ratio).filter(
        valuation.pe_ratio>0,
        valuation.pb_ratio<2,valuation.pcf_ratio>0,
        valuation.code.in_(codeList)).order_by(valuation.pe_ratio.asc())
    df_pe=get_fundamentals(pe_q)
    sp=df_pe.shape[0]
```

```
    n=math.ceil(sp*0.5)
    df_pe2=df_pe[0:n]
    pelist=df_pe2['code'].tolist()
    return pelist
# 篩選 eps
def get_eps_codeList(codeList):
    q_eps=query(indicator.code,indicator.eps).
filter(indicator.eps>0,indicator.code.in_(codeList))
    eps_init_df=pd.DataFrame(codeList,index=codeList,columns=['code'])
    month=g.current_date.month
    day=g.current_date.day
    for j in range(4):
        y4=g.current_date.year-(j+1)
        statDate=str(y4)+"-"+str(month)+"-"+str(day)
        df_eps=get_fundamentals(q_eps,date=statDate)
        df_eps.columns=['code','eps'+str(j)]
        eps_init_df=pd.merge(eps_init_df,df_eps,
left_on="code",right_on="code")
    eps2=eps_init_df.set_index('code')
    eps_mean=eps2.mean(axis=1)
    eps_sort=eps_mean.sort_values(ascending=False)
    n=int(eps_sort.shape[0]*0.5)
    eps_sort=eps_sort[0:n]
    codeList=eps_sort.index.tolist()
    return codeList
# 取得流動比率的排名
def get_currentRatio_rank(codeList):
    #計算流動比率，流動比率 = 流動資產 / 流動負債
    cr_query=query(balance.code,balance.total_current_assets,
balance.total_current_liability).filter(balance.code.in_(codeList))
    cr_df=get_fundamentals(cr_query)
    cr_df['cr_ratio']=cr_df['total_current_assets']/
cr_df['total_current_liability']
    cr_sort=cr_df.sort_values(by='cr_ratio',ascending=False)
    cr_sort2=cr_sort[cr_sort['cr_ratio']>2]
    cr_sort2['cr_rank']=cr_sort2.cr_ratio.rank(ascending=False)
    return cr_sort2
# -------------------------------------- 策略結束
------------------------
```

第 **4** 章

量化交易策略
的程式開發與實戰

▌ 4.1 低程式開發

4.1.1 低程式開發量化交易策略指南

　　量化交易十分依賴資訊的獲取速度和計算的準確程度，因此電腦的輔助應用在實現量化交易的過程中極為重要。但在傳統的金融領域，交易員普遍不具備很強的程式設計能力，這就讓低程式開發成為一個重要的需求和趨勢。

1. 低程式的開端

　　低程式語言與 Python、C 等語言相比主要優勢在於簡潔，方便交易員把主要精力放在模型建構上，而非寫程式上。以雙均線策略為例：Python 語言需要48 句才能寫出這個模型，而麥語言只需要 5 句就可以完成這個策略。

最早且比較流行的低程式語言是 EasyLanguage，它是 TradeStation 證券公司在 20 多年前開發的專屬程式語言，並內建於 TradeStation 交易平臺上。該語言主要被用來建立金融圖表上的訂製化指標，以及建立金融市場的演算法交易邏輯。外部的動態連結程式庫可以透過 EasyLanguage 來呼叫，大幅延伸其功能。

EasyLanguage 讓未曾受過專業電腦程式開發訓練的交易員，也能夠輕鬆建立訂製化交易策略，因此其語言大多由具可讀性的英文單字組成，使得 EasyLanguage 較一般電腦程式語言更加容易學習。

在許多為交易員們設計的高端自動化量化交易系統中，MultiCharts（第一個版本誕生於 2004 年 7 月 13 日）從各個方面來說的支持度是最廣泛的。值得一提的是，MultiCharts 所使用的專屬指令碼語言叫 PowerLanguage，不但與 EasyLanguage 極為相似，而且全數相容於後者。

2015 年，素有量化交易界西點軍校之稱的 WorldQuant 推出了 websim 平臺。這個平臺簡潔到只需要一行程式就可以完成對策略的回測（僅針對於橫截面因數測試），極大地方便了交易員隨時驗證自己的想法。

相比於時下流行的 Python 語言，低程式語言是一種低門檻的程式語言，它具備 4 個優勢：一是很容易學習；二是有大量的開源程式碼和討論區支持；三是免費；四是可以使用最新的資料科學套件。但只要其中一種優勢消失，該語言就會消毀。時至今日，投資者仍然有必要熟悉和了解低程式語言，比如 EasyLanguage。

2. 中國低程式語言現狀

中國的低程式語言起步並不晚。2004 年中國推出「麥語言」（MyLanguage），這也是目前中國使用人數最多的低程式語言。其核心參考了台版 MC，也同樣相容 EasyLanguage。如果交易員會使用 EasyLanguage，那麼麥語言對他們來說就不難，也很容易上手。中國的金字塔、通訊達、大智慧、東方財富和同花順等金融軟體都採用了麥語言進行低程式設計。

麥語言宣導的是積木式程式設計理念，把複雜演算法封裝到一個個函數裡，採用「小語法，大函數」的建構模式。麥語言語法簡單，不僅可以配合專門的程式化資料結構、豐富的金融統計函數程式庫，還可以支援邏輯複雜的金融應用。

麥語言的函數程式庫是經常更新的，可隨時增加新函數，以支援程式設計者的交易新思想和新應用。目前，函數程式庫已經由最初的 200 多個，增加到近 600 個。中國各個軟體平臺的主要競爭差別之一就是它們支援的函數程式庫的種類不同。

3. 低程式平臺介紹

如何才能讓交易員既可以使用高階語言，又只聚焦於策略而非程式設計呢？解決這一問題的方案便是低程式平臺。這是一種積木式、模組化、選項類量化平臺，它把一些只能由高階語言撰寫的邏輯進行了模式化封裝，方便交易員直接呼叫，大部分的複雜策略無須使用者撰寫程式。

低程式平臺通常適合投資者執行**趨勢**、反**趨勢**等對行情和交易邏輯要求不高的策略，如果要執行複雜趨勢、套利、對沖、高頻等對行情和交易邏輯要求高的策略，那麼仍然需要使用高階語言來完成。

國外有很多低程式平臺可供投資者使用。舉例來說，Build Alpha 演算法交易軟體，它的建立是為了幫助專業交易員建立無數強大的演算法交易策略，以滿足他們自己的跨資產類別的風險標準。

這種獨特的演算法交易軟體使交易者和資金管理者無須程式設計即可建立數百種交易演算法。交易員可以在幾秒鐘內對每一種交易策略進行壓力測試，所有的操作都只是點選方式。

在中國也有很多類似的平臺，簡單一些的比如國信金太陽軟體。如果我們想對 1 只低估值績優股進行測試，可以在平臺上點選 4 個篩選條件：

第一，近 3 年 ROE 大於 20%；

第二，動態市盈率小於 20 倍；

第三，市淨率小於 5 倍；

第四，毛利率大於 30%。

將回測時間定義為 1 年（2021 年 12 月 30 日至 2022 年 12 月 30 日），調倉頻率為 3 個交易日，手續費設定為買 0.30‰，賣 1.30‰。

如圖 4.1 所示，按一下「立即回測」按鈕就可以得到近 1 年的交易資料及資金曲線，從而為驗證策略打下基礎，而這幾個步驟加起來僅需不到 1 分鐘的時間。

▲ 圖 4.1　金太陽量化交易平臺介面演示 (編按：本圖例為簡體中文介面)

很明顯，如果在 Python 中撰寫程式實現上述過程，即使是熟練的程式設計師，也可能需要幾個小時才能完成。低程式平臺更有利於交易者專注於策略的思考，而非程式撰寫。

選擇低程式平臺，主要看資料型態。中國資料比較全面準確的低程式平臺可以選擇萬得，其提供了 2 種模式的研究：一種是低程式平臺，另一種是有程式平臺（萬礦）。

它的低程式平臺優勢不僅在於資料型態的全面，還在於對股票、基金和資產配置都支援低程式回測，當然，其弊端在於需要付費。圖 4.2 為低程式平臺收益分析示意圖。

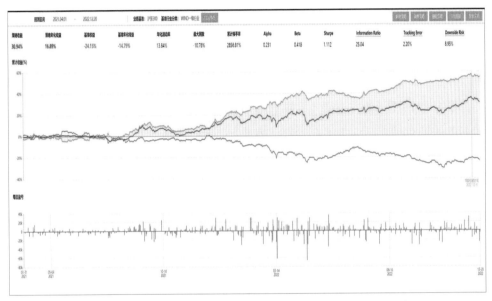

▲ 圖 4.2 低程式平臺收益分析 (編按：本圖例為簡體中文介面)

有些交易者除了需要用平臺研究策略，還需要在平臺上將結果轉化成實盤交易。「不用程式設計，還能研究，又可實戰」，這種整合式服務的低程式平臺備受關注。

舉例來說，中國十分活躍的非程式設計量化平臺——果仁網，它提供給使用者策略開發、策略分享、策略組合交易管理整合式服務。有選股軟體（比如通達信、大智慧、同花順）使用經驗的使用者在學習使用果仁網的功能時不會有任何障礙。門檻低、效率高是果仁網的最大特點。

果仁網的主要功能有：

（1）快速策略開發。非程式設計、選單介面、巨量因數、自動參數調優、分鐘線回測、大盤擇時、股指對沖、準確歷史回測、自動策略評估。

（2）策略商場。有策略達人製作的高品質策略可供使用。

（3）策略組合。多策略間實現最佳配置，降低風險、提高收益。

（4）實盤管家。產生實時調倉指令，一鍵交易，非全職投資的使用者也能做自己的量化基金。

（5）交易社區。共用實盤心得、策略、量化知識。

很多程式設計能力有限，但投資邏輯清晰的個人投資者喜歡使用此類平臺，投資金額從幾萬元到上千萬元不等。圖 4.3 為果仁網交易介面演示圖。

▲　圖 4.3　果仁網交易介面演示圖 (編按：本圖例為簡體中文介面)

4. 正確認識低程式平臺

在量化交易領域，存在一條鄙視鏈：會高階語言的看不起只會低階語言的，只會低階語言的看不起只會用低程式平臺的。其實這是一個很大的誤區，賺錢和程式設計能力並無直接連結，會用 C 語言的交易員也同樣會虧損，不會寫程式的交易員也能賺到錢。是否能投資成功，這在本質上與交易的底層邏輯連結最大，而非程式設計。

同樣，低程式平臺也存在一些弊端。舉例來說，完全把模組黑箱化，從字面理解邏輯意圖很可能存在誤區。舉一個簡單的例子，在各類模型中，以雙重底這種形態為例，各個軟體的寫法完全不同，如果不能正確代表交易者的邏輯，就很可能會讓交易偏離原來確定的方向。

但有一點是確定的：在量化交易大行其道的今天，即使是最簡單的低程式平臺，也仍然能讓那些手動交易者之前的優勢蕩然無存。具體可根據自身情況進行選擇，使用低程式平臺已經是最低的投資要求了。

4.1.2 實戰案例：國信金太陽建構的模擬動量策略

1. 什麼是動量

動量是金融市場上最廣泛、最古老的策略來源，可以把它理解為一種市場情緒或資金博弈的衝動結果。

Jegadeesh 和 Titman（1993）在對資產股票組合的中期收益進行研究時發現，與 DeBond 和 Thaler（1985）的價格長期回歸趨勢及 Jegadeesh（1990）和 Lehmann（1990）的短期價格回歸趨勢的實證結果不同，以 3 到 12 個月為間隔所構造的股票組合的中期收益會呈現出延續性，即中期價格具有向某一方向連續變動的動量效應。

Rouwenhorst（1998）在其他 12 個國家發現了類似的中期價格動量效應，表明這種效應不是來自資料採樣偏差。實際上，在這些研究之前，動量交易策略（或稱相對強度交易策略）已經在實踐中被廣泛應用，舉例來說，美國的價值線排名。

使用最普遍的就是動量 / 反向策略。

動量 / 反向策略是指買入贏家 / 輸家組合，同時賣空輸家 / 贏家組合的交易策略。其主要步驟為：

①確定交易對象範圍為目標證券市場；

②選定證券業績評價期，通常稱其為投資組合的形成期或排名期；

③計算各樣本證券在形成期內的收益率；

④根據形成期各樣本證券的收益率大小排序，然後將其等分成多個組，其中收益率最高的為贏家組合，收益率最低的為輸家組合；

⑤選定持有期限，買入贏家組合和賣出輸家組合；

⑥重複步驟②至⑤，持續一段時間；

⑦計算持有期間的收益率和 t 統計值，如果 t 統計值表明收益率顯著大於 0，則動量 / 反向策略成功，反之則未成功。

當然，動量 / 反向策略也有應用局限性：動量 / 反向策略假設在市場中並不總是有效。透過模型開發、大勢研判和個股選擇可以獲得超額收益，而且對優秀的投資者來說，這種超額收益在一定程度上是持續的。但隨著這種零成本的套利策略的普及，動量 / 反向現象將減弱或消失。

2. 為什麼要使用動量

在各類研究論文中，動量提供了一種擇時、擇股的選擇路徑，從這個方向可以有效改進多種基礎策略。

在中國，目前有關於動量策略的文章共有451篇（截至 2022 年 12 月 30 日），其中《中國股票市場動量策略盈利性研究》被引用的次數最高。該文章在參考了國外研究方法的基礎上，選取深圳、上海兩座城市在 1995—2000 年的股票交易資料，考察了中國股市動量策略的盈利性特徵。研究發現，在賣空機制存在的假定下，動量組合的形成和持有期限與其收益呈負相關關係；期限為 1 個月的動量策略的超額收益明顯好於其他期限的策略。

　　這個研究結果是基於 20 年前的資料形成的。在當下的實際交易過程中，這個期限已經被大大縮短，3 年前就已經由 1 個月變成了 1 周；而目前，要想實現更有效的超額收益，需要將 1 周變成 1 天，甚至更短的時間，這也是當下市場高頻交易策略盛行的原因。

　　透過在國信金太陽上模擬一個動量策略，我們可以觀察到動量策略在中國市場中最近 4 年的有效性，如圖 4.4 所示。

　　這個策略建立於 2018 年 11 月 12 日，當時用於西安的量化交流會。截至 2022 年 12 月底，這個策略已經連續模擬執行了 1006 天（在沒有任何改動的情況下），在國信金太陽的所有模擬策略中排第 38 名，最高排名曾到過第 2 名。

　　目前，累計模擬收益高達 724.35 倍，平均月收益率為 6.41%，周收益率為 1.05%，最大回撤為 19.04%，夏普比率為 19.66，年化收益率高達 810.43%。從圖 4.5 中可以看出，在 2022 年，這個策略的表現仍然強悍。

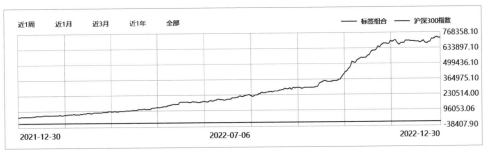

01 基础信息	策略排行 当前排名: 38	排名变动: --	最高排名: 2					
	模拟区间: 2018-11-12 至 --		运行天数: 1006天					
	交易费率: 买0.30‰, 卖1.30‰		调仓频率: 1天		状态: 模拟中			
02 收益概况	累计收益率	今日收益率	周收益率	月收益率	预计年化收益率	盈亏比	最大回撤	夏普比率
	724350.00%	0.30%	1.05%	6.41%	810.43%	262.90%	19.04%	19.66
03 策略调整记录	开始时间	结束时间	标签内容		调仓频率	状态	累计收益	
	2018-11-12	--	一阳穿三线+放量+非ST近期...		1天	模拟中	724359.81%	

▲ 圖 4.4 國信金太陽量化交易平臺動量策略的有效性
（編按：本圖例為簡體中文介面）

近1周　近1月　近3月　近1年　全部　　　　　　標籤組合　　滬深300指數

768358.10
633897.10
499436.10
364975.10
230514.00
96053.06
-38407.90

2021-12-30　　　　　　　2022-07-06　　　　　　　2022-12-30

▲ 圖 4.5 動量策略近 1 年年化收益率趨勢（編按：本圖例為簡體中文介面）

這個策略採用了 3 個動量因數和 1 個方向性因數：

①動量因數 1，一陽穿三線；

②動量因數 2，非 ST 且近期有漲停；

③動量因數 3，當前價格距離短期內的最低價漲幅大於 10%；

④方向性因數，放量。

其中，「一陽穿三線」指多方強勢非常明顯，是一根陽線，一舉突破由 5 日均價線、10 日均價線、30 日均價線所組成的中短期均價線系統，更是多方強勢的表現；「放量」指成交量與前一段時間的相比有明顯放大，也代表了成交活躍的意思。

注意：這個模擬結果只代表了中國股市中近 4 年確實存在有效的動量效應。但在實際交易中，並非如此簡單。比如，在這種情況下有部分股票可能會漲停無法買入；再比如，在 4.1 節裡提到的黑箱問題，一陽穿三線這個動量因數真實的公式不得而知，等等。

3. 如何利用動量效應完善交易策略

在 4.1 節裡，提到了利用國信金太陽軟體建構的低估值績優股模型，在平臺上需要點選 4 個篩選條件：

第一，近 3 年 ROE 大於 20%；

第二，動態市盈率小於 20 倍；

第三，市淨率小於 5 倍；

第四，毛利率大於 30%。

將回測時間定義為 1 年（2021 年 12 月 30 日至 2022 年 12 月 30 日），調倉頻率為 3 個交易日，手續費設定為買 0.30‰，賣 1.30‰，如圖 4.6 所示。

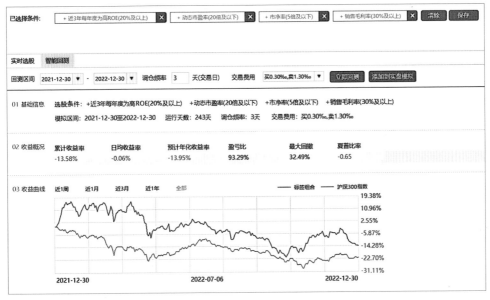

▲ 圖 4.6 動量策略選股演示圖 (編按：本圖例為簡體中文介面)

　　這個策略的收益在近 1 年中為負數，但有一定的超額收益。換句話說，投資者需要利用股指期貨進行對沖，才能獲得正收益。很明顯，這對中小投資者來說是很難實現的。因此，在低程式平臺上改進策略就是投資者需要思考的問題。

　　這裡給大家演示的是加入 1 個動量因數，去改進這個低估值績優股模型，對這個純基本面的邏輯進行動量改造。如圖 4.7 所示，為加入了上一小節中的動量因數 3（即當前價格距離短期內的最低價漲幅大於 10%）後的回測結果。

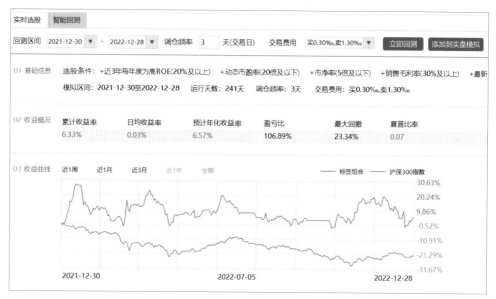

▲ 圖 4.7　動量策略近 1 年回測收益曲線（編按：本圖例為簡體中文介面）

　　這時，可以看到基本面和動量產生的正疊加，收益也從 −13.58% 上升到 6.33%。累計交易 440 次，共進行了 220 檔股票的買賣，部分詳情如表 4.1 所示。

▼ 表 4.1　動量策略近 1 年調倉明細

調倉日期	股票程式	股票名稱	交易方向	成交價	成交倉位	交易費用
2022-12-28	000011	深物業 A	賣出	12.06	1.066042	1.3860
2022-12-15	000011	深物業 A	買入	11.93	0.876494	0.2630
2022-12-15	000672	上峰水泥	賣出	11.61	0.179597	0.2330
2022-12-15	688075	安旭生物	賣出	104.68	0.171599	0.2230
2022-12-15	688298	東方生物	賣出	103.19	0.174203	0.2260
2022-12-15	688606	奧泰生物	賣出	124.07	0.171774	0.2230
2022-12-15	688767	博拓生物	賣出	55.50	0.180816	0.2350
2022-12-12	000011	深物業 A	賣出	12.51	0.201928	0.2630
2022-12-12	000661	長春高新	賣出	177.99	0.367722	0.4780

調倉日期	股票程式	股票名稱	交易方向	成交價	成交倉位	交易費用
2022-12-12	000672	上峰水泥	買入	12.07	0.186713	0.0560
2022-12-12	002555	三七互娛	賣出	17.120	0.364935	0.4740

低程式平臺可以提供基於當下策略的即時選股結果，以方便投資者進行交易。但投資者可能會質疑在低程式平臺上建構策略的可信度。這就要回到3.2節，透過深度理解「不可能三角」，進而判斷當下測試有效的策略是否真的可以被應用到實戰當中。

4.1.3 實戰案例：在果仁網建構葛拉漢熊轉牛積極策略

1. 班傑明 · 葛拉漢簡介

班傑明 · 葛拉漢畢業於美國哥倫比亞大學。是一名出生在英國的美國投資人、經濟學家及教授，被稱為「價值投資之父」。

葛拉漢的投資理念十分強調投資者的個人心理及債務情況，強調投資者須在安全情況範圍內進行投資。著名美國投資者華倫 · 巴菲特在紀錄片《成為華倫 · 巴菲特》中說明自己入讀哥倫比亞大學的原因之一，就是葛拉漢當時在哥倫比亞大學任教。

葛拉漢的投資方法包括橫斷法、預期法和安全邊際，他的投資風格有時更偏向一個交易者。

方法一，橫斷法：橫斷法相當於現代的指數投資。

方法二，預期法：短期投資法、成長股投資法。

方法三，安全邊際：指投資那些內在價值大於市值，並達到一定程度的公司。

其弟子巴菲特曾轉述他的話：如果只能用 1 個詞彙來形容正確投資的秘密，那必定是安全邊際。而這種注重成本與價值之間距離的投資風格，也讓巴菲特形成了獨特的投資觀點：「在別人貪婪時恐懼，在別人恐懼時貪婪。」前者意指市場過熱時安全邊際降低，應該特別謹慎；而後者指市場行情轉淡、股價低迷時，則是低價收購股權的絕佳機會。巴菲特在市場大跌、其他投資者普遍看壞前景時（如金融海嘯發生後的 2008 年年底）敢於大舉收購股權的理論依據即在此。

班傑明 · 葛拉漢生前創作了多部著作，包括《有價證券分析》（*Security Analysis*，1934 年）、《財務報表解讀》（*The Interpretation of Financial Statements*，1936 年）、《儲備與穩定：現代常平倉》（*Storage and Stability: A Modern Ever-normal Granary*，1937 年）、《世界商品與世界貨幣》（*World Commodities and World Currency*，1944 年）、《聰明的投資者》（*The Intelligent Investor*，1949 年）、《班傑明 · 葛拉漢自傳：華爾街實錄》（*The Memoirs of the Dean of Wall Street*，1996 年）。

2. 班傑明 · 葛拉漢的投資邏輯

葛拉漢在書中描述了自己的投資思想，總結起來可以歸納為以下十筆：

①盈餘價格比率是三 A 級公司債券的兩倍以上。盈餘是盈餘價格比率的倒數。

②價格收益比低於近 5 年股市最高價格收益比的 40％，或價格收益比低於市場平均價格收益比的 10％以下。

③股利獲利率至少是三 A 級公司債券的 2/3。

④股價低於有形帳面價值的 2/3。

⑤股價低於可立即變現淨值（流動資產總值減去總負債）的 2/3。

⑥總負債低於有形帳面價值。

⑦流動比率（流動總資產除以總負債）是兩倍或更高。

⑧總負債小於可立即變現淨值，同第 5 筆。

⑨獲利率近 10 年增長至兩倍（或 10 年內每年盈餘增長率平均為 7％以上）。

⑩穩定的收益增長：近 10 年裡，盈餘增長率為 −5％以上的年度不得超過 2 年。

3. 班傑明 · 葛拉漢量化交易策略的邏輯思維導圖

將葛拉漢的投資邏輯進行整理後，可以形成如圖 4.8 所示的思維導圖。

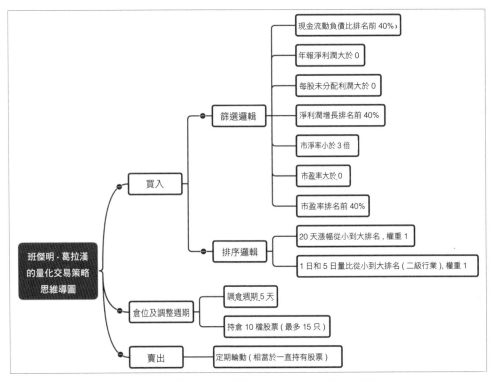

▲ 圖 4.8 班傑明 · 葛拉漢量化交易策略思維導圖

買入邏輯包含兩類，其中，篩選邏輯包括 7 個因數：現金流動負債比、年報淨利潤、每股未分配利潤、淨利潤增長排名、市淨率、市盈率和市盈率排名；排序邏輯包括 2 個維度：20 天漲幅從小到大排名、1 日和 5 日量比從小到大排名，各取權重 1。

賣出邏輯包含一類，即定期輪動。

倉位及調整週期設置如下：調倉週期 5 天，持倉 10 檔股票（最多持倉 15 只）。

4. 在果仁網中建立葛拉漢的熊轉牛積極策略

　　如圖 4.9 和圖 4.10 所示，在果仁網中，可以根據思維導圖中的邏輯很快建構起葛拉漢熊轉牛積極策略的模型。

▲ 圖 4.9　在果仁網中設置葛拉漢熊轉牛積極策略的篩選條件
（編按：本圖例為簡體中文介面）

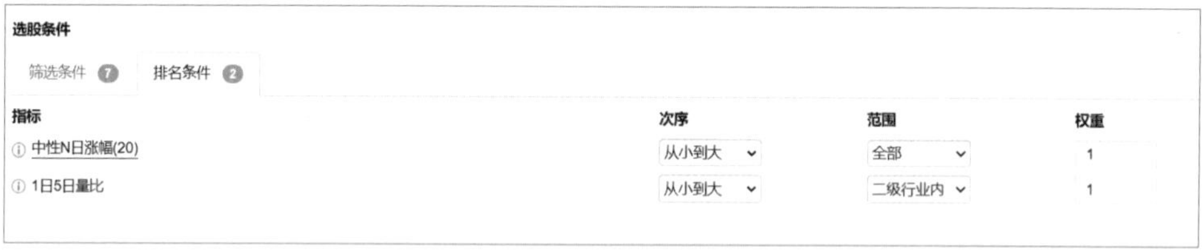

▲ 圖 4.10　在果仁網中設置葛拉漢熊轉牛積極策略的排名條件
（編按：本圖例為簡體中文介面）

　　其回測結果如下：

　　2018 年 11 月 26 日至 2022 年 12 月 30 日，該策略的總收益為 62.44%（同期滬深 300 指數的總收益為 23.25%），年化收益率為 12.58%（同期滬深 300 指數的年化收益率為 5.24%），夏普比率為 0.31（同期滬深 300 指數的夏普比率為 0.06），最大回撤為 31.18%（同期滬深 300 指數的最大回撤為 39.59%）。如圖 4.11 所示。

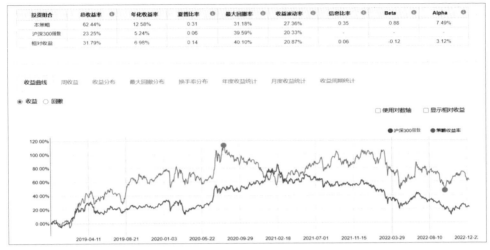

▲ 圖 4.11　葛拉漢熊轉牛積極策略年化收益率分析
（編按：本圖例為簡體中文介面）

如圖 4.12 所示，排名條件的相關性為 0.265，說明 2 個條件並沒有發生衝突。

因子IC展示区间相关性		
排名条件	● 中性N日涨幅(20)_小	● 1日5日量比_小
● 中性N日涨幅(20)_小	1.000	0.265
● 1日5日量比_小	0.265	1.000

▲ 圖 4.12　葛拉漢熊轉牛積極策略因數 IC 展示相關性
（編按：本圖例為簡體中文介面）

小技巧：果仁網還提供了大盤擇時條件，可以在改進策略時使用。

5. 葛拉漢熊轉牛積極策略的實戰思考

如果只看回測曲線，那麼很多投資者都會很容易注意到 2021 年年底這個策略的糟糕表現。因此，投資者會對是否可以將該策略應用在實戰中產生疑惑，但此時的投資者忽略了這個策略的名稱——熊轉牛積極策略。換句話說，這個策略應當在熊市向牛市轉換的過程中開啟。

　　若要探究該策略具備這一特點的原因，就必然會涉及牛市和熊市中的因數表現。Geertsema 和 Lu（2021）的研究論文提供了有趣的見解。在熊市期間，價值收益、盈利能力、投資和動量收益率非常高且具有統計學意義。此外，因數的表現在「好」時期較差。

　　《主動與被動：智慧因素、市場投資組合還是兩者兼而有之？》一文中描述了這些現象。在市場下跌期間，策略的轉向有助保護投資組合，並能在「好」時期獲得更大的市場敞口。簡而言之，關鍵點是因數在熊市期間表現出色，而在牛市期間表現不佳，其主要原因與牛市和熊市的持續時間有關。

　　久期因數可以幫助投資者在熊市期間實現防禦性投資，並在不影響長期收益的前提下，減輕短期風險敞口。在熊市期間，傳統因數（如價值、動量和規模）的表現可能不如預期，而久期因數可以彌補這一不足。文章提到，久期因數的建構方法可以分為 2 個步驟。

　　第一步，確定因數：投資者首先需要確定 1 個或多個與久期相關的因數。這些因數可能包括利率水準、通貨膨脹預期、信用利差等巨觀經濟變數，以及股票市場的波動率、流動性等市場指標。

　　第二步，加權計算：投資者需要為這些因數分配權重，以確定久期因數的數值。根據資產的特點和投資者的預期，可以根據歷史資料或前瞻性預測來確定這些權重。在建構久期因數時，還可以透過對不同因數進行多元回歸分析來進一步提高因數組合的有效性。

　　透過建構久期因數，投資者可以更進一步地評估市場中各類資產的風險敞口，並在熊市期間實現更有效的防禦性投資。同時，久期因數還可以作為投資者在盈利時調整投資組合表現的有用工具，幫助實現在不影響長期收益的情況下，降低短期風險。總的來說，久期因數可以被視為一種結合了巨觀經濟因素和市場指標的智慧投資策略，在熊市期間為投資者提供更為穩健的收益（例如 I2A、ROE、EG、長期反轉、HLM 或 BAB）。

　　所以，對於一個投資策略，因數的有效和失效是有其原因的，我們必須要理解它的應用背景和內在邏輯，而非一味地去進行所謂的改進。

▍ 4.2 有程式開發

4.2.1 有程式開發量化交易策略指南

1. 有程式開發的開端

這裡的有程式開發，區別於上一節中的低程式開發部分，指的是透過 Python、C、Java、MATLAB、R 等程式設計工具完成量化交易模型的建構。

有人曾在 2021 年 8 月發起過一次網路投票：如果想成為一名寬客，你認為學習哪種程式語言最重要？如圖 4.13 所示，Python 得票率為 70.90%，C/C++ 得票率為 14.90%，R/MATLAB 得票率為 11.40%，Java 得票率為 2.70%。

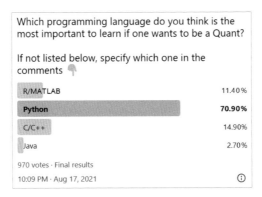

▲ 圖 4.13 量化交易常用程式語言得票佔比

得票率高並不等於是最佳答案，只能說 Python 的影響力在這個領域相當大，有更多的人選擇使用 Python。很明顯，你想入門量化，選擇 Python 是一條最簡單的路徑。Python 特別適合程式設計的初學者，同時，它有很多開放原始碼的資料封包和資料庫，可以讓你更快地提升自己。

如果你想在這個領域做得更專業，就應當選擇 C/C++。首先，C++ 觸及了軟體開發中許多有趣的概念和想法還會迫使人們更加努力地思考如何解決問題，而 Python 只能算門外漢。而在這個過程中，學習者會不可避免地熟悉設計模式、記憶體管理、指標、類、資料結構等內容。在應用方面，C++ 是一種編譯型語言，速度更快，在衍生品定價、數值計算、GPU 程式設計和其他計算量巨大的任務中，是絕對的支柱語言。C++ 經常出現在開發大型企業系統的大公司中，許多賣方銀行會選擇 C++ 語言開發他們的量化函數庫。

在全球的投資銀行中，經常使用的程式語言是 Java。儘管它往往更多地被運用在技術／工程方面，但在投資銀行裡工作的寬客們，卻有很多都是用 Java 程式設計的。如果你想進入投行工作，就要考慮 Java。

至於 MATLAB、R 和 Python——它們非常適合研究、原型設計和統計工作，這些任務往往更頻繁地出現在學術界和買方。特別是關於量化交易的學術論文，其使用的驗證工具基本上都用這三種語言。

如果投資者並沒有明確的目的，那麼還是建議他走最佳路徑：不是選最容易上手的 Python，就是選之前學習、使用過的（比如大學寫論文時使用過的）程式設計工具，這裡推薦後者。這是因為新學習任何一種程式語言都需要經歷一個漫長的週期，中間還要跨過無數的陷阱。現實中，很多人在學 Python 的過程中就放棄了，根本走不到建模這一步。

2. Python 開發指南

在使用 Python 程式設計的過程中，有兩條路可選：一是選擇中國現有的 Python 量化平臺；二是使用 Python 自己建構量化系統。前者的好處是更加方便快捷，後者的好處是可以建構更靈活的框架。

中國 Python 量化平臺的種類很多，最初基本上採用「網頁版的 Python 程式設計環境＋基礎研究資料＋社區」的模式，現在很多已經可以在本地部署，甚至支援 App 版。

常見的 Python 量化平臺包括 BigQuant、掘金、優礦、萬礦、聚寬、迅投、米筐、真格量化、鐳礦、量化雲、點寬。

其中，特點比較突出的是 BigQuant。這是一家以人工智慧為核心的量化平臺，用 AI 賦能投資，為投資者和投資機構提供新型巨量資料和 AI 平臺技術服務，是首個將人工智慧應用到量化交易領域的平臺產品。投資者可以在此平臺上無門檻地使用 AI 提升投資效率和效果，而不需要學習大量艱深的程式設計和演算法知識。

對於想使用 Python 自己建構量化系統的投資者，可以考慮當下比較流行的「Python+vn.py」。vn.py 是一套基於 Python 的開放原始碼量化交易系統開發框架，於 2015 年 1 月正式發佈，在開放原始碼社區 7 年持續不斷的貢獻下，一步步成長為全功能量化交易平臺。

目前，金融機構使用者已經超過 900 家，包括私募基金、證券自營和資管、期貨資管和子公司、大專院校研究機構、自營交易公司、交易所等。其具備 9 個主要特點：

①全功能量化交易平臺，整合了多種交易介面，並針對具體策略演算法和功能開發提供了簡潔好用的 API，用於快速建構交易員所需的量化交易應用；

②覆蓋所有交易品種的交易介面；

③開箱即用的各類量化交易策略交易應用；

④ Python 交易 API 介面封裝，提供上述交易介面的底層對接實現；

⑤簡潔好用的事件驅動引擎，作為事件驅動型交易程式的核心；

⑥對接各類資料庫的轉接器介面；

⑦對接各類資料服務的轉接器介面；

⑧跨處理程序通訊標準元件，用於實現分散式部署的複雜交易系統；

⑨ Python 高性能 K 線圖表，支援大量資料圖表顯示及即時資料更新功能。

上述平臺和系統的具體程式設計方法，投資者可以自行到所在網站去查詢相關的 API 說明，這裡不再贅述。本書所涉及的有程式開發部分，均統一採用聚寬平臺，有興趣的投資者可以自行複現。

4.2.2 實戰股票案例：彼得 · 林區多因數量化交易策略進階

1. 彼得 · 林區多因數量化交易策略回顧

本書在 2.4 節，詳細說明了彼得 · 林區多因數量化交易策略模型的原理及建構。這裡繼續深入講解一下，如何升級這個經典的策略模型。

先回顧一下彼得 · 林區量化交易策略的底層邏輯及思維導圖，如圖 4.14 所示。

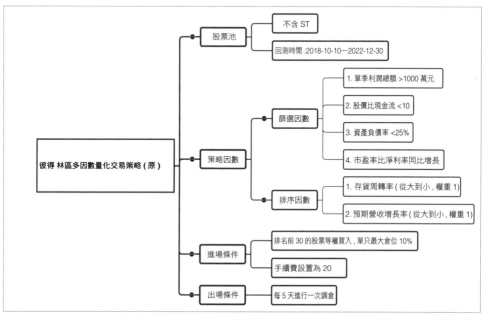

▲ 圖 4.14 彼得 · 林區多因數量化交易策略思維導圖

篩選因數 1：選取利潤總額較大的股票，比如單季利潤總額大於 1000 萬元。

篩選因數 2：選取營收增長率大於存貨增長率的股票（回測資料無，剔除）。

篩選因數 3：選取股票價格 / 每股自由現金流小於 10 的股票。

篩選因數 4：選取資產負債率低的股票，比如低於 25%。

篩選因數 5：選取市盈率 / 淨利率同比增長率小於 1 的股票。

排序因數 1：存貨周轉要比較快。

排序因數 2：營收預期增長比較高。

交易模型配置：每 5 天進行一次排名調倉，最大持有股票數 30 只（備選 5 只），平權買入，單檔股票最大倉位 10%。

經過回測，如圖 4.15 所示，不難發現這個策略在中國股市中的表現一般，2018 年 10 月 10 日至 2022 年 12 月 30 日，累計收益率為 –25.61%，最大回撤為 –48.80%，完全跑輸了大盤。

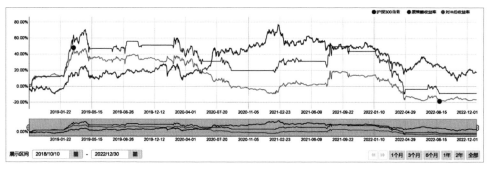

▲ 圖 4.15 彼得 · 林區多因數量化交易策略年化收益率分析 (編按：本圖例為簡體中文介面)

當然，這裡並不是說彼得 · 林區的方法有問題，而是有可能他沒有在書中表述其全部觀點，也有可能在整理的過程中，思維導圖並沒有真實反映邏輯的全貌。但無論如何，這個策略需要進一步改進。

2. 彼得 · 林區多因數量化交易策略的初步改進

透過分析，可以得到以下 2 個結論：

首先，問題可能出在篩選因數 5 上。對於選取市盈率 / 淨利率同比增長率小於 1 的股票，其實本質在於選取被低估的股票。在彼得 · 林區的那個年代，由於量化工具的匱乏，被低估的股票大量存在。但在今天，低估普遍不再存在，反而是被高估的股票有更大的溢價。

其次，問題可能出在排序因數 1 上。如圖 4.16 所示，相關性分析的結果中 2 個排序因數的相關性大於 0.600，需要進行調整。這個調整應主要針對排序因數 1，因為在不同的行業中，將存貨周轉率放在一起來衡量比較會失真。舉例來說，快消品和耐用消費品的周轉就有很大差異。

因子IC展示区间相关性		
排名条件	● 存货周转率_小	● 预期营收增长率_大
● 存货周转率_小	1.000	0.604
● 预期营收增长率_大	0.604	1.000

▲ 圖 4.16 彼得 · 林區多因數量化交易策略的因數相關性分析 (編按：本圖例為簡體中文介面)

基於以上 2 個結論，這個策略模型可以考慮進行以下兩處修訂：一是將篩選因數 5 調整為「市盈率 / 淨利率同比增長率大於 1.50」；二是將排序因數 1 調整為「在一級行業內排序」。

調整之後的思維導圖如圖 4.17 所示。

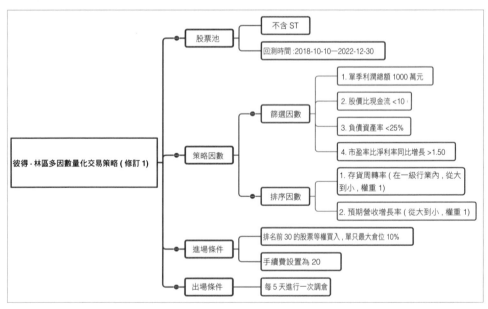

▲ 圖 4.17 改進後的彼得 · 林區多因數量化交易策略思維導圖

再次回測後，發現收益有所改善。如圖 4.18 所示，2018 年 10 月 10 日至 2022 年 12 月 30 日，累計收益為 14.50%，最大回撤為 –23.18%，雖然跑輸了滬深 300 指數，但已經獲得了改善。

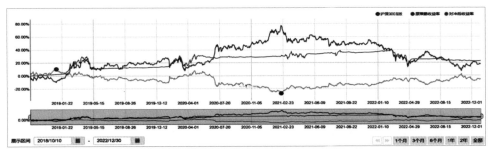

▲ 圖 4.18 改進後的彼得 · 林區多因數量化交易策略年化收益率曲線
（編按：本圖例為簡體中文介面）

3. 彼得 · 林區多因數量化交易策略的進一步改進

除了從策略本身的維度進行改善，還能否跳出彼得 · 林區的想法進行調整呢？答案是肯定的。在那個年代，還沒有阿爾法 101 因數。利用目前已經公開的因數，也是改進策略的重要手段。

文獻研究表明，阿爾法 002 因數的有效性比較強。

因數公式：

Alpha002：(–1 * correlation(rank(delta(log(volume),2)),rank(((close-open)/open)), 6))。

函數說明：

① correlation(x,y,d)：x,y 兩個隨機變數過去 d 天的相關係數；

② rank(x)：x 在這組數中當下的排名；

③ delta(x,d)：當天 x 的值減去過去第 d 天 x 的值；

④ log：取對數，通常的理解是為了減小資料之間的差異，也可以視為將變數轉換成時間變數，或是一種降維觀測方法；

⑤ volume：成交量；

⑥ close：收盤價；

⑦ open：開盤價。

因數解讀：

將這個公式翻譯成通俗的說法，即阿爾法 002 因數的預測能力，與成交量增量的時間和價格上漲速度之間的相關係數成反比。

在篩選因數中，可以增加對阿爾法 002 因數的使用，即取阿爾法 002 因數排名後 50% 的股票。同時，將空閒資金自動配置成國債 ETF 基金。另外，還可以將調倉週期延長至 10 日，以減少摩擦成本。第二次改進後的策略的思維導圖如圖 4.19 所示。

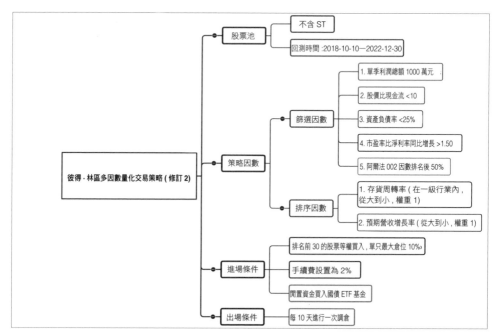

▲ 圖 4.19 第二次改進後的彼得 · 林區多因數量化交易策略思維導圖

再次回測後，發現有了進一步改善。如圖4.20所示，2018年10月10日至2022年12月30日，累計收益率為22.90%，最大回撤為 –19.66%，跑贏滬深300指數接近5%，策略整體上比較平穩。

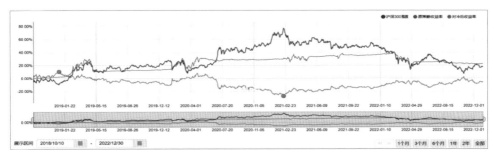

▲ 圖4.20 第二次改進後的彼得 · 林區多因數量化交易策略年化收益率曲線(編按：本圖例為簡體中文介面)

4. 彼得 · 林區多因數量化交易策略的改進終極思考

彼得 · 林區有句很出名的話：「選股既是一門科學，又是一門藝術，但是過於強調其中任何一方面都是非常危險的。」

當然，還可以透過進一步的修改，增強策略模型的收益水準，降低其回撤幅度。但我們並不提倡過度修改任何經典的策略或模型，畢竟真理和謬誤之間只隔著一個「過度擬合」。因此，還是要回到策略源頭進行思考。

在彼得 · 林區掌管基金的13年中，美國股市基本上處於牛市，而他也選擇在牛市尾聲功成身退。因此，我們永遠無法知道他的輝煌戰績是否可以經受住熊市的考驗。換句話說，如果處於牛市中，彼得 · 林區多因數量化交易策略獲勝的機率應當更高一些。

但如何知道自己身處牛市還是熊市呢？除了觀察價值因數和成長因數的表現，還有一種簡單的方法可以幫助衡量。這就是下一節要給大家介紹的CTA策略，當股市身處熊市時，CTA策略會表現出明顯的賺錢效應。

4.2.3　實戰期貨案例：經典的 CTA 策略

1. CTA 策略簡介

　　CTA 策略和管理期貨是同義詞。CTA 策略使用系統（模型驅動）或自由裁量（決策驅動）的方法來交易各種期貨和指數。CTA 策略所涉及的市場包括股票、固定收益、貨幣、商品和價差等，但傳統意義上的 CTA 策略通常涉及期貨和期權。

　　國外通常這樣解釋 CTA 策略：CTA 策略常常作為資產管理人，遵循一套投資策略，利用期貨合約和期貨合約期權對各種實物商品（如農產品、林產品、金屬和能源），以及金融工具衍生合約等（如指數、債券和貨幣）。CTA 策略採用的交易程式可以透過其市場策略（無論是趨勢追蹤還是市場中性），以及金融、農業或貨幣等細分市場來分類。

　　2010 年，芝加哥大學布斯商學院兼職教授 Galen Burghard 博士發現，2000—2009 年 CTA 趨勢子集與諸多 CTA 指數之間的相關性為 0.97，表明投機性技術趨勢追蹤在 CTA 這類交易中佔主導地位。

　　儘管名聲在外，但 CTA 策略並不像某些人想像的那麼神秘。它們背後的秘密就是動量指標，例如價格移動平均線或價格通道突破模型。

　　絕大多數的 CTA 策略交易者都是趨勢追隨者，這表示當市場顯示出明顯的上升趨勢時，CTA 策略很有可能做多該市場。當市場下跌時，情況完全相同，CTA 策略可以透過做空從下跌中獲利。這一主要特徵使它們在投資組合多樣化方面可以發揮作用。舉例來說，2008 年巴克萊 CTA 指數上漲了 14.09%，而標普 500 指數下跌了 38.49%。

　　CTA 策略的交易者通常採用自動化系統（例如電腦軟體程式）來追蹤價格趨勢、執行技術分析和執行交易。一旦一個 CTA 策略被證明是可盈利的，它就會被編碼到全球的量化系統中。量化消除了投資者的情緒，並自動進行交易，在生成交易訊號到完成市場訂單之間通常無人為干預。能否成功地追蹤趨勢或用技術分析捕捉到市場波動，在很大程度上決定了 CTA 策略的收益和風險。

CTA 策略可以分為主觀 CTA 策略和量化 CTA 策略。

主觀 CTA 策略指由管理人給予對商品基本面、技術面、情緒面、巨觀經濟、政策擾動等因素的分析，結合自身經驗，建構商品投資組合並決定買入賣出時點的投資策略。他們交易的核心方法通常是分析天氣模式、農場產量、了解石油鑽井量等基本面情況。

量化 CTA 策略指管理人透過量化手段，使用金融學、統計學的路徑，對資料進行挖掘、分析，建構量化交易模型，並依據模型舉出的投資訊號進行投資決策的交易策略。他們交易的核心方法通常是進行統計分析或定量分析，並嘗試根據此類研究作出預測。許多量化 CTA 策略的交易者都具有數學、統計學和工程學背景。

仔細觀察 CTA 策略產生收益的模式，可以明顯發現其存在小損失（未實現趨勢）、大收益（捕捉的趨勢）和大回撤的模式。大多數使用 CTA 策略的交易者都是趨勢追隨者，其趨勢追蹤的時間範圍可以是短期（幾分鐘、幾小時到幾天）、中期（最多 30 天）或長期（2 ～ 3 個月）。

CTA 策略有三大配置價值：一是有危機 Alpha 屬性；二是拉長週期，以年為單位來看具有絕對收益的產品；三是與其他資產有低相關性。

2. 來自頂級團隊的 CTA 策略整體說明

2021 年 11 月，尤里卡赫奇[2]對旗下的 CTA 策略對沖基金進行了詳細的研究，提供了該策略的全貌。

主要內容包括：

2021 年，全球大宗商品價格大幅上漲，尤其是近期能源行業的價格大幅上漲，CTA/ 託管期貨對沖基金在 2021 年的前 3 個季上漲了 5.89%。

---

2 尤里卡赫奇（Eurekahedge）是在 2001 年創立的另類投資資料資料研究商。客戶包括家庭辦公室、基金管理公司、基金中的基金、銀行和投資公司等金融企業。它是日本第二大金融服務集團瑞穗實業銀行的子公司，總部位於新加坡，而其他辦公處位於紐約和宿務。

　　2020 年年初，隨著新冠疫情的暴發導致全球經濟停擺，能源價格滑入了未知領域，這完全抑制了人們對石油的需求。結果，原油價格跌至 0，期貨市場合約價值跌至負值，這在石油行業是前所未有的，也給 CTA 策略帶來了諸多挑戰。

　　但與可比基準相比，CTA/ 託管期貨對沖基金指數仍然有足夠的吸引力，如圖 4.21 所示。

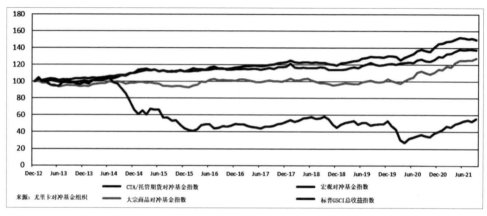

▲ 圖 4.21　CTA/ 託管期貨對沖基金指數的表現與可比基準對比圖
（編按：本圖例為簡體中文介面）

　　上圖顯示了 CTA/ 託管期貨對沖基金指數相對於其他投資工具和基準的表現。CTA/ 託管期貨對沖基金指數自 2012 年年底以來產生了 3.69% 的年化收益率，其表現優於其他商品對沖基金指數，如大宗商品對沖基金指數的年化收益率為 2.79%。此外，巨觀對沖基金指數同期的年化收益率為 4.69%，優於 CTA/託管期貨對沖基金指數和大宗商品對沖基金指數。

　　如表 4.2 所示，為圖 4.21 中 4 個指數的詳細風險收益統計。

▼ 表 4.2 CTA/ 託管期貨對沖基金指數與可比基準的風險收益統計表

	CTA/ 託管期貨對沖基金指數	巨觀對沖基金指數	大宗商品對沖基金指數	標普 GSCI 總收益指數
2013 年平均收益率	0.72%	4.21%	-5.63%	-1.22%
2014 年平均收益率	9.65%	5.35%	4.18%	-33.06%
2015 年平均收益率	1.23%	2.01%	-4.84%	-32.86%
2016 年平均收益率	2.65%	4.32%	8.14%	11.36%
2017 年平均收益率	2.76%	5.05%	0.40%	5.77%
2018 年平均收益率	-3.17%	-2.63%	-5.45%	-13.82%
2019 年平均收益率	5.89%	9.00%	7.14%	17.63%
2020 年平均收益率	7.55%	11.53%	11.19%	-23.72%
2021 年年初至今平均收益率	5.89%	3.20%	11.47%	38.27%
3 年年化收益率	5.71%	6.93%	8.98%	-1.49%
3 年年化波動率	4.57%	4.97%	6.78%	29.03%
3 年夏普比率 (RFR=1%)	1.03	1.19	1.18	-0.09
5 年年化收益率	3.56%	5.39%	4.54%	3.64%
5 年年化波動率	4.53%	4.13%	6.01%	23.25%
5 年夏普比率 (RFR=1%)	0.56	1.06	0.59	0.11

關鍵要點包括：

在過去 9 年中，CTA/ 託管期貨對沖基金指數持續產生正收益，但在 2018 年，該基金產生了 3.17% 的虧損。相比之下，大宗商品對沖基金在 9 年中有 6 年獲得正收益，並且在 2020 年和 2021 年表現異常出色，連續 2 年實現兩位數的正收益。

在年化波動率方面，CTA/ 託管期貨對沖基金指數的 3 年年化波動率為 4.57%，是過去 3 年裡最小的，跑贏巨觀對沖基金指數和大宗商品對沖基金指數同期的 4.97% 和 6.78%。

還值得注意的是，在 2014 年和 2015 年，當標普 GSCI 總收益指數連續 2 年下跌至少 30% 時，CTA/ 託管期貨對沖基金指數分別獲得 9.65% 和 1.23% 的正收益，而同期大宗商品對沖基金指數的收益率為 4.18% 和 –4.84%，CTA/ 託管期貨對沖基金指數保持了領先優勢。

如圖 4.22 所示，為 CTA/ 託管期貨對沖基金指數和其他可比基準的相關矩陣。

	CTA/ 託管期貨對沖基金指數	巨觀對沖基金指數	大宗商品對沖基金指數	標普 GSCI 總收益指數
CTA/ 託管期貨對沖基金指數	1	0.67	0.53	0.02
巨觀對沖基金指數		1	0.60	0.40
大宗商品對沖基金指數			1	0.51
標普 GSCI 總收益指數				1

▲ 圖 4.22　CTA/ 託管期貨對沖基金指數和可比基準的相關矩陣

令人驚訝的是，CTA/ 託管期貨對沖基金指數的表現與標普 GSCI 總收益指數的變動無關，相關係數為 0.02。此外，大宗商品對沖基金指數的表現與標普 GSCI 總收益指數呈中度相關，相關係數為 0.51。圖 4.23 所示為 CTA/ 託管期貨對沖基金指數的年度業績分佈情況。

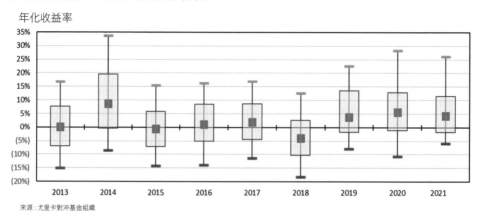

來源：尤里卡對沖基金組織

▲ 圖 4.23　CTA/ 託管期貨對沖基金指數的年度業績分佈圖

上圖顯示了自 2013 年以來 CTA/ 託管期貨對沖基金指數的年度業績分佈。在過去 3 年中，前 10% 的 CTA/ 託管期貨對沖基金指數產生了超過 20% 的收益率，而後 10% 的收益率將損失限制在 11% 以內。2021 年，底層 10% 的 CTA/ 託管期貨對沖基金指數平均虧損 5.97%，為 2013 年以來的最低虧損。還值得注意的是，從 2019 年至 2021 年，CTA/ 託管期貨對沖基金指數連續 3 年取得正收益的收益中位數。

總之，由於大宗商品與股票和債券等傳統資產類別的低相關性或負相關性，大宗商品投資傳統上被用作投資者對沖通脹和分散投資組合的一種方式。CTA/ 託管期貨對沖基金指數歷來產生的年化波動率和夏普比率要低得多，這一特性使它們成為希望將投資組合從傳統資產類別中分散出來並降低組合整體波動性的投資者的絕佳選擇。需要注意的是，由於直接投資大宗商品存在風險，並且考慮到投資者必須承受的波動範圍，所以不太可能獲得良好的收益。

在中國市場上，2022 年 CTA 策略私募產品收益的表現也十分不俗。如表 4.3 所示，截至 2022 年 12 月 30 日，市場中的 459 只量化趨勢 CTA 基金全年收益率中位數為 2.86%；153 只量化套利 CTA 基金全年收益率中位數為 4.71%；484 只量化多策略 CTA 基金全年收益率中位數為 3.47%。而在 2022 年，中國股市的平均股價下跌了 19.22%。

▼ 表 4.3 量化 CTA 策略私募產品收益統計表（編按：本圖例為簡體中文介面）

量化 CTA 策略私募产品收益统计（截至 2022-12-30）

	量化趋势CTA(459只)			量化套利CTA(153只)			量化多策略CTA(484只)		
	本周	近1个月	年初至今	本周	近1个月	年初至今	本周	近1个月	年初至今
MAX	16.79%	35.30%	85.01%	18.28%	18.66%	81.97%	12.67%	15.37%	123.81%
10%	1.96%	4.02%	25.17%	1.02%	2.58%	19.08%	2.39%	4.50%	23.96%
20%	1.16%	2.65%	17.21%	0.48%	1.09%	13.17%	1.27%	2.51%	14.34%
30%	0.75%	1.57%	10.22%	0.27%	0.66%	8.88%	0.91%	1.61%	9.08%
40%	0.33%	1.08%	5.84%	0.17%	0.50%	6.61%	0.59%	1.17%	5.91%
50%	0.05%	0.66%	2.86%	0.10%	0.34%	4.71%	0.36%	0.72%	3.47%
60%	−0.16%	0.11%	−0.78%	0.05%	0.14%	3.15%	0.11%	0.29%	0.53%
70%	−0.49%	−0.28%	−4.85%	0.00%	0.00%	1.60%	−0.04%	−0.13%	−2.81%
80%	−1.01%	−1.11%	−9.79%	−0.06%	−0.36%	−1.27%	−0.45%	−0.87%	−6.73%
90%	−2.12%	−2.74%	−17.03%	−0.31%	−1.49%	−10.70%	−1.03%	−2.39%	−12.18%
MIN	−8.94%	−62.86%	−96.55%	−8.67%	−7.99%	−44.32%	−5.86%	−12.96%	−43.83%
最大回撤中位数	0.00%	−2.42%	−13.50%	0.00%	−0.26%	−3.51%	0.00%	−2.19%	−11.86%

3. 經典 CTA 策略簡介

這裡主要介紹 6 個比較傳統和經典的 CTA 策略。

①雙動力策略（Dual Thrust）

這個策略是一種區間突破策略，由 Michael Chalek 在 20 世紀 80 年代開發，曾經廣為流傳，被評為最賺錢的日內交易策略之一。現在該策略也被廣泛應用於股票、期貨、外匯、數位貨幣的投資中。

主要邏輯：

突破上軌（上軌 = 開盤價 +K1× 價格振幅）時做多；跌破下軌（下軌 = 開盤價 +K2× 價格振幅）時做空；

價格振幅 =Max(HH–LC,HC–LL)；

N 日收盤價的最高價為 HC；

N 日最低價的最低價為 LL；

N 日最高價的最高價為 HH；

N 日收盤價的最低價為 LC；

K1 和 K2 為自訂係數。

②菲阿里四價策略（Fairy's Four-price）

菲阿里是一位來自日本的交易者，在 2001 年的羅賓斯（ROBBINS-TAICOM）期貨冠軍大賽中，以 1098% 的收益獲得冠軍，並且在之後的 2 年裡再以 709%、1131% 的收益奪冠。後來菲阿里寫了一本書——《1000% 的男人》，書中詳盡敘述了他的交易方法。

主要邏輯：

當價格突破上軌，買入開倉；當價格跌穿下軌，賣出開倉。收盤前平倉（或到達止損線平倉）。

菲阿里四價指昨日高點、昨日低點、昨日收盤價、今日開盤價。

上軌 = 昨日高點；

下軌 = 昨日低點。

③空中花園策略（Sky Park）

空中花園策略比較看重開盤突破，而開盤突破是目前最快的入場方式（當然出錯的機率也最高）。開盤第一根 K 線是收陽還是收陰，是判斷日內趨勢可能運動方向的標準。為了提高勝率，該策略增加了判斷條件，也就是開盤要大幅地高開或低開，形成一個缺口，因此該策略被命名為「空中花園」。

主要邏輯：

使用空中花園策略的前提是當天為高開或低開，即今日開盤價 ≥ 昨日收盤價 ×1.01 或今日開盤價 ≤ 昨日收盤價 ×0.99。如果為高開，則突破上軌買入（將上軌定義為第一根 K 線的最高價）；如果為低開，則突破下軌賣出（將下軌定義為第一根 K 線的最低價）。第二天開盤平掉所有持倉。

④漢斯 123 策略（HANS123）

該策略在外匯市場中較為流行，它將開盤後 N 根 K 線的高低點突破作為交易訊號觸發的評判標準。這也是一種入場較早的交易模式，配合價格包絡帶、時間確認、波動幅度等過濾技術，或可提高其勝算。

主要邏輯：

收盤前平倉（或到達止損線平倉）；

在開盤 30 分鐘後準備入場；

上軌 = 開盤後 30 分鐘高點；

下軌 = 開盤後 30 分鐘低點。

當價格突破上軌時，買入開倉；當價格跌穿下軌時，賣出開倉。

⑤ 日均 ATR 波動性突破策略

當一定幅度的 ATR 波動已經發生時，通常表示日內波動的方向將朝著這個已經完成一定幅度的 ATR 波動方向繼續發展，比較基準可以是開盤價，也可以是日內已經創下的新高、新低紀錄位置。

主要邏輯：

收盤前平倉（或到達止損線平倉）；

日均 ATR 突破基於今日開盤價與過去 N 個交易日平均 ATR 的關係；

上軌 = 今日開盤價 $+N$ 個交易日平均 $ATR \times M$；

下軌 = 今日開盤價 $-N$ 個交易日平均 $ATR \times M$。

當價格突破上軌時，買入開倉；當價格跌穿下軌時，賣出開倉。

⑥ ROB 突破策略

這個策略最早於 1988 年由美國基金經理托比提出。他透過衡量開盤價與最高價、最低價距離的較小者，得出失敗突破幅度，後市一旦超過這個幅度，便認為是真正的突破。在實際應用中，早盤的突破、窄幅波動後的突破可作為有效的過濾條件。

主要邏輯：

收盤前平倉（或到達止損線平倉）；

該策略基於過去 N 個交易日的 ORB 指標；

上軌 = 今日開盤價 $+N$ 天 $ORB \times M$；

下軌 = 今日開盤價 $-N$ 天 $ORB \times M$。

當價格突破上軌時，買入開倉；當價格跌穿下軌時，賣出開倉。

4. CTA 策略實戰範例

「杯柄形態」來自世界著名量化雜誌 *Futures Truth* 2017 年第二期倫迪的一篇文章，它是威廉 • 歐奈爾使用的經典策略，也是一個典型的趨勢突破策略。

威廉 • 歐奈爾（世界十大股神之一）目前是全球 600 位基金經理的投資顧問。他在 1984 年創辦的《投資者商報》，現今已經成為《華爾街日報》的主要競爭對手。

如圖 4.24 所示，該策略的示意圖很像一個帶有彎彎杯柄的咖啡杯的側面。

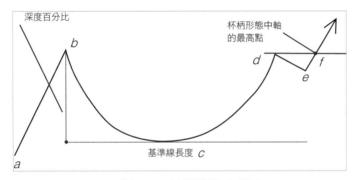

▲ 圖 4.24 杯柄形態示意圖

主要邏輯：

形成時間（由 *a* 點至 *f* 點）為 7 周至 65 周，形成階段大致可分以下幾個部分。

階段一，由 *a* 點至 *b* 點。股價先出現一段強而有力的升勢，累計升幅至少為 30%。

階段二，由 *b* 點至 *c* 點。之後從 *b* 點開始調整至 *c* 點，最理想的調整跌幅為 *a* 點至 *b* 點升幅的 20% ～ 30%，但一些預期具高盈利增長的股票則可以有 50%。由 *b* 點調整至 *c* 點期間，成交量徐徐下降為沽壓不大的利好先兆。在觸及 *c* 點後股價緩緩上升，有一段時間做窄幅橫行，營造杯底部分，此部分通常為 U 形，而非 V 形。（只有這樣才能調整充分，讓不堅定者因疲憊不堪而離開，也使堅守者不會在將來的漲升中輕易賣出。）

階段三，由 c 點至 f 點。股價由 c 點慢慢上升至 d 點，接近上次高位 b 點附近後，用 1~2 個星期的時間塑造杯子的搖桿（d 點至 f 點）。此杯柄部分應該在 c 點至 d 點的上半部分，且在 200 天平均線以上，否則是弱勢的表現；而成交量則進一步萎縮，為的是進一步清洗浮籌；且震盪窄幅，是為了不遺失籌碼；最後成交量的極度萎縮，說明浮籌基本被清理完畢。K 線特徵常表現為一串連續小陰線，成交量呈小豆狀，往往只有平常的一半不到。圖形看起來恐怖，但實際下跌不多。

階段四，股價升破杯柄阻力 f 點（同時接近形態中高位 b 點）。此時的成交量大升，較平時增加 50%，且收市價穩定在阻力位上（如 f 點），便可確定形態已被突破，預期股價會呈爆炸性上升，為強烈的追貨訊號。

為什麼不在杯底或杯柄買入呢？因為可能失敗。買點不是要在最便宜或最低點，而是要在最恰當的時機，那樣成功的機率才最大。成功的投資者，必須不急不躁，耐心觀察，等待買點出現，然後一擊即中。

這個策略的主要特徵用「泰勒連續不等式」可以提取出幾個量化條件，我們在中國股市上進行了一個交叉驗證，初步認為有效。主要結論有以下兩點：

一是杯底越接近人眼視覺的圓，勝率越高；二是根據資料回測，在價格突破 f 點後，達到 d 點和 c 點垂直距離的 75% 時止盈為最佳，而下一個最佳止盈區間則在 135% 最前線，但勝率會下降 12% 左右。尋找邊界和核心參數，並不全是為了最佳化策略，更重要的是可以評估策略是否過擬合。

這個策略在實際應用中，不同的人對其有不同的叫法，職業交易者管它叫「倍量過左峰」，波浪交易者管它叫「第三浪」，而七禾網曾登出了一篇文章叫「五種底部形態」，其實都是這種方法的變種。

5. CTA 雙動力策略實戰程式範例

參考程式如下所示：

```
#coding:gbk
"""
```

CTA 雙動力策略：

　　HH：N 天最高價的最高價，LC：N 天收盤價的最低價

　　HC：N 天收盤價的最高價，LL：N 天最低價的最低價

　　Range：取 HH-LC 與 HC-LL 的最大值

　　上軌 BL：open+K1*Range

　　做多：

　　　　進場：hight ＞上軌

　　　　出場：low ＜下軌

　　做空：

　　　　進場：low ＜下軌

　　　　出場：hight ＞上軌

```python
"""
import pandas as pd
import numpy as np
import time
import datetime


def init(ContextInfo):
    ContextInfo.tradestock = '601398.SH'
    ContextInfo.set_universe([ContextInfo.tradestock])
    ContextInfo.K1 = 0.4
    ContextInfo.K2 = 0.6
    ContextInfo.N = 5    # N天內進行判斷
    ContextInfo.buy = 0
    ContextInfo.holdings = {}
    ContextInfo.profit = 0
    ContextInfo.accountID='testS'


def handlebar(ContextInfo):
    d = ContextInfo.barpos
    #
    if d < ContextInfo.N:    # 不夠 N 天則不計算
        return
    #
    buys, sells, BL, SL = signal(ContextInfo)    # 計算調倉買、賣列表

    # 根據買、賣清單進行交易
    trade(ContextInfo, buys, sells, BL, SL)
```

```python
def signal(ContextInfo):
    buy = {}
    sell = {}
    #
    H = ContextInfo.get_history_data(ContextInfo.N, '1d',
'high')[ContextInfo.tradestock]
    C = ContextInfo.get_history_data(ContextInfo.N, '1d',
'close')[ContextInfo.tradestock]
    L = ContextInfo.get_history_data(ContextInfo.N, '1d',
'low')[ContextInfo.tradestock]
    open = ContextInfo.get_history_data(1, '1d',
'open')[ContextInfo.tradestock][0]
    print('H', H)
    print('C', C)
    print('L', L)
    print('open', open)
    #
    HH = max(H)
    LC = min(C)
    HC = max(C)
    LL = min(L)
    # Range：取 HH-LC 與 HC-LL 的最大值
    Ra = max(HH-LC, HC-LL)
    # 上軌
    BL = open + ContextInfo.K1 * Ra
    # 下軌
    SL = open + ContextInfo.K2 * Ra
    #
    k = ContextInfo.tradestock
    # 只做多
    # 進場：hight ＞上軌
    if H[-1] > BL:
        # buy signal
        hold = ContextInfo.holdings.get(k, 0)
        if hold == 0:
            buy[k] = 1
```

```
    # 出場：low ＜下軌
    if L[-1] ＜ SL:
        # sell signal
        for k, hold in ContextInfo.holdings.items():
            if hold == 1:
                sell[k] = 1
    #print buy
    #print sell
    return buy, sell, BL, SL              # 買入賣出備選

def trade(ContextInfo, buys, sells, BL, SL):
    order = {}
    #
    for k in sells:
        print('ready to sell', k)
        order_shares(k, -ContextInfo.holdings[k]*100, 'fix', SL,
ContextInfo, ContextInfo.accountID)
        ContextInfo.holdings[k] = 0
    #
    for k in buys:
        print('ready to buy', k)
        order_shares(k, 100, 'fix', BL, ContextInfo, ContextInfo.accountID)
        ContextInfo.holdings[k] = 1
```

4.2.4 實戰基金案例：FoF 策略

1. FoF 策略簡介

FoF，基金中的基金，也稱為多經理投資，它是一種投資於其他類型基金的集合投資基金。換言之，其投資組合包含其他基金的不同標的投資組合。這些持股取代了直接投資於債券、股票和其他類型證券的任何投資。

FoF 通常投資於其他共同基金或對沖基金，並被歸為受約束（只能投資於 FoF 管理公司管理的基金）或不受約束（能夠投資於整個市場的基金）兩類。

從投資策略來看，常見的 FoF 策略有目標日期策略、目標風險策略、動態配置策略等。

①目標日期策略

該策略的核心是在目標時間臨近時逐漸降低權益投資比例，這需要最佳化模型計算出下滑軌道上不同時間階段的股債配置比例，採用「Target-Though」型曲線設計，並考慮投資者的個人特點。在底層資產選擇方面，由於多數頭部公司的產品線佈局完善，因此投資者多選擇這些公司的內部產品作為投資標的，並配置管理成本低廉的指數基金。

②目標風險策略

該策略基金在成立之初會設定一個風險水準，並將基金的資產配置維持為固定比例。透過嚴格的風險和波動控制，力爭實現相應風險程度的收益目標，使產品風格更加清晰，適合風險偏好明確的投資者。在產品設計方面，基金公司會設置不同的目標風險檔次以滿足不同投資者的需求，如成長型、穩健成長型、保守型和收入型等，對應的目標權益資產比例分別為 80%、60%、40% 和 20%；在底層資產選擇方面，頭部綜合型公司更偏好佈局內部產品，而有些公司則採用「內部管理人 + 全市場基金」的模式運作。此外，還有以 ETF 為投資標的的 ETF-FoF 目標風險組合。

③動態配置策略

該類策略會根據不同資產的風險收益比，結合巨觀環境及市場的變化，動態調整不同資產的配置權重，以達到多元資產配置、分散風險的目標。目前，這類策略使用較多的理論模型包括風險平價模型、美林時鐘模型和 Black-Litterman 模型等。

除以上主流策略外，還有以行業 ETF 為標的的行業輪動策略 FoF 和限制下行風險的目標回撤策略等。

2. FoF 發展現狀

美國公募 FoF 的規模自 21 世紀以來不斷擴大,其主要得益於美國養老金系統的發展與政策推動。目前,美國養老金系統中,第二支柱中以 401K 為主的 DC 計畫和第三支柱的 IRAs 計畫均將共同基金作為重要資產配置方向。2006 年,美國頒佈了《養老金保護法案》,預設投資選擇機制鼓勵 DC 計畫投資於目標日期或生命週期等基金,這進一步促進了美國公募 FoF 的快速發展,特別是目標日期 FoF 和目標風險 FoF。

截至 2021 年年末,美國公募 FoF 的合計規模為 3.24MB 美金,佔美國共同基金規模的 12.02%。1406 只 FoF 中,混合型 FoF 仍佔主導地位。管理人市場集中度非常高,前十大管理人的合計規模佔比為 87.49%,其中 Vanguard 和 Fidelity 公司合計市佔率超過一半。

中國的 FoF 起步較晚,首批公募 FoF 始於 2017 年(從時間上看,最早的是南方全天候策略)。如圖 4.25 所示,中國 FoF 通常劃分為三類 6 種:股票型 FoF、混合型 FoF(偏股混合型 FoF、平衡混合型 FoF、偏債混合型 FoF、目標日期型 FoF)、債券型 FoF。其中按規模計算,偏債混合型 FoF 佔比最高,達到 56%;股票型 FoF 佔比最低,約為 0.79%。

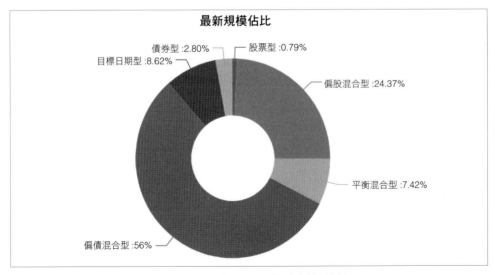

▲ 圖 4.25 中國 FoF 投資偏好佔比

近年來，中國 FoF 的數量和規模都有明顯增長。如表 4.4 所示，截至 2022 年 12 月 31 日，全市場共有 379 只公募 FoF，管理規模共計 2089 億元左右（可查資料累計）。2022 年中國 FoF 全線虧損，年化收益率為正的不足 3 家，虧損最多的 1 只 FoF 年化收益率達到了 –27.41%。預計隨著中國個人養老金的實踐，FoF 的數量和規模也會迅速上升，而對 FoF 策略的需求也會隨之提高。

▼ 表 4.4　公募 FoF 的投資偏好統計表 (編按：本圖例為簡體中文介面)

截止日期：	2022-12-31						
序号	基金类型	数量合计(只)	占比(%)	份额合计(亿份)	占比(%)	资产净值合计(亿元)	占比(%)
1	股票型FoF	8	2.11	18.97	0.93	16.4917	0.79
2	混合型FoF	360	94.99	1 959.88	96.21	2 014.1301	96.41
3	偏股混合型FoF	82	21.64	534.98	26.26	509.0586	24.37
4	平衡混合型FoF	41	10.82	153.56	7.54	155.0941	7.42
5	偏债混合型FoF	148	39.05	1 121.88	55.07	1 169.9270	56.00
6	目标日期型FoF	89	23.48	149.45	7.34	180.0505	8.62
7	债券型FoF	11	2.90	58.29	2.86	58.5966	2.80
8	全部FoF	379	100.00	2 037.14	100.00	2 089.2184	100.00

在中國，投資公募 FoF 的起購金額基本上都是 10 萬元。除了起購金額方面的高門檻，FoF 還有一個不足就是開放期不是每天，而是不同的券商有不同的規定，有的是 1 個季開放 1 周，有的是 1 個星期開放 1 日，其他的時間就無法買賣。另外，和投資普通基金相比，投資 FoF 會多承擔一筆管理費，長期下來也是一筆不小的支出。而且，基金運作過程中還需要調倉手續費。但需要明確的是，投資者對這部分費用是無感知的，因此它不像申購、贖回費用那樣，需要投資者另外掏錢支付。

投資 FoF 雖然有一些弊端，但 FoF 的選基能力卻是投資者需要了解和學習的。

3. FoF 策略的底層邏輯

不論哪一種 FoF，其主要目的都是在實現目標收益（如目標日期基金）及風險分散的基礎上，追求相對穩定的收益。

通常來講，要想從上萬檔基金中選出好的基金，就得從風險和收益多個維度進行綜合考慮。不論一個 FoF 策略建立在多少個維度之上，其最終都可以透過擇時能力來評判投資管理者的大勢判斷水準,透過選股能力來評判投資管理者的細節把控水準,透過資訊比率來評判投資管理者的分階段盈利水平。

因此,建議投資者重點考量這 3 個維度:擇時能力、選股能力和資訊比率。

① 擇時能力:二次市場超額收益模型($R-Rf=\alpha+\beta\times(Rm-Rf)+\gamma\times[(Rm-Rf)^2]+\varepsilon$)回歸後得到的 γ 表示基金經理捕捉市場時機的能力,即擇時能力。其中,R 為基金複權淨值收益序列資料,Rf 為當前無風險收益(折算到使用者設定的計算週期),Rm 為標的指數收益序列資料。

② 選股能力:二次市場超額收益模型($R-Rf=\alpha+\beta\times(Rm-Rf)+\gamma\times[(Rm-Rf)^2]+\varepsilon$)回歸後得到的 α 表示基金經理的選股能力。其中,R 為基金複權淨值收益序列資料,Rf 為當前無風險收益(折算到使用者設定的計算週期),Rm 為標的指數收益序列資料。

③ 資訊比率:用於衡量某一投資組合優於一個特定指數的風險調整超額收益水準。資訊比率是從主動管理的角度描述風險調整後收益,數值越大表示所獲得的超額收益越高。

公式:資訊比率 $=E(Rp-RI)/$ 追蹤誤差。

其中,Rp 為基金複權淨值的收益序列資料,RI 為標的指數的收益序列資料,E 為根據時間頻率和所選時段決定的收益個數。

4. 一個簡單實用的 FoF 策略

設想一個投資場景,一名普通的投資者需要用 FoF 的思想選擇出新一年投資的基金。他應當建立一個什麼樣的模型,才能包含這 3 個維度的衡量?

很明顯,用分值是可行的,但與分值排名相比,後者更能表現出這 3 個維度所處的綜合位置,於是這個模型的 3 個條件就可以列出來:

第一,擇時能力在同類基金中排名前 50%;

第二,選股能力在同類基金中排名前 50%;

第三，資訊比率在同類基金中排名前 50%。

這個模型可以放到一些量化工具裡去篩選（比如萬得、天天基金網等），在 16729 只非貨幣基金中，有 287 檔基金符合以上全部條件，如表 4.5 所示（只列出一部分）。

▼ 表 4.5　FoF 策略選股明細

序號	證券程式	證券簡稱	近 1 年收益率 [是否年化] 否 [交易日期] 最新 [單位]%
1	000270.0F	建信靈活配置	-7.356574
2	000326.0F	南方中小盤成長	-0.192264
3	000346.0F	建信安心回報 6 個月 A	6.002138
4	000347.0F	建信安心回報 6 個月 C	5.649469
5	000377.0F	上投摩根雙債增利 A	-1.488333
6	000463.0F	華商雙債豐利 A	2.945990
7	000481.0F	華商雙債豐利 C	2.504174
8	000503.0F	中信建投景和中短債 A	2.652882
9	000573.0F	天弘通利	10.484848
10	000612.0F	華寶生態中國 A	2.640923
11	000673.0F	融通四季添利 C	8.816988
12	000727.0F	融通健康產業 A	10.064725
13	000743.0F	紅塔紅土盛世普益	7.254955
14	000756.0F	建信潛力新藍籌 A	-1.172529
15	000893.0F	工銀瑞信創新動力	-1.838611
16	001040.0F	新華策略精選	2.696853

序號	證券程式	證券簡稱	近 1 年收益率 [是否年化] 否 [交易日期] 最新 [單位]%
17	001076.0F	易方達改革紅利	1.776791
18	001118.0F	華寶事件驅動	-1.285583
19	001437.0F	易方達瑞享	27.765065
20	001438.0F	易方達瑞享 E	27.536232
21	001470.0F	融通通鑫	14.099037
22	001481.0F	華寶標普油氣 A 美金	25.537295
23	001484.0F	天弘新價值 A	-5.303955

選中數量：287。總數：16729。選中比例：1.72%。總耗時：3.748 秒

考慮到最近 1 年收益表現的影響，還可以加入附加條件：近 1 年基金收益大於 0。符合條件的基金就僅剩下 222 只，如表 4.6 所示（只列出部分）。

▼ 表 4.6 改進後的 FoF 策略選股明細

序號	證券程式	證券簡稱	近 1 年收益率 [是否年化] 否 [交易日期] 最新 [單位]%
1	000346.0F	建信安心回報 6 個月 A	6.002138
2	000347.0F	建信安心回報 6 個月 C	5.649469
3	000463.0F	華商雙債豐利 A	2.945990
4	000481.0F	華商雙債豐利 C	2.504174
5	000503.0F	中信建投景和中短債 A	2.652882
6	000573.0F	天弘通利	10.484848
7	000612.0F	華寶生態中國 A	2.640923

序號	證券程式	證券簡稱	近 1 年收益率 [是否年化] 否 [交易日期] 最新 [單位]%
8	000673.0F	融通四季添利 C	8.81 6988
9	000727.0F	融通健康產業 A	10.064725
10	000743.0F	紅塔紅土盛世普益	7.254955
11	001040.0F	新華策略精選	2.696853
12	001076.0F	易方達改革紅利	1.776791
13	001437.0F	易方達瑞享	27.765065
14	001438.0F	易方達瑞享 E	27.536232
15	001470.0F	融通通鑫	14.099037
16	001481.0F	華寶標普油氣 A 美金	25.537295
17	001744.0F	諾安進取回報	12.845850
18	001751.0F	華商信用增強 A	1.840057
19	001752.0F	華商信用增強 C	1.378810
20	001763.0F	廣發多策略	11.344770
21	001765.0F	前海開放原始碼嘉鑫 A	0.419624
22	001777.0F	前海開放原始碼嘉鑫 C	0.333180
23	001903.0F	光大欣鑫 A	0.183824

選中數量：222。總數：16729。選中比例：1.33%。總耗時：3.621 秒

如果投資者想在普通股票型基金中進行選擇，符合條件的基金就僅有 15 只，如表 4.7 所示。

▼ 表 4.7 再次改進後的 FoF 策略選股明細

序號	證券程式	證券簡稱	近 1 年收益率 [是否年化] 否 [交易日期] 最新 [單位]%	投資類型 （二級分類）
1	001040.0F	新華策略精選	2.696853	普通股票型基金
2	002871.0F	華夏智勝價值成長 A	0.413879	普通股票型基金
3	002872.0F	華夏智勝價值成長 C	0.166378	普通股票型基金
4	003298.0F	嘉實物流產業 A	1.848286	普通股票型基金
5	003299.0F	嘉實物流產業 C	1.368256	普通股票型基金
6	006106.0F	景順長城星化港股通	2.311091	普通股票型基金
7	006195.0F	國金量化多因數 A	13.835716	普通股票型基金
8	006692.0	金信消費升級 A	8.242821	普通股票型基金
9	006693.0F	金信消費升級 C	7.386323	普通股票型基金
10	008923.0F	建信醫療健康行業 A	14.652674	普通股票型基金
11	008924.0F	建信醫療健康行業 C	14.172914	普通股票型基金
12	009240.0F	泰康藍籌優勢	5.675974	普通股票型基金
13	011457.0F	新華行業龍頭主題	1.814189	普通股票型基金
14	014198.0F	華夏智勝先鋒 C	2.208637	普通股票型基金
15	501219.0F	華夏智勝先鋒 A	2.622240	普通股票型基金

選中數量：15。總數：16729。選中比例：0.09%。總耗時：4.273 秒

對透過 FoF 策略選股的普通投資者來說，收益並不是首選目標，在收益和風險之間儘量選擇平衡才是這類策略的優勢所在。透過模型和巨量資料的篩選，再輔以常用的資產配置模型，就是大多數 FoF 的財富密碼。

5. FoF 策略實戰程式範例

參考程式如下所示：

```
# 匯入函數程式庫
from jqdata import *
import copy
import numpy as np
# 初始化函數，設定基準，等等
# 更新基金池的日期
CHANGE_STOCK_POOL_DAY_NUMBER = 60
# 檢查收益的間隔天數
CHECK_FUNDS_RETURNS =10
def initialize(context):
    # 設定滬深 300 指數作為基準
    set_benchmark('000300.XSHG')
    # 開啟動狀態複權模式 ( 真實價格 )
    set_option('use_real_price', True)
    # 輸出內容到日誌 log.info()
    log.info(' 初始函數開始執行且全域只執行一次 ')
    # 過濾掉 order 系列 API 產生的比 error 等級低的 log
    log.set_level('order', 'error')
    # 設置手續費是：買入時傭金的萬分之一，賣出時傭金的萬分之一，無印花稅， 每筆交易傭金
最低扣 0 塊錢
set_order_cost(OrderCost(open_commission=0.0001,close_commission=0.000
1,close_tax=0, min_commission=0), type='fund')
    # 設置滑點
    set_slippage(FixedSlippage(0.01))
    g.funds_pool={}
    g.stock_pool={}
    # 基金池更新的天數
    g.update_funds_days=0
    g.refresh_rate=20 # 每 10 天執行一次技術面策略，todo
    g.days=0

    g.rates={1:0.14,2:0.13,3:0.12,4:0.11,5:0.1,6:0.1,7:0.09,8:0.08,9:0.07,
10:0.06}
    # 開盤時執行
    run_daily(market_open, time='9:30')
```

```
    run_daily(update_funds_pool,time='after_close',reference_security='000
300.XSHG')
## 開盤時執行函數
def market_open(context):
    check_returns(context)
    sell_not_in_funds_pool(context)
    buy_FoF(context)
pass

def check_returns(context):
    '''
    每隔 30 天檢查一次收益，如果大於 30%, 賣出
    如果跌幅大於 10%，賣出。
    '''

    if g.update_funds_days % CHECK_FUNDS_RETURNS==0:
        for code in context.portfolio.positions.keys():
            current_data=get_current_data()[code]
            cost=context.portfolio.positions[code].acc_avg_cost
            # 跌幅大於 10%
            current_price=current_data.last_price
            # if(current_price<cost*0.90):
            #     order_target(code,0)
            #     del g.funds_pool[code]
            if(current_price>cost*1.20):
                order_target(code,0)
                del g.funds_pool[code]
pass

    # 找到所有的基金
def findFund(start_day,today):
    df=get_all_securities(['lof','etf'])
    # df=get_all_securities(['stock_fund'])
    codelist=df[df['end_date']>today.date()].index.tolist()
    stock_list_f1=[]
    for t in codelist:
        t_info=get_security_info(t)
        start_dt=t_info.start_date
```

```
            if start_dt > start_day:
                continue
            stock_list_f1.append(t)
        return stock_list_f1
# 計算 IR
def cal_info_rate(start_day,end_day,code):
    '''
    計算資訊比率
    '''
    df=get_price(code,start_day,end_day,frequency='1d',
                    fields=['close'],fq='post')
    df_hs300=
get_price('000300.XSHG',start_date=start_day,end_date=end_day,
frequency='1d', fields= ['close'],fq='post' )
    df_hs300_returns=df_hs300.pct_change()

#     計算收益
    fund_return=df.pct_change()
    df_concat=pd.concat([fund_return,df_hs300_returns],axis=1)
    df_concat.columns=['f','b']
#     計算超額收益
    excess_returns=df_concat['f']-df_concat['b']
    avg_excess_return=excess_returns.mean()
        # 追蹤誤差 / 技術週期
    trace_err=np.sqrt(np.square(excess_returns).sum()/(60-1))
        #
    info_rate= avg_excess_return/trace_err
    return info_rate

def get_FoF_rank(context):
    '''
    取得基金資訊比率的排名
    '''
    split=60
    count=545
    # 計算 IR 的週期
    priod=(int(count/split))
    log.info(priod)
```

```
    today=context.current_dt
    tradingday=get_trade_days(start_date=None,end_date=today,
count=count)
    start=tradingday[0]
    fundCodeList=findFund(start,today)
    all_fund_df=pd.DataFrame(fundCodeList,columns=['code'],
index=fundCodeList)

    for j in range(priod):
        k=j*60
        array=tradingday[k:k+60]
        st=array[0]
        ed=array[59]
        info_rates=[]
        for code in fundCodeList:
            info_rate=cal_info_rate(st,ed,code)
            info_rates.append([code,info_rate])
        infostr='info_rate'+str(j)
        # 把當前時間段所有基金的 ir 轉化成一個 df，以便排名。
        df2=pd.DataFrame(info_rates,columns=['code',infostr],
index=fundCodeList)
        # 對 DF2 進行排名
        rank_series=df2[infostr].rank(ascending=False)
        # 把 rank_series 轉成 df
        rank_df=pd.DataFrame(rank_series)
        # 把每次的排名進行拼接
        all_fund_df=pd.merge(all_fund_df,rank_df,left_index=True,
right_index=True)
    # 對每個 fund 的排名，按行計算方差    #
    var_df=pd.DataFrame(all_fund_df.var(axis=1))
    var_df=var_df.sort_values(by=0)
    return var_df[0:10]

def set_FoF_pool(context):
    '''
    根據選擇的基金，設置基金池
    '''
    log.info(" 更新股票池日期 :{}".format(context.current_dt))
```

```
        fund_df=get_FoF_rank(context)
    #   清空基金池
    g.funds_pool={}
    #將資金分為 10 份
    j=1
    for i,row in fund_df.iterrows():
        r=g.rates[j]
      #   設定每個的係數
      g.funds_pool[i]=r
      j=j+1
pass


def update_funds_pool(context):
    '''
    每日收盤後要執行這個方法，進行基金池更新
    '''
    if g.update_funds_days% CHANGE_STOCK_POOL_DAY_NUMBER==0:
        set_FoF_pool(context)

    g.update_funds_days=(g.update_funds_days+1) %
CHANGE_STOCK_POOL_DAY_NUMBER
pass

def sell_not_in_funds_pool(context):
    '''
    每天開倉時，賣掉不在基金池的股票
    '''
    for code in context.portfolio.positions.keys():
        if code not in g.funds_pool.keys():
            order_= order_target(security=code,amount=0)
            if order_ is not None and order_.filled:
                log.info(" 交易 賣出 平倉 ",code,order_.filled)
pass

def buy_FoF(context):
    '''
    開倉買入，
```

```
    ...
    log.info(" 當前帳戶總價值:{}".format(context.portfolio.total_value))
    for code in g.funds_pool.keys():
        if code in context.portfolio.positions.keys():

            continue
        rate=g.funds_pool[code]
        m=rate*context.portfolio.total_value
        log.info(" 買入基金 {0}, 數量 {1}".format(code,int(m)))
        order=order_target_value(code, int(m))

pass
# ===========================================================
```

▌ 4.3 機器學習

　　機器學習是人工智慧領域的重要分支,主要期望建立演算法模型,從過去的資料和經驗中進行學習,提煉挖掘出有價值的資訊來解決我們的實際問題。近年來,隨著資料量的累積、電腦運算能力的提升,機器學習領域發展迅猛,帶領著人工智慧這一概念席捲全球,與此同時也從各方面改變著我們的生活。如現在常見的人臉辨識技術、機器翻譯系統、信用卡詐騙檢測等,處處都有著機器學習的身影。機器學習在這些領域的成功實踐也讓我們有必要探討一下其在量化交易領域中的應用。下面我們將按照機器學習的常見分類方式,從監督學習、無監督學習和深度學習 3 個方面對模型的架設過程、注意事項及應用效果介紹。

4.3.1 監督學習在量化交易中的應用

1. 監督學習的含義

　　在機器學習領域,監督學習是一種很重要的學習模式。它指的是我們在資料有正確標籤的情況下建立模型,並透過這一正確標籤讓模型進行自我修正,使其預測結果不斷地朝著正確的方向邁進。

以解決信用卡詐騙問題為例，我們透過歷史資料架設模型以區分違約使用者和信用良好的使用者。那麼在歷史資料中，我們不光要知道使用者的收入水準、家庭情況等特徵資訊，還要知道每個使用者對應的標籤資訊，即在當前特徵下，使用者的標籤是違約使用者還是信用良好的使用者。根據這些特徵資訊和標籤資訊所建構的分類模型，就屬於監督學習模型。在使用監督學習建構量化交易策略時，我們同樣可以採用這種想法，除每檔股票的基本資訊外，還要對歷史資料中過去一段時間內股票的收益從大到小排序。將排名靠前、未來有較大機率表現好的股票記為「上漲股」，將其餘的股票記為「非上漲股」，從而進行有監督的機器學習。

上述劃分「上漲股」和「非上漲股」的過程就是監督學習中很重要的一步──提取標籤。如圖 4.26 所示，在監督學習建模的一般流程中，我們首先需要從所有可獲取的資料來源中拉取所需原始資料。獲取完資料後，根據實際的建模需求確定並提取標籤。接下來，將獲得的原始資料進行清洗和加工，剔除無效資料，提取有效特徵。緊接著，將加工好的資料登錄架設的模型中進行訓練，根據模型評估指標表現的好壞不斷地調節模型參數。最後，選擇表現最好的模型儲存，用它來開展後續的預測工作。

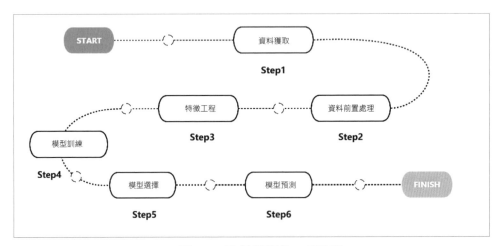

▲ 圖 4.26　監督學習的一般流程

2. 資料獲取

　　資料獲取是機器學習建模的第一步，也是至關重要的一步。建模的根本目的是從歷史資料中發現有價值的資訊，以此來推演未來，幫助我們在解決實際問題時作出更好的決策。因此，越是豐富的優質資料，越能為我們提供更多的有效資訊。常規的行情、財務資料可以透過一些標準化的資料庫或資料介面獲取，如雅虎財經、新浪財經、萬得等。除此之外，還可以嘗試借助爬蟲技術獲取網際網路上的輿情資訊。資料的獲取應根據實際的建模目標展開，即應盡可能地圍繞著最終的模擬方向尋找滿足我們需求的資料。

3. 資料前置處理

　　收集完資料後，獲取的資料往往來自不同的資料來源。由於來自標準化資料庫或資料介面的資料可能是已經被清洗、整理好的資料，而現實中來自不同資料來源的原始資料通常會出現遺漏值、無效值及以不同標準表示同一變數等問題。所以我們需要評估獲取到的資料，辨識資料品質或結構中出現的任何問題，透過修改、替換或刪除資料等方式來清理、加工資料，以確保處理後的資料集符合後續的機器學習要求。

4. 特徵工程

　　被清洗乾淨且結構統一的資料是特徵工程能成功進行的前提。在完成對資料的前置處理之後，就可以展開特徵工程部分的實踐。特徵工程主要是從原始資料中提取、創造輸入機器學習模型的特徵值，用來在提高模型精度的同時加速訓練過程。

　　為達到滿意的建模效果，特徵工程往往是一個循環往復的過程。我們可以根據模型的訓練效果，不斷地修改、增加或刪除部分特徵。因此，特徵工程是機器學習中最耗時和乏味的，但同時也是最具有創造性和「樂趣」的一部分。在這一過程中，具有投資方面專業知識的人士可以大放異彩，充分利用自己的專業知識從繁雜的原始資料中提取有價值的特徵。

　　特徵工程是一項具有創造性的工作，因而在多數情況下沒有特殊的限制，可以讓大家充分發揮自己的才能。但在量化交易領域，我們通常還是需要保證自己構造的特徵不會向後窺探，包含記錄建立時刻之後的資訊。如使用整個時間段的平均值或標準差來標準化資料時，往往會隱晦地將未來的資訊洩露到我們建立的特徵中。下面，我們將總結一些常用的處理方法，使用範例資料提供程式樣例，方便大家根據需要選擇合適的程式部分。

```python
......
# 查詢個股在 2022 年 7 月 1 日至 2022 年 9 月 1 日的行情資料
python
# 從 tushare 介面提取一些範例資料
import tushare as ts
import pandas as pd
ts.set_token(' 查取的 token 值 ')
api = ts.pro_api()
prices = api.daily(ts_code='000001.SZ,
600000.SH',start_date='20220701',end_date='20220901')[['ts_code','trad
e_date','open','high','low','close','vol']]
prices=prices.sort_values(by=['trade_date'],ascending=True).reset_index(drop=True)
......
```

　　如圖 4.27 所示，為監督學習特徵工程。

	ts_code	trade_date	open	high	low	close	vol
0	000001.SZ	20220701	15.00	15.07	14.84	14.92	779243.32
1	600000.SH	20220701	8.01	8.04	7.98	7.99	178467.87
2	000001.SZ	20220704	14.95	14.98	14.75	14.94	834968.07
3	600000.SH	20220704	7.99	8.00	7.94	7.96	182220.09
4	600000.SH	20220705	7.96	8.00	7.94	7.98	213222.43

▲ 圖 4.27　監督學習特徵工程

①特徵變換

　　很多時候，成交量、市值、收益等特徵會出現資料傾斜，大多數資料都集中在某一範圍內，資料尾部拖曳很長，且尾部資料點的數值很大。而一些機器學習模型，如線性回歸模型，會假設輸入的變數資料是服從正態分佈的。因此，我們需要應用一定的變換技巧,使傾斜的資料服從正態分佈,以提高模型的表現能力。

參考程式如下所示:

```
……
# 對成交量進行對數變換
prices['vol_log'] = prices['vol'].apply(np.log)
……
```

②特徵縮放

特徵縮放可以消除特徵間量綱的影響,使不同維度的特徵被放在一起比較,從而大大提高模型的準確性。除了樹模型,多數監督學習模型均需要進行特徵縮放。常見的縮放方法有:標準化、歸一化、最大最小值歸一化、穩健歸一化等。以標準化特徵縮放為例,我們可以簡單地定義一個 lambda 函數,並在任何需要進行特徵縮放的地方應用該函數。

```
參考程式如下所示:
……python
# 對 close 價格進行標準化
zscore_scaling = lambda x: (x - x.rolling(window=100, min_periods=40).mean())\
/ x.rolling(window=100, min_periods=40).std() # 定義標準化的 lambda 函數
prices['z_close'] =prices.groupby('ts_code').close.apply(zscore_scaling)
……
```

在上述標準化的過程中有一點非常值得注意,我們定義了一個可以對每檔股票分組應用的 lambda 函數。在 lambda 函數中,我們應用了滑動時間視窗這一技巧,使用目前記錄時刻前 100 天的資料來計算該區間內的平均值和標準差,從而可以有效地避免向後窺探資料。

③技術分析指標

在挖掘特徵的過程中,擁有量化經驗的專業人士可能想根據需要增加一些股票、期貨交易中的常用技術分析指標因數。實際操作中,可以根據情況自行撰寫程式計算相關分析因數,也可以借助開放原始碼的金融量化函數庫。受大

家喜愛的 TA 函數庫 (Technical Analysis Library) 就可以幫助我們在金融時間序
列資料集（開盤、收盤、高、低、交易量）中進行特徵工程。

　　參考程式如下所示：

```python
……python
# 增加 TA 函數庫所有特徵範例
import ta
ta_exmdata = prices.loc[prices["ts_code"] == "600000.SH"].copy()
ta_exmdata = ta.add_all_ta_features(
ta_exmdata, "open", "high", "low", "close", "vol", fillna=False)
……
```

　　④其他表述形式

　　根據選擇模型的需要，對一些常見的特徵表述形式進行處理，如進行資料
分箱，將連續數值轉為離散的類別變數，或用獨熱編碼、序號編碼等編碼格式
對月份、星期等類別變數做處理。

　　參考程式如下所示：

```python
……python
# 提取月份資訊，並進行獨熱編碼處理
prices['date_mon'] = pd.to_datetime(prices.trade_date).dt.month
one_hot_frame = pd.DataFrame(pd.get_dummies(prices['date_mon']))
month_names = ['mon_'+str(num) for num in one_hot_frame.columns]
one_hot_frame.columns = month_names
prices = pd.concat([prices,one_hot_frame],axis=1)
……
```

5. 模型訓練

　　完成特徵加工後，我們就獲得了模型的輸入部分，可以據此開始建構量化
模型。前面我們描述了透過劃分「上漲股」和「非上漲股」來提取標籤的過程，
如此時待預測的標籤為類別變數，就可以架設一個分類模型來預測股票會上漲
還是下跌。如果模型的標籤是連續的數值型變數，比如直接預測股票的價格或

是股票具體漲了多少，我們就可以採用回歸模型來進行預測。如圖 4.28 所示，為監督學習常用模型思維導圖。

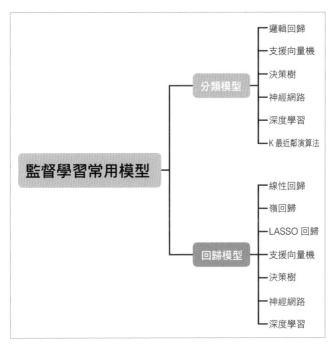

▲ 圖 4.28 監督學習常用模型思維導圖

　　根據學習目標的不同，首先確定要建構分類模型還是回歸模型。而後考慮到具體的學習任務中，樣本和特徵個數的不同，以及各模型在不同應用場景中表現性能的差異，再進一步確定適合實際應用場景的模型進行建模。一般來說，當資料量較少、開發的特徵數量較多時，我們傾向於選擇高偏差、低方差的模型，如線性回歸模型、單純貝氏模型、邏輯回歸模型，以及核心函數為線性的支援向量機模型。而當遇到資料量較大、特徵較少的資料集時，選擇低偏差、高方差的模型通常會表現更好，如決策樹模型、支援向量機模型、神經網路模型等。除此之外，挑選可用模型時，往往還需要考慮實際運算資源，涉及業務場景時的模型可解釋性，以及模型對異常資料的敏感度等方面。

　　劃定可用的模型範圍後，可以從最簡單的模型開始嘗試。如果經過最佳化後，模型已經滿足實際需求，那麼即可採用該模型。或也可以多選擇幾個模型，最後在計算效率、測試效果等諸多方面的比較下挑選最合適的模型。在建模過程中，為了確定模型的最佳參數組合、查看模型的實際表現效果，通常需要將資料集劃分為訓練集、驗證集和測試集。透過訓練集訓練模型，用驗證集確定合適的模型參數，最後在測試集上查看模型最終的模擬效果。相比於其他的機器學習建模，如果建構的量化模型是回歸模型，又由於市場交易具有時序性，那麼目前常規的方法就是按照時間來劃分資料集，避免資料集向後窺探，洩露未來資訊。

　　回到實際的模型開發過程中，對於上述資料集劃分、模型建構及尋找最佳的模型參數組合，我們均可以利用相應的機器學習語言函數庫進行開發。如前面羅列的大部分監督學習模型，相應開發環節都可以透過呼叫 Scikit-Learn 函數庫相關的 API 介面實現。除此之外，一些被廣泛應用、表現良好的整合模型，如 LightGBM、XGBoost 等也可以找到相應的 Python 開放原始碼框架。在這裡，我們延續前文所述的分類想法，架設一個分類模型，根據前 10 天的每檔股票的收益情況，預測後 10 天收益排名前 200 的股票。

　　這裡篩選出了在 2022 年 1 月 1 日前上市的 4639 檔股票，將訓練資料集的起始日期設為 2018 年 1 月 1 日，測試日期設為 2020 年 1 月 1 日至 2022 年 3 月 1 日。計算 [(t+2 天的收盤價)−(t+1 天的收盤價)]/(t+1 天的收盤價) 作為每檔股票第 t 天的收益，將前 10 天的每日收益作為輸入特徵，累加上後 10 天的每日收益，隨後將後 10 天收益排在前 200 的股票計為「上漲股票」，將其餘的股票計為「非上漲股票」。此部分參考程式所用的行情資料 stock_data 變數同樣採用前文所述的 tushare 介面獲取，獲取程式不再複述。

　　參考程式如下所示：

```python
import pandas as pd
import numpy as np
from lightgbm import LGBMClassifier
from sklearn.metrics import roc_auc_score
```

```python
import matplotlib.pyplot as plt
import seaborn as sns

# 直接讀取獲取的行情資料
stock_data = pd.read_csv(r"filename.csv")
# 計算每檔股票的每日收益值
stock_data[['open','high','low','close','vol']] =
stock_data[['open','high','low','close','vol']].astype(float)
stock_data['trade_date'] = pd.to_datetime(stock_data.trade_date)
stock_data =
stock_data.sort_values(by=['trade_date'],ascending=True).reset_index(d
rop=True)
target_lambda1 = lambda x:x.shift(-1)
target_lambda2 = lambda x:x.shift(-2)
stock_data['close_1'] =
stock_data.groupby('ts_code').close.apply(target_lambda1)
stock_data['close_2'] =
stock_data.groupby('ts_code').close.apply(target_lambda2)
stock_data['target'] = stock_data.apply(lambda
x:(x['close_2']-x['close_1'])/x['close_1'],axis=1)
stock_data.target = stock_data.target.fillna(0)
pivot_stock_data = stock_data.pivot(index = 'trade_date', values =
'target', columns = 'ts_code')
pivot_stock_data = pivot_stock_data.fill().fillna(0)  # 存在 2017 年還沒有
開放證券的公司，填充空值為零
def generate_fe(data,p1,time_horizon,test_horizon,up=200):
    """
    生成模型的輸入資料，取前 10 筆資料的收益值作為特徵，後 10 筆資料的累計收益作為是否為
" 上漲股 " 的評判依據。
    取前 200 檔股票標記為 " 上漲股 "，作為此次訓練的標籤。
    :param data: 每檔股票每天的收益值
    :param p1: 交易日期
    :param time_horizon: 特徵資料時間長度
    :param test_horizon: 累計收益時間長度
    :param up: 劃定 " 上漲股 " 的數量
    :return: 加工好的特徵、標籤及當前資料切片的最後一個交易日
    """
    train_df = data.loc[:p1].iloc[-time_horizon - 1:-1]
```

```
    test_df = data.loc[p1:].iloc[:test_horizon]
    cum_val = test_df.cumsum()
    sort_li = cum_val.iloc[-1].sort_values()   # 按照最後的日期的累計和排序
    up_index = sort_li.iloc[-up:].index
    y = [1 if ii in up_index else 0 for ii in test_df.T.index]   # 打標籤，累
計收益靠前的股票記為 1，其他記為 0
    X = train_df.T
    last_date = test_df.index[-1]   # 獲取測試集最終日期
    return X, y, last_date


while True:

    X1, y1, p1 =
generate_fe(pivot_stock_data,p1,time_horizon,test_horizon,up)
# x：前 10 天的 target，y：後 10 天的累計收益，pf：後 10 天的最後一天
    p1 = p1 + pd.offsets.Day(1)
    if p1 > start_test:
        break
    Xtrain.append(X1)
    ytrain.append(y1)


# 模型訓練
Xtrain = np.vstack(Xtrain)
ytrain = np.hstack(ytrain)
model = LGBMClassifier(num_leaves=25, n_estimators=100)
model.fit(Xtrain, ytrain)
# 查看模型訓練情況
print(f' 訓練資料上的 auc 值：
{round(roc_auc_score(ytrain, model.predict_proba(Xtrain)[:,1]),3)}')
......
```

6. 模型選擇

　　模型選擇涉及 2 個方面：一方面，在建構模型的過程中會涉及一些模型參數，我們要選擇當前模型表現最佳時的參數組合；另一方面，如果架設了多個模型，我們就需要選擇模擬效果最好的模型作為最終模型。

　　這就需要我們客觀、真實地評估自己架設的模型。對量化模型的評估通常可以從 2 個方面展開：一是可以透過模型在測試集上的表現來評估，回歸模型可以採用均方誤差來衡量，分類模型則可使用分類的正確率、召回率、AUC 等指標來衡量；二是可以透過模型建構的策略組合的實際收益情況來進行評價。下面我們將此次分類模型預測股票的平均收益情況與所有股票收益的平均值做了對比，可以看出隨著時間的演進，預測結果的收益情況較基準線收益還是存在較為顯著的提升的。

　　參考程式如下所示：

```python
……python
predict = []
while True:
    X = pivot_stock_data.loc[:start_test].iloc[-time_horizon - 1:-1].T
    future_variation =
pivot_stock_data.loc[start_test:].iloc[:test_horizon]

    # 預測
    pro = pd.Series(model.predict_proba(X)[:, 1], index=X.index)
# 根據排名，計算篩選出優質股票的預估收益
    goods = future_variation.loc[:, pro.sort_values().index[-200:]]
    goods = goods * pd.Series(np.arange(200) / 199 + 1, index=goods.columns)
    predict.append((goods.sum(axis=1)) / 200)

    start_test = future_variation.index[-1] + pd.offsets.Day(1)
    if start_test > pd.to_datetime(end_test):
        break

predict_results = pd.concat(predict)
# 繪圖
plt.figure(figsize=(10,5))
plt.plot(benchmark.index, benchmark.cumsum(),color='b',label=' 基準線收益 ')
plt.plot(test_results.index, test_results.cumsum(),color='g',label=' 預測
股票累計收益 ')
plt.legend(loc='upper left')
plt.xlabel(' 時間 ')
plt.ylabel(' 收益 ')
```

```
plt.show()

......
```

　　如圖 4.29 所示，為模型預測累計收益與基準線收益的對比情況。

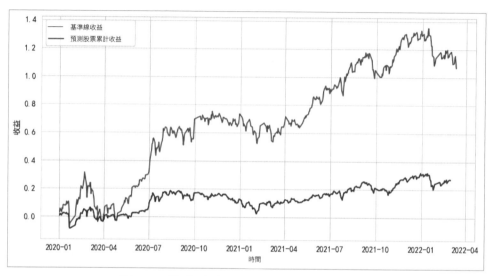

▲ 圖 4.29　模型預測累計收益與基準線收益對比圖

4.3.2　無監督學習在量化交易中的應用

　　在前一小節中，我們介紹了機器學習、監督學習的基本概念，且探討了監督學習在量化交易領域的具體應用。在這一小節中，我們將聚焦於無監督學習，介紹它與監督學習的區別，並以無監督學習中的常見演算法 K-means 聚類為例，研究無監督學習在投資交易領域中的應用。

1. 無監督學習的含義及應用現狀

　　正如前面所說，監督學習最鮮明的標識是在模型訓練時有明確的標準來監督、調節模型，使模型訓練的結果逐漸靠近模擬目標。因此，訓練資料集中不光有特徵資料，還包含了標籤資料。而無監督學習中沒有任何的資料標注，只有特徵資料本身。它更傾向於從一堆無標籤資料中挖掘資料的內在結構，辨識不同的資料模式。

舉一個簡單的例子，假設一位小朋友第一次吃蘋果，她可以記住蘋果的顏色、味道、形狀等資訊。當她下次見到蘋果時，就能透過之前記憶的資訊知道這是蘋果，並將其與其他水果區分開。然而，此時的她還無法將自己看到的蘋果實物與人們口中的「蘋果」一詞掛鉤，因為她還不知道「蘋果」這一標籤。這種不存在標籤，模型仍然可以自己從資料中學習知識的方式就是無監督學習。

無監督學習在現實中也應用廣泛，主要用於解決聚類和降維這兩類問題。聚類主要指在探究了資料內部結構後，憑藉對資料的了解對其進行分組。舉例來說，現實世界中的很多問題都缺乏能幫助我們進行人工標注的先驗知識，或人工標注的成本太高，無法對巨量資料集中的資料一一進行標籤判斷。此時就需要一種方法幫我們選出具有代表性的樣本，在沒有類別資訊的基礎上將成千上萬的樣本自動劃分為不同的類別，無監督學習就可以幫助我們完成這一工作。類似的應用還包括利用它進行社群網站分析，劃分聯繫緊密的群眾，或用它做使用者細分，對顧客進行分組促銷，等等。

無監督學習能夠對資料進行聚類分組的原因在於它會試圖尋找資料潛在的內部分佈結構，我們可以理解將其作為無監督學習的根本目標是更多地研究、洞察資料本身。這也表示我們可以利用無監督學習從原始資料中篩選出有效的基本資訊，達到降低資料維度這一目的。通常情況下，剔除容錯資訊，將降維後的資料再送入監督學習模型，可以大大提高我們的訓練效率。在量化交易機器學習模型的訓練過程中，如果遇到入模特徵非常多的情況，我們也可以考慮利用降維這一技巧來進行處理。

2. 聚類演算法簡介

聚類演算法可以有效地幫助我們挖掘資料中潛在的資料模式，尋找相似的資料點並將其劃分為一組。拓展到量化交易領域，我們可以利用它將股票歸類，篩選出最適合投資的股票集合。常見的聚類模型有很多，每個模型都根據自己對相似的定義來劃分資料，因此各自我調整的場景也有一定的差異。如 K-means

聚類模型衡量的是資料點到質心（聚類中心）的距離，使得它更傾向於尋找高維領域呈圓形、球形或超球面的類，對資料聚集形態呈層狀的狹長資料集並不友善。而層次聚類增加了對資料集間距離的考量，使得它相較於緊湊型的資料集合，更傾向於劃分狹長的資料集合。此外，還有基於密度的聚類模型，如DBSCAN。該方法對有雜訊的資料集具有很強的適用性，會將分佈相對密集的資料點聚到一起，並將游離在集合之外的資料點標記為雜訊。如圖 4.30 所示，為不同聚類演算法的適用場景。

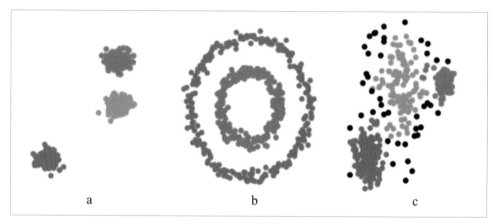

▲ 圖 4.30　不同聚類演算法的適用場景

　　不同聚類演算法適應的資料集不同，但目標都是盡可能劃分出具有代表性的資料子集。我們將這些對內具有相似性質、對外具有一定區分度的資料子集稱為「叢集」。此次主要介紹的是聚類演算法中運用最為廣泛的 K-means 方法，該方法名稱中的 K 為預先設定的叢集的數量，means 表達叢集中心是透過計算樣本點的平均值而得來的。下面我們將描述利用該方法建構模型的主要步驟，並使用該方法對股票資料集進行劃分，最終篩選出符合我們要求的股票資料集。

　　K-means 方法可以被簡單地概括為分配和最佳化兩步。分配指的是演算法先隨機選擇 K 個資料點作為叢集的中心，並根據剩下的資料點到各個叢集中心的距離，將它們分配到與之距離最近的叢集。然後，逐步對當前的分配進行最佳化。將分配在當前叢集內所有點的平均值作為該叢集新的中心點，更新叢集中心位置，重新計算其餘資料點到叢集中心的距離，再次將這些資料點分配到當下與之距離最近的叢集內。重複最佳化過程，不斷移動叢集中心位置到資料集合的中心，調整叢集內的資料點，直至所有的叢集不再發生變化。

從上述對 K-means 方法的介紹中不難看出，使用 K-means 方法展開聚類工作最重要的第一步就是確定叢集的數量，也就是初始化時的 K 值。目前，K 值仍然是透過觀察資料集視覺化結果或透過調整 K 值觀察聚類演算法的表現來確定的。所以，在介紹確定 K 值的方法前，我們有必要先總結一下如何評估一個聚類模型輸出結果的好壞。

可以想到，我們希望生成的聚類模型，其叢集中的元素彼此一定最相似，而叢集間的資料最好不同，這樣才能充分地將資料集劃分開。因此，我們通常從緊湊型和可分性兩個角度來評價架設的聚類模型。最簡單、直接的方法是將資料集視覺化，透過觀察，判斷其效果是否滿足我們的需求。而對於無法輕易用視覺化查看的資料集，我們可以借助一些指標對其進行定量的判斷。若資料集本身存在標籤，那麼可以運用外部指標，如調整蘭德係數、準確度等。但對於大多數不存在標籤的資料集，我們往往使用一系列的內部指標，如輪廓係數、誤差平方和、緊密度、分割度等。

再回到建模初期如何設置叢集的數量 K 的問題，上述介紹的評價指標不光可以幫助我們衡量一個模型的好壞，還可以讓我們更加合理地確定未知資料集的聚類數量。K-means 最常用的選擇 K 值的方法是手肘法，該方法中用到的最核心的指標就是誤差平方和。我們透過不斷增加 K 值，觀察誤差平方和的變化。隨著叢集的數量（K 值）的增加，樣本逐漸被分配到自己鄰近的叢集內，誤差平方和隨之減小。當 K 值小於真實叢集的數量時，每次增加 K 值，誤差平方和的下降幅度都會很大；而當 K 值達到真實叢集的數量後，誤差平方和的下降幅度會迅速減小。如圖 4.31 所示，當我們繪圖表示這一變化趨勢時，真實 K 值附近會出現一個明顯的反趨點，整體圖形類似手肘的形態，因此該方法被稱為手肘法。我們也透過反趨點處 K 值的設定值來推算真實叢集的數量。

除了運用以誤差平方和為評判標準的手肘法，我們往往還可以結合輪廓係數進行綜合判斷。透過誤差平方和，我們可以了解每個資料點距離叢集的中心有多近,而輪廓係數為我們描述的是資料點相較於其他叢集,與自身所在的叢集有多相似。輪廓係數設定值為 −1 到 1,且越接近 1,資料劃分就越合理。因此,使用輪廓係數來確定叢集的數量時,應選擇係數較大時對應的 K 值。如圖 4.32 所示,為輪廓係數確定 K 值示意圖。

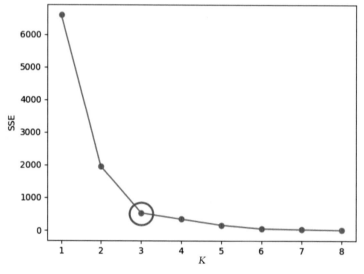

▲ 圖 4.31　手肘法確定 K 值示意圖

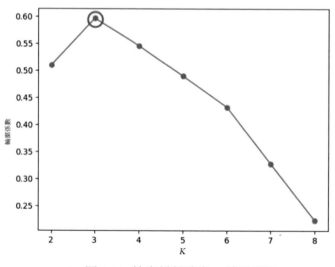

▲ 圖 4.32　輪廓係數確定 K 值示意圖

確定好 K 值大小後，便可以根據離初始叢集中心的遠近分配資料集內的資料點。然而，現實中還會有一個問題，即初始叢集中心的分佈通常對聚類模型的效果影響很大。根據初始叢集中心不同，聚類的結果就可能不同。當 2 個或多個叢集中心被隨機初始化到了同一個叢集內的時候，往往會因為陷入了局部最佳而很難再被更新到其他地方，導致模型最終達不到預期效果。為了避免這一現象，一般會在開始前設置多次的隨機初始，計算每次的代價函數，最後選取代價函數最小的結果。

3. 聚類演算法在量化交易中的應用

前面我們描述了使用 K-means 方法建構模型的主要步驟，接下來我們將使用該方法對股票資料集進行劃分，透過 3 次聚類迭代，最終篩選出符合我們要求的股票資料集。我們獲取了 2018 年 1 月前上市的 4057 檔股票自 2018 年 1 月 1 日至 2022 年 1 月 1 日的資料，透過計算平均年收益和變化方差來展現每檔股票的收益情況。圖 4.33 為聚類迭代流程圖。

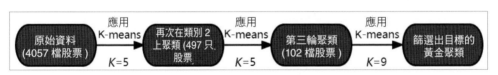

▲ 圖 4.33 聚類迭代流程圖

K-means 方法同樣可以透過呼叫我們前面介紹的 Scikit-Learn 函數庫中的相關 API 介面實現。下面以第一次架設聚類模型為例，演示中間的迭代過程及相關封裝函數。首先，透過手肘法和輪廓係數作圖，以此來確定第一輪叢集的數量。

參考程式如下所示：

```python
……python
from sklearn.cluster import KMeans
from sklearn import metrics
import matplotlib.pyplot as plt

def plot_cluster(df,feature_li, max_loop=50):
    """
```

```
    繪製不同數量叢集下聚類的表現情況，用於確定聚類數量
    :param df: 加工好的輸入資料
    :param feature_li: 資料中的特徵列
    :param max_loop: 最大嘗試的叢集數量
    """
    X = df[feature_li]

    sse_within_cluster = {}
    silhouette_score = {}

    for k in range(2, max_loop):
        kmeans = KMeans(n_clusters=k,  random_state=10, n_init=10)
        kmeans.fit(X)
        sse_within_cluster[k] = kmeans.inertia_
        silhouette_score[k] = metrics.silhouette_score(X, kmeans.labels_,
random_state=10)

    plt.figure(figsize=(10,6))
    plt.subplot(211)
    plt.plot(list(sse_within_cluster.keys()),
list(sse_within_cluster.values()))
    plt.xlabel(" 叢集的數量 ")
    plt.ylabel(" 叢集內誤差平方和 ")
    plt.title("K-Means 聚類後的叢集內誤差平方和 ")
    plt.xticks([i for i in range(2, max_loop)])

    plt.subplot(212)
    plt.plot(list(silhouette_score.keys()),
list(silhouette_score.values()))
    plt.xlabel(" 叢集的數量 ")
    plt.ylabel(" 輪廓系數值 ")
    plt.title("K-Means 聚類後的輪廓系數值 ")
    plt.xticks([i for i in range(2, max_loop)])

    plt.subplots_adjust(top=0.92, bottom=0.08, left=0.10, right=0.95,
hspace=0.5, wspace=0.35)
    ......
```

得到的結果如圖 4.34 所示。

從上圖中可以看出，當 K 值為 4 ～ 5 時，誤差平方和開始出現反趨點，而輪廓係數在 K 值達到 5 之後猛然下降。所以，我們第一輪選擇劃分五類。設定叢集中心數量後，我們應用該參數進行聚類，並獲得聚類後各個類別的平均年收益和平均方差值。

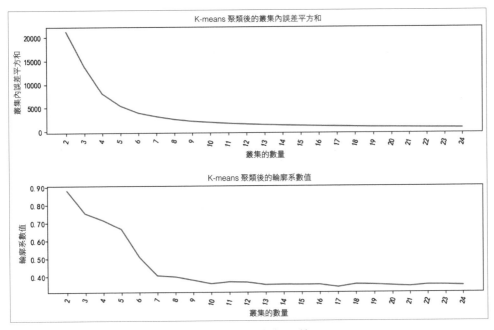

▲ 圖 4.34 確定 K 值

參考程式如下所示：

```python
……python
def apply_cluster(df, feature_li, clusters=2):
    """
    應用聚類
    :param df: 處理好的輸入資料
    :param feature_li: 特徵列
    :param clusters: 設置的聚類數量
    :return: 最終的聚類結果
```

```
    """
    X = df[feature_li]
    kmeans = Kmeans(n_clusters=clusters, random_state=10, n_init=10)
    kmeans.fit(X)
    score = metrics.silhouette_score(X, kmeans.labels_, random_state=10)
    df['cluster'] = kmeans.labels_
    sse_within_cluster = kmeans.inertia_

    print("clustering performance")
    print("-----------------------------------")
    print("silhouette score: " + str(score.round(2)))
    print("sse withing cluster: " + str(round(sse_within_cluster, 2)))

    return df

# 計算聚類後各叢集的平均年收益和平均方差值
first_cluster = apply_cluster(df_clean, clusters=5)
first_cluster_out = (
    first_cluster
    .groupby(' 叢集 ')
    .agg({" 平均年收益 ":"mean", " 平均方差值 ":"mean", " 數量 ":"count"})
    .sort_values(' 平均年收益 ')
    .reset_index()
)
first_cluster_out
......
```

得到的結果如圖 4.35 所示。

	類別	平均年收益	平均方差值	數量
0	0	-0.052057	0.110124	3458
1	2	0.268566	0.670249	497
2	3	0.589436	2.135372	83
3	1	0.854617	4.850576	18
4	4	1.457441	17.964358	1

▲ 圖 4.35　第一輪聚類迭代後各叢集收益情況

　　初始劃分的 5 個類別中，大部分資料均集中在類別 0 中，該類別整體表現出收益較低、波動小的特性。剩下的類別 1、類別 3、類別 4 整體收益很高，但方差也很大。因此，第二輪聚類我們選擇在類別 2 篩選出的資料中展開，繼續按照第一輪中的步驟迭代挑選合適的股票子集。得到的結果如圖 4.36 所示。

	類別	平均年收益	平均方差值	數量
0	0	0.074322	0.610731	87
1	3	0.205830	0.478270	171
2	2	0.267617	1.036252	89
3	4	0.398588	0.558448	102
4	1	0.569590	1.020996	48

▲ 圖 4.36 第二輪聚類迭代後各叢集收益情況

　　第二次聚類迭代時，我們根據 K 值繪圖型分析的結果，仍然選擇生成 5 個聚類子集。其中，類別 3 和類別 4 收益可觀，方差變化較低。為進一步縮小篩選範圍，我們增加夏普比率這一指標作為輔助評判標準。得到的結果如圖 4.37 所示。

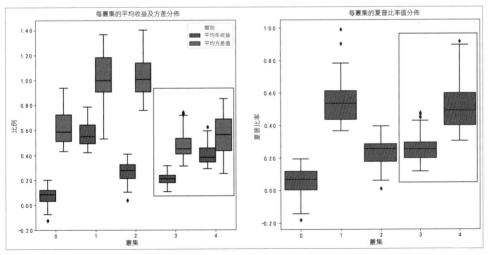

▲ 圖 4.37 第二輪聚類迭代後各叢集收益情況箱形圖

在圖 4.37 中，類別 3 和類別 4 在左圖中表現較為集中，而從右圖夏普比率的比較中可以看出，類別 4 較類別 3 表現更為良好。因此，第三輪篩選在類別 4 中展開。得到的結果如圖 4.38 和圖 4.39 所示。

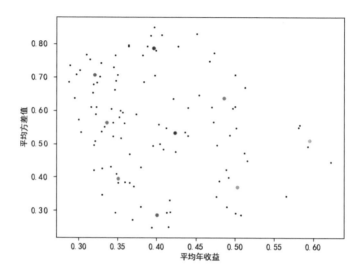

▲ 圖 4.38　第三輪聚類迭代資料分佈

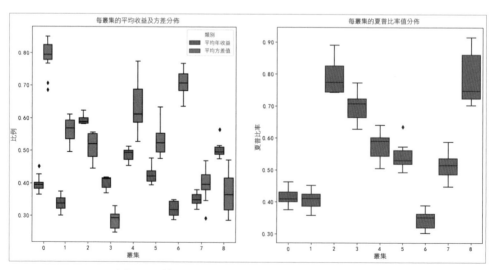

▲ 圖 4.39　第三輪聚類迭代後各叢集收益情況箱形圖

　　在第三輪聚類迭代中共設置了 9 個叢集中心，從圖 4.38 中可以看出劃分後的資料分佈情況。聚類完成後，各個類別的表現情況如圖 4.39 所示。其中，類別 3 和類別 8 較其他類別而言，在收益相對更高的同時方差值也相對更低，且在夏普比率圖上的表現也更為出色。因此，類別 3 和類別 8 中的 17 檔股票也就是我們篩選出的「黃金聚類」，可以在此範圍內開展進一步的研究工作，為量化交易提供參考。

4.3.3　深度學習在量化交易中的應用

　　前面我們從監督學習和無監督學習的角度介紹了一些常見的傳統機器學習模型在量化交易領域的應用。在標準化的建模流程下，我們使用已經建構的有效特徵作為輸入，選擇合適的模型實現建模目標，預測未來的股票收益。接下來將主要探討深度學習在量化交易中的應用情況。

　　深度學習是機器學習領域的分支，目前普遍認為近代深度學習是從 2006 年發展起來的。簡單來說，我們可以將其理解為一種模擬人類大腦學習資料的演算法，主要透過多層類神經網路堆疊，增加模型深度來提升模型的訓練效果，處理更為複雜的現實問題。區別於前面介紹的傳統機器學習模型，深度學習模型的結構更為複雜，因此建立模型時需要有大量的資料作為支撐。與此同時，深度學習模型多層的神經網路結構使得資料可以以非線性的形式穿過網路，模型能夠自動從這些資料中提取深度特徵，獲取的內在資訊往往比人工經驗構造的特徵更豐富。在此基礎上，深度學習模型對運算資源的要求也相對較高。對傳統機器學習模型的訓練更為快速，使用 CPU 計算足以完成模型訓練過程；而對深度學習模型的訓練通常需要 GPU，甚至 TPU 加速。

　　深度學習可以應用於監督、無監督或半監督的學習任務中。現實生活中，與影像辨識有關的人臉驗證、物件辨識、影像問答、自動駕駛，自然語言領域的文字分類、摘要提取、智慧客服、翻譯系統，以及量化領域利用深度學習進行新聞的情感分析，提取輿情因數，捕捉市場情緒等都是深度學習實際實踐的產物。可以看出，深度學習已經被廣泛運用在生活中的各個領域。

　　深度學習演算法的不斷迭代發展使其在現實生活中獲得了良好的應用效果。目前常用的深度學習演算法主要有卷積神經網路、生成對抗網路和循環神經網路等。卷積神經網路最大的特點是多了卷積層和池化層，用來從資料中自動處理、提煉特徵。它的主要用途就是我們前文所提到的影像辨識和物件辨識，可以在有效降低圖片維度的同時盡可能保留圖片的資訊。

　　在量化領域研究中，有專家學者有效嘗試了卷積神經網路在量化領域的應用，將一段時間內的股票因數資料組合成類似二維「圖片」的形式送入卷積神經網路，使得其有了學習時間序列的能力。生成對抗網路是一種無監督學習演算法，能夠自動地發現、學習資料的內在模式，生成類似於原始資料集的新資料。該演算法由生成器和判別器兩組神經網路組成，其中生成器用來生成盡可能與原始資料相近的假資料，而判別器則用來盡可能地將真實資料與生成的虛假資料區分開，在二者的相互博弈中學習出相當好的模擬資料作為輸出。生成對抗網路目前主要用來生成樣本資料，合成影像、音樂、文字，轉換修復影像，開發動畫人物等。相應地，生成對抗網路在量化領域也存在潛在的應用價值，如可以嘗試用它來彌補量化交易始終面臨的小樣本問題，以及合成金融時間序列，預測未來股價走勢。

　　除上面簡單介紹的 2 種深度學習演算法，常見的還有被廣泛應用於序列分析場景的循環神經網路。該演算法的優勢在於能夠更進一步地處理序列資訊，因此也可向量化場景遷移。一般的類神經網路只能單獨處理一個個的輸入，即前一個輸入和後一個輸入之間是完全沒有連結的。資訊沿著一個方向從輸入層經過隱藏層到達輸出層，直接透過網路不會經過同一個節點兩次。所以，類神經網路只思考當前的輸入，對於時間上接收過的資訊是沒有記憶的，無法極佳地透過歷史長期資料預測接下來將要發生什麼。而循環神經網路中的資訊會進行一個環狀循環，當它進行判斷時，它會思考當前輸入以及歷史中接收到的重要資訊，這也是它更有利於處理時間序列、文字分析、金融或天氣預測等問題的原因。

　　隨著循環神經網路演算法的發展，在傳統循環神經網路（RNN）的基礎上，目前還衍生出了長短期記憶網路（LSTM）和門控循環單元（GRU）兩種網路模型。常規的傳統循環神經網路具有短期記憶的特點,當相關資訊與當前預測位置間的距離變大時,傳統循環神經網路會喪失連接到遠距離資訊的能力。與此同時,它的網路結構還伴隨著梯度爆炸和梯度消失的問題。

為了解決這些問題,人們對傳統循環神經網路進行了改進,引入了門單元這一概念,透過門單元決定是否基於資訊的重要性對其進行儲存、刪除。在長短記憶網路中我們有 3 種門,即輸入門、遺忘門和輸出門。這些門決定是否讓資訊進入(輸入門),是否因為這些資訊不重要而將其刪除(遺忘門)或決定是否使其影響當前時刻的結果(輸出門)。長短記憶網路透過這一精心的結構設計有效解決了梯度消失的問題,使得模型可以記錄長時間段的輸入資訊,也因此得名長短記憶網路。與長短記憶網路相比,門控循環單元的結構更為精簡,僅設置了更新門和重置門,因而當訓練資料集很大時,可以在一定程度上節省時間。

在此次的深度學習應用實踐中,我們選擇使用長短記憶網路架設回歸模型,以前 29 天的歷史資料預測第 30 天的股票價格。同樣地,深度學習模型的架設也可以採用一些現有的開放原始碼框架,目前常見的有 PyTorch、TensorFlow等。我們這次使用在 TensorFlow 基礎上再次封裝的高級 API 模組 Keras 完成模型開發工作,該模組程式更為簡潔,易於理解。

獲取從 2012 年 1 月 1 日至 2022 年 6 月 1 日的歷史資料,將前 80% 作為訓練集,後 20% 作為測試集。以下為標籤提取及模型定義部分的範例程式。

```python
……python

from keras.models import Sequential
from keras.layers import LSTM
from keras.layers import Dense, Dropout
from tensorflow.keras.wrappers.scikit_learn import KerasRegressor
from sklearn.model_selection import GridSearchCV
import matplotlib.pyplot as plt

# 已經獲取的歷史行情資料
prices = pd.read_csv(r"file_name.csv")\
```

```python
[['ts_code','trade_date','open','high','low','close','vol']]
# 劃分資料集
test_split = round(len(prices)*0.1)
df_for_training= prices[:-test_split][features]
print(df_for_training.shape)
df_for_training = df_for_training.dropna(how='any')
print(df_for_training.shape)
df_for_testing= prices[-test_split:][features]
print(df_for_testing.shape)

# 對訓練、測試資料進行縮放
scaler = MinMaxScaler(feature_range=(0,1))    # 縮放資料
df_for_training_scaled = scaler.fit_transform(df_for_training)
df_for_testing_scaled = scaler.transform(df_for_testing)
# 標籤提取
def input_func(data, past_days):
    """
    建立模型訓練時的輸入資料，劃分特徵 X 和 Y 值
    :param data: 預測股票的歷史行情資料
    :param past_days: 設置用於預測的資料天數
    :return: 模型輸入的特徵及 Y 值
    """
    x_li = []
    y_li = []
    for i in range(past_days,len(data)):
        x_li.append(data[i-past_days:i,:])
        y_li.append(data[i,-2])
    return np.array(x_li), np.array(y_li)
# 生成測試資料
train_X,train_Y=input_func(df_for_training_scaled,30)
test_X,test_Y=input_func(df_for_testing_scaled,30)

# 模型架設
def build_model(optimizer):
    grid_model = Sequential()
    grid_model.add(LSTM(50,return_sequences=True,input_shape=(30,5)))
    grid_model.add(LSTM(50))
    grid_model.add(Dropout(0.2))
```

```
    grid_model.add(Dense(1))
    grid_model.compile(loss='mse',optimizer = optimizer)
return grid_model
grid_model =
KerasRegressor(build_fn=build_model,verbose=1,validation_data=(testX,t
estY))
parameters = {'batch_size' : [16,20],
              'epochs' : [8,10,12],
              'optimizer' : ['adam','Adadelta']}
grid_search  = GridSearchCV(estimator = gridsearch_model,
              param_grid = parameters,
              cv = 2)
grid_search = grid_search.fit(train_X,train_Y)
print(grid_search.best_params_)
best_model=grid_search.best_estimator_.model
prediction=best_model.predict(test_X)

# 對預測結果逆縮放後繪圖
plt.plot(original, color = 'red', label = ' 真實股價 ')
plt.plot(pred, color = 'blue', label = ' 預測股價 ')
plt.title(' 預測股價 ')
plt.xlabel(' 時間 ')
plt.ylabel(' 股票價格 ')
plt.legend()
plt.show()
……
```

　　以 300218.SZ 股票為例進行實驗，模擬效果如圖 4.40 所示。預測股價相較於真實股價存在一定程度的落後，不過在時間尺度上的整體擬合效果還是可以為我們提供一些參考價值的。

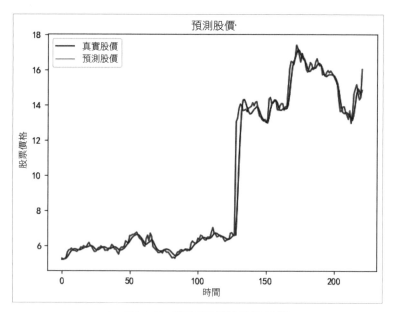

▲ 圖 4.40　深度學習應用效果圖

## 第5章

量化交易中的重要問題

▌5.1 量化交易與哲學問題

5.1.1 哲學與量化交易

哲學是研究普遍的、基本問題的學科,包括存在、知識、價值、理智、心靈、語言等領域。人類研究和建立哲學,就是為了更清楚地看到思想上的「偏見」和「謬誤」。

從這個意義上講,量化交易的建立也是如此:一是為了發現市場上存在的「偏見」;二是透過系統化、自動化的交易方式,避免自己在交易中產生「偏見」。

5.1.2 哲學三問對量化交易的啟示

通常人們會透過哲學三問（我是誰、從哪裡來、到哪裡去）去了解哲學，同樣，量化三問（適合什麼交易策略、交易策略的邏輯源頭、交易策略在現實中的演變）也是每個交易者在開始投資前首先要考慮的問題。

適合什麼交易策略：金融市場中之所以有這麼多種交易邏輯和模型能共生，是因為並不是每一種方法都適合任何市場狀態。因此，在這個複雜的生態系統中，每個人的資金不同、時間不同、心態不同，就註定了需要找到適合自己的方法和策略，這也是哲學上首先要認清自己是誰的問題。

交易策略的邏輯源頭：模型對應了市場「偏見」，但「偏見」有時是真的，有時是假像。這就要求投資者認真考量策略的源頭，從本質上去認識量化訊號的來源，辨識哪些可用，哪些可以短期用，哪些根本不可用。

交易策略在現實中的演變：即使市場上真實存在著某種「偏見」，但這種「偏見」也不會每時每刻都存在，就如哲學中所講的「歷史會重演，但絕不會簡單地重複」，「真理」通常每隔一段時間就換一個身份存在於市場中，這就更需要研究者具有哲學的思想。

當然，這裡並不是要把量化交易神聖化，而是說，學習量化交易本身也是一個思想漸進的過程。

5.1.3 量化交易中的哲學範例：「簡單」或「複雜」

交易者應當採用簡單策略還是複雜策略？這是在很多量化社區中都存在的古老問題，也是一個哲學思考。

在列出簡單策略與複雜策略的一系列優缺點之前，有必要概述如何判斷每種方法的相對優點。核心問題是每個投資者對於他們試圖透過系統交易實現的目標都有一組自己的特定偏好，因此也有一個「目標函數」。

設想有這麼三類人：

第一類，擁有很多資金，但可能需要定期提取收益。保住本金並最大限度地減少損失，對這類投資者來說很重要。

第二類，擁有相對較少的資金，只對增加總財富感興趣。如果可以獲取更大的收益，則整體損益權益曲線的波動性可能並不會讓這類投資者焦慮。

第三類，覺得開發量化交易策略只是一種智力遊戲，他們實際上可能將實現正收益視為自己愛好的「副產品」。

很明顯，這三類投資者有許多不同的偏好，而這些與討論簡單和複雜的系統交易策略是相關的。

1. 簡單策略

更易於被研究和部署到市場，它們需要不太複雜的資料和基礎設施，有些甚至可以手動執行（手工量化者），即使訊號本身是自動生成的。

簡單策略的優點包括：

①資料優勢。更簡單的策略通常利用已開發資產類別中的現成價格或數量資料。此類資料的獲取成本非常低，甚至是免費的。它們通常體積很小，可以透過易於使用的 API 從許多供應商處直接下載。

②研究方便。有大量的回測環境可以測試「簡單」風格的策略，從商業產品（如 TradeStation 或 MetaTrader5）到開放原始碼函數庫（如 QSTrader、Backtrader 和 Zipline），更簡單的策略通常可以在這些框架中輕鬆實現。

③成本較低。使用簡單的工具估算交易成本相對容易，這反過來又使確定策略是否有可能在樣本外獲利變得更加直接。

④裝置簡單。低頻執行的技術分析類型策略可以透過相對簡單的電腦及網路實現自動化。

⑤容量較好。由於在高流動性市場中使用簡單的策略，容量反而不太可能受限。

2. 複雜策略

更表現策略者的智商，而且它們往往擁有更好的夏普比率。也就是說，它們提供了更好的每單位波動率的預期收益。對希望大幅地減少損益和波動的投資者來說，這是一個需要考慮的重要指標。

複雜策略的優點包括：

①低相關性。更高級的策略往往與整體市場及由其他交易策略組成的任何現有投資組合的相關性較低，這通常會導致更高的整體投資組合夏普比率。

②盈利能力強。憑藉先進的演算法，可以合理地估算交易成本。這表示通常更容易確定策略是否可能在樣本外獲利。因此，許多糟糕的想法在實盤前就很容易被檢測出來。

③統計優勢。與更簡單的策略相比，複雜策略都會進行統計分析，這樣部署策略的樣本外性能下降往往較小，可以極佳地防止過度擬合。

④高阿爾法。在整個市場中使用複雜策略的人比較少，且通常來說該策略的傳播速度較低，因此阿爾法衰減得更慢。

⑤組合優秀。複雜策略通常與投資組合和風險管理等更先進的方法齊頭並進，這有助使投資者的目標與戰略績效保持一致。

使用簡單策略雖然更容易實施、測試和交易，但簡單性可能會以犧牲統計穩健性和長期盈利能力為代價。當然，複雜策略也存在某些缺點：比如通常需要統計分析、時間序列分析、隨機微積分或機器學習方面的知識來處理一些更高級的系統交易方法。

總之，策略是否被認為「簡單」，在很大程度上取決於投資者的教育背景和技術能力。與自學成才的量化高手相比，那些擁有數學、物理學博士學位的人對「簡單」的定義可能截然不同。在科技發展的今天，散戶也能夠透過相對便宜的雲端運算、更廉價的資料供應商，以及開放原始碼研究框架進行複雜的分析，這讓「簡單」與「複雜」之間的界限進一步變得模糊。

整體而言，簡單的交易策略更適合多數量化交易者。

5.2 演算法交易簡介

量化交易實質上包括兩層意思，即定量分析 + 演算法交易。

對於定量分析，機器學習已成為一種流行的量化分析工具。但是，要記住，機器學習的好壞取決於給定的資料。如果你沒有足夠的資料，或資料品質很差，那麼你作出的預測就會不準確。

對於演算法交易，可以這樣描述，即用基於簡單或複雜數學模型的電腦演算法和程式來辨識和利用的交易機會。這裡的模型，來源於定量分析的結論。

有的人強在定量分析上，而有的人強在演算法交易上。前者更偏重金融知識，後者更偏重電腦知識，更難的是如何把它們聯繫起來。

5.2.1 什麼是演算法交易

演算法交易是指利用電子平臺，輸入涉及演算法的交易指令，以執行預先設定好的交易策略。演算法中包含許多變數，包括時間、價格、交易量等。在許多情況下，由「機器人」發出指令，而無須人工干預。

演算法交易被廣泛應用於投資銀行、養老基金、共同基金，以及其他買方機構投資者，以把大額交易分割為許多小額交易來應對市場風險和衝擊。

演算法交易專注於訂單的執行過程，在執行過程中根據數學模型、統計資料、市場即時資訊等多方面的資訊透過預先設計好的演算法進行下單，核心目標是又好又快地完成交易訂單。

5.2.2　演算法交易的迭代

演算法交易與高頻交易策略同源，時至今日已經發展到第三代：

- 第一代演算法交易，平均買入法。

投資者發現在某一個價格無法實現大單的買入或賣出，於是就建立了平均買入法，即在全部（部分）交易時間內，持續等間隔地買入或賣出。雖然這個方法解決了大單進出市場的問題，但在成交價格上常常無法取得最佳。

- 第二代演算法交易，反向買入法（下跌買入，上漲賣出）。

為了讓大單以更好的價格成交，投資者會在投資方向上進行反向操作。舉例來說，當天計畫買入 1000 萬元，投資者會設定在價格跌破分時均線時才買入，這樣會讓成交具有更大的價格優勢。雖然這個方法可以取得一定的價格優勢，但在極端市場情況下（比如買入價格一直在分時均線之上）很難完成既定的交易。

- 第三代演算法交易，量能追蹤法（十檔量價、訂單流）。

為了更進一步地兼顧成交量和成交價，投資者更多地開始採用量能追蹤的方法來參與市場。舉例來說，在買入時，透過對十檔掛單薄厚的計算，決定以多少價格和多少金額買入。這類方法最終演化成高頻交易策略，也是做市商們普遍採用的策略。

5.2.3　演算法交易的常用因數簡介

演算法交易中用到的因數有很多，有些甚至很另類，這裡僅列舉常用的三類因數。

（1）跨市場因數：在股票市場中，漲跌具有比較高的一致性，個股與指數、個股與板塊都有比較強的聯動效應，所以我們可以根據它們之間的聯動關係來做一些因數。

①大盤上漲的時候，個股沒漲，那麼之後有可能需要補漲；

②個股相對大盤漲了很多，這個時候大盤下跌了，此時有補跌的可能。

總之，跨市場因數賺取的是跟隨大盤的錢。具體可以參考《市場交易策略》（*Intermarket Trading Strategies*）一書。

（2）訂單簿因數：主要根據訂單簿的不平衡和流動性缺失等資訊來描述方向，通常以十檔或全檔訂單為主要觀測點。

①訂單簿需要注意因數歸一化的問題；

②買一檔／賣一檔、買二檔／賣二檔之間在流動性缺失的時候可能不是完全對應的。

注意：漲跌停的時候一側的訂單簿價格為 0。

總之，訂單簿因數賺取的是跟隨大單的錢。具體可以閱讀論文「A Stochastic Model for Order Book Dynamics」。

（3）訂單因數：主要根據過去的訂單成交資訊來對價格進行預測。

①短期、中期、長期都具有一定的有效性；

②對於主動成交多、換手率高（活躍）、掛單比較多（流動性好）的股票，訂單因數應該更有效。

總之，訂單因數賺取的是潛在知情者的錢，具體可以參考《高頻交易》一書。

5.2.4 演算法交易實戰範例

下面以一種常見的做市演算法高頻策略為例：為流動性較差的品種提供流動性，賺取流動性缺失的利潤。如圖 5.1 所示，盤口掛單稀疏，流動性缺失，如果掛單在 11.92 和 12.02，兩邊都成交則可以賺取中間 0.10 的價差。

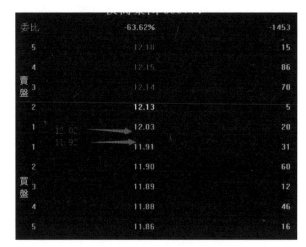

▲ 圖 5.1　盤口掛單明細

風險：單邊成交後價格可能向著不利的方向移動。

技巧方法：以上明顯的價差機會通常很難被捕捉到，因此可以利用訂單資料來建構一個演算法函數，並利用設定值作為方向開關進行短期的方向預測。

公式範例：

OBS=(2*(df["bv1"]−df["av1"])+(df["bv2"]−df["av2"]))/3/(df["av1"]+df["bv1"]+df["av2"]+df["bv2"])。

範例中的公式給一檔掛單分配了更高的權重，是為了更進一步地預測短期買賣方向，如圖 5.2 所示。

```
1
2    def calc_factor(df):
3        obs =(2* (df["bv1"]−df["av1"])+(df["bv2"]−df["av2"]))/3/(df["av1"]+df["bv1"]+df["av2"]+df["bv2"])
4        return obs
```

▲ 圖 5.2　盤口預測買賣方向

▎5.3 低風險策略的研究方向

5.3.1 什麼是低風險策略

任何交易都有風險，但確實有一些交易策略的風險很低。這些策略主要是利用了規則來規避風險，比如可轉債的強制贖回制度等。

5.3.2 常用的低風險策略

1. 分級基金策略

分級基金策略是最著名的低風險策略之一，曾經風靡一時。雖然目前已經風光不再，但仍然有必要讓投資者了解，因為未來可能還會有類似的機會出現。

分級基金又叫「結構型基金」。通常我們所談到的分級基金是將母基金產品分為 A、B 兩類份額，分別給予不同的收益分配：A 類份額投資者每年獲得固定的約定收益；B 類份額投資者在支付了 A 類份額的約定收益後，享受剩餘收益或承擔剩餘風險。

這其實是一個帶槓桿的投資工具，是分級基金 A 借錢給分級基金 B 炒股，分級基金 B 給分級基金 A 付利息。為了確保分級基金 A 的本金和利息，分級基金的合約中往往都規定了下折條款，即當分級基金 B 的淨值跌到一定程度時，透過下折來恢復槓桿，並付給分級基金 A 一部分本金和利息。

交易策略：分級基金 A 和分級基金 B 的市場交易價格合併為母基金的價格，低於母基金的淨值。投資者透過在場內買入同樣份數的 A 份額和 B 份額，然後將其合併成母基金，再透過向基金公司贖回母基金，從而賺取差價。

2. 打新策略

　　打新策略也是一種低風險策略。曾經有段時間，打新並不需要持有股票，這讓打新並賺取上市當天的溢價幾乎是零風險。

　　打新策略也叫打新股策略。公司申請上市被批准後，會向市場募集資金，並出售部分股份，個人或投資機構從線上或線下申購這部分新股股權，稱為打新股或新股申購。

　　申購新股必須在發行日之前辦好上海證券交易所或深圳證券交易所的證券帳戶。從 2015 年起，線下的投資機構與個人都可以在證券交易所申購新股，線上的申購可由本人進行。

　　交易策略：A 股每年都會有 5% ～ 15%（且呈逐年下降趨勢）的打新溢價。分帳戶打新的收益比較喜人，50 萬元左右一個帳戶是合適的區間。當下打新策略的困難在於對打新底倉的選擇。全面註冊制實施後，打新策略更強調上市公司的基本面量化，如何評估和衡量一個新上市公司是否存在溢價，將越來越考驗投資者的專業能力。

3. 可轉債策略

　　可轉債策略也是一種低風險策略。除了可轉債，打新幾乎是一個零風險的操作。可轉債還可以利用平攤的方式來等待股價的異動，其風險大大低於股票，但收益明顯高於股票。

　　可轉債是可被債券持有人按照發行時約定的價格轉換成公司普通股票的債券。如果債券持有人不想轉換，則可以繼續持有債券，直到償還期滿時收取本金和利息，或在流通市場出售變現。如果債券持有人看好發債公司股票的增值潛力，那麼可以在寬限期之後行使轉換權，按照預定的轉換價格將債券轉換成為股票，發債公司不得拒絕。該債券利率一般低於普通公司的債券利率，企業發行可轉債可以降低籌資成本。可轉債持有人還享有在一定條件下將債券回售給發行人的權利，發行人在一定條件下擁有強制贖回債券的權利。

交易策略：攤大餅式的打地鼠策略。即在可轉債被低估時（比如2021年1月）買入溢價低的可轉債，等待上漲時賣出；出現強贖條件時，買入低於100元的可轉債，博弈正股上漲。

4. 商品期貨 ETF 策略

商品期貨 ETF 策略也是一種低風險策略。其風險低於期貨，但波動性與單一品種的期貨相比更加平滑，對於交易者而言更加友善。

商品期貨 ETF 指使用商品期貨合約組合等方式進行申購贖回的交易型開放式指數基金。目前股市中有黃金、有色金屬、能源化工和豆粕四類 ETF，可與對應的期貨品種實施價差博弈。另外，由於期貨市場與股票市場存在蹺蹺板效應，所以這樣的配置也會在組合中降低風險。

交易策略：通常來講，ETF 的波動要落後於期貨，當價差比較大時，可以進行對沖交易。目前研究這類策略的人比較少，參與的資金也比較少，能源化工 ETF 在 2022 年原油價格的大漲中受益很多，成交量不斷放大，更適合與期貨股票進行「一攬子交易」。

5. LOF 策略

LOF 策略也是一種低風險策略。目前，中國對沖私募基金中涉及 LOF 策略的收益相當驚人，而且，其回撤幾乎可以忽略不計，唯一不足的是品種和規模上的欠缺。

LOF（Listed Open-ended Fund），中文稱為「上市型開放式基金」，可以在場內買賣，也可以在場外申購和贖回（在場內也可以申購和贖回）。

LOF 和 ETF 的區別主要有四點：第一，ETF 是指數型的開放式基金，是被動管理型基金；LOF 可能是指數型基金，也可能是主動管理型基金。第二，在申購和贖回時，ETF 投資者付出和得到的是「一攬子股票」（ETF 成分股），而 LOF 投資者付出和得到的都是現金。第三，ETF 申購和贖回時，需要的資金量很大，普通投資者無法參與；而 LOF 申購多是以 1000 元為底線，贖回沒有限制。第四，在行情軟體裡，ETF 的淨值是即時更新的，而 LOF 的淨值每天只有一個。

　　交易策略：利用折價和溢價進行套利，也可以進行跨市場套利。

6. 期權備兌策略

　　期權備兌策略也是一種低風險策略。該策略是期權操作過程中相對比較基本，但非常有效的一種策略，適合各種低風險的投資者。

　　期權備兌策略收益的最大來源仍是現貨的上漲，認購期權賣出只能提供增厚部分的收益，因此運用備兌賣出認購期權策略的前提條件是投資者在賣出期權之前，標的資產不會有較大的下跌。通常情況下，投資者應當選擇輕度虛值或平值期權合約。在期權備兌策略減倉之後，若價格高於賣出的認購期權的行權費用，則要接受標的資產被出售、超出行權價格部分的收益無法實現這一現實。

　　交易策略：在持有股票標的（股指期貨多頭、股票 ETF 多頭）的同時，賣出對應的看漲期權作為增厚收益的來源。這樣就可在獲得股票收益的同時，還可獲得相應的權利金。但相對應地，當價格超過期權行權價的時候，無法獲得超出行權價部分的收益。

5.3.3　低風險策略的利與弊

　　低風險策略十分受市場歡迎，比如常見的對沖交易策略。但由於中國市場限制做空，所以相對來講低風險策略更多的是利用市場規則來實現相對低風險和相對高收益，比如利用外資持倉警戒線可以酌情進行加減倉操作（將外資持股比例達 26% 視為警戒點，達 28% 則暫停外資購買，達 30% 會被強制減持，這裡不包括因公司回購等導致外資持股被動達到 30% 的情況）。

　　以 2023 年 1 月為例，洽洽食品就被外資買到「上限」了（根據香港證券交易所的公告，因境外投資者持股超過總股本的 28%，自 1 月 3 日起暫停買盤）。當被外資買到上限，下一個預期就是被外資賣出，所以股價會出現短期的頭部。

當然，只要市場上存在低風險策略，就會很快被量化團隊挖掘出來。一旦策略被大量應用，其溢價就會迅速縮小到無法覆蓋其成本。因此，策略迭代和交易執行速度是低風險策略生存的首要條件。

▌5.4　量化實戰策略最佳化的注意事項

5.4.1　避免過度擬合的方法

對策略的最佳化很容易掉入過度擬合的陷阱，通常有 5 種方法可以讓研究者盡可能地避免過度擬合。

1. 在合理的範圍內複雜化或簡化模型

大部分研究者在最佳化模型的過程中，都會增加條件，以增加夏普比率。但增加條件並不是最佳化模型的唯一方向，降低模型複雜度也是一個可行方向。有的模型過於簡單，最佳化時就要增加條件；而有的模型可能效果很好，其弊端是過於複雜，這就需要降低複雜度。在使用神經網路的過程中，主要的最佳化方向就是簡化，透過移除層或減少神經元的數量使得網路規模變小，這樣就不會讓策略陷入過度擬合的陷阱。從經驗來講，7 ～ 19 個神經元的效果是最佳的。

2. 減少在歷史資料上的最佳化次數

不論是採用傳統方法還是使用神經網路的方法進行最佳化，其本質都是讓模型能夠抵禦歷史資料上的擾動（神經網路的說法是梯度降低），從而獲得更大的收益風險比。理論上來講，最佳化的次數越多，在歷史資料上得到的效果越好，但在未來的效果通常會越差（泛化效果越差）。神經網路採用的辦法是在訓練集和測試集上同步觀測目標函數情況（比如收益風險比），直到達到一個均衡即停止。但在模型原理不清晰的情況下，仍然無法規避過度擬合。所以，對於歷史資料的最佳化應當限定一定次數，在神經網路中使用的是早停規則。

3. 使用歷史資料增強

不論使用什麼樣的歷史資料，都有其局限性。因此，對訓練集中的資料進行修改後再進行最佳化就成為一種常用方法。在神經網路領域，資料增強指的是擴巨量資料的規模，也就是增加資料集中資料的數量。目前受歡迎的資料增強技術包括翻轉、平移、捲動、縮放、增加雜訊等。研究人員採用增加測試資料集的方法來減少過度擬合現象，因為隨著資料量的增加，模型無法過度擬合所有樣本，所以必須進行泛化處理。比較有名的方法如蒙地卡羅模擬法，傳統的方法還包括步進式最佳化。

4. 使用正則化懲罰機制

正則化是一種降低模型複雜度的方式。它透過在損失函數中增加一個懲罰項來實現正則化。最常見的技術是 L1 和 L2 正則化：L1 懲罰項的目的是使權重絕對值最小化，L2 懲罰項的目的是使權重的平方最小化。傳統交易者會對重要的 K 線進行標識（比如漲跌幅），從而以此為標準判斷走勢。只是它的邏輯比較模糊，1000 個交易者很可能會有 1001 種標識方法。

5. 使用丟棄法檢驗模型

傳統的交易者通常會丟棄一些條件，以觀測策略的效果，俗稱壓力測試。這種方法在神經網路中叫丟棄法，是一種避免神經網路過度擬合的正則化技術。像 L1 和 L2 這樣的正則化技術，是透過修改代價函數來減少過度擬合的；而丟棄法則是在訓練的每一次迭代過程中，隨機地丟棄神經網路中的神經元，這就等於訓練不同的神經網路。不同的神經網路會以不同的方式發生過度擬合，所以丟棄的淨效應將減少過度擬合的發生。

5.4.2 特別關注對出場條件的最佳化

投資市場上有一句老話：「會買的是徒弟，會賣的才是師父。」這說明對出場細節的處理上更考驗研究者的水準。對於出場條件的最佳化，重點可以從以下 4 個維度進行思考。

（1）**自身維度**：用出場條件進行參數最佳化，選取資料集和測試集時應當注意，要包含至少一個完整的波動週期（即上漲，下跌，橫盤整理）。

（2）**週邊維度**：比如排序法，即在「一攬子股票」中按階段漲跌幅度出場。

（3）**現金維度**：用無風險利率（銀行月末）及低風險收益來進行平衡。

（4）**當下維度**：最近的市場狀態代表了主力資金的投資偏好，是有慣性的。

關於出場的方法一共五類 21 種，本書在 3.2 節進行了詳細論述，研究者可以自行對照最佳化。

5.4.3 關於最佳化的幾點說明

當每次交易有損失的時候，投資者常常會質疑自己的交易規則和策略；當投資者處於一個連續的無盈利時期，也會有進一步最佳化的衝動。但在最佳化前，先要想清楚以下這 5 個問題。

（1）當前的投資品種是否適合當前的策略，而非策略本身需要最佳化。不同的投資品種都有其特定的規則，在開始最佳化策略前，先要研究明白那些市場規則。

（2）在趨勢市場中是否用了非趨勢策略。很多投資者會利用市場的發展趨勢來制定策略。但是不同時期會有多種趨勢出現，投資者應該注意哪些策略是與當前趨勢相關的。這種情況下可能不是策略本身有問題，而是投資者的選擇有問題。

（3）進場和出場規則是否在某些方面經過了充分驗證，或這些規則是否建立在不可行的假設之上。舉例來說，在漲跌停時選擇進出場，很可能在實際交易過程中無法執行。

（4）策略是參考了所有的訊號來交易，還是只參考了其中某些特定的訊號。如果交易時並沒有參考所有的訊號，那麼將會可能大幅影響策略的整體收益。投資者應當確認漏掉的交易訊號是否真的能讓自己有利可圖，如果是的話，就應該把這些訊號加入交易條件。

（5）問題是否出在資金管理上。交易最重要的方面就是資金管理。每筆交易都應做到對投資者來說風險最小，理想的損失每次最好不要超過投資者總本金的 1%。當然，有的時候也可能只是交易成本的問題。舉例來說，帳戶每次交易的手續費過高，就需要換一個收費較少的證券公司。

▌ 5.5　GPT 在量化交易中的應用

2022 年 11 月 30 日，OpenAI 公司推出了全新的對話式通用人工智慧工具——ChatGPT。它表現出了令人驚豔的語言理解、生成知識及推理能力，可以極佳地理解使用者意圖，做到有效的多輪溝通，回答的內容完整全面且邏輯清晰。

5.5.1　ChatGPT 的誕生是一次世界級的技術革命

ChatGPT 上線 5 天後，其活躍使用者數量高達 100 萬人，2 個月後達 1 億人，已經成為歷史上使用者數量增長最快的應用程式。除了被廣大使用者推崇，ChatGPT 還受到了各國政府、企業界、學術界的廣泛關注，使人們看到了解決自然語言處理這一人工智慧核心問題的有效路徑。它的出現不僅會給搜尋引擎帶來巨大的挑戰，還將取代很多人的工作，更將顛覆很多領域和行業，其中也包括量化交易領域。

5.5.2 從 4 個維度理解 GPT 系列大模型

對於普通人而言，可以從以下 4 個維度理解 GPT 系列大模型：

首先是模型的規模。GPT 是目前規模最大的語言模型之一，GPT 3.5 含有 1750 億個參數。這表示該模型可以處理龐大複雜的資料集，並在許多自然語言處理任務中提供精確的結果。

其次是模型的應用場景。GPT 系列大模型是生成式語言模型，可以讓機器自動生成與輸入相關的內容。這種模型可被用於完成對話、翻譯等自然語言處理任務，非常適合人機互動。

再者是模型的機制。GPT 系列大模型採用了深度學習演算法中的轉換器，這種演算法以人工智慧的方式理解和生成自然語言。透過對大量人類語言資料集的學習，GPT 系列大模型可以從中自動發現語言的規律，進而提高自己的性能。

最後，對普通人而言，GPT 系列大模型的意義在於，它們可以實現更自然、更人性化的人機互動，從而更進一步地服務於人類社會。舉例來說，它們可以作為搜尋引擎、聊天機器人等應用場景的核心模型，為人們提供更便捷和高效的服務。

目前，除了 ChatGPT，還有微軟公司的 New Bing 等，這些大模型功能也很強大。同時，中國公司，比如 360、科大訊飛等也已經上線了很多版本的 GPT。

5.5.3 GPT 可以幫助投資者更快速地入門量化交易

GPT 作為一個通用型的人工智慧模型，給既不會程式設計也不懂交易的投資者提供了一條很好的學習路徑。下面是與 GPT 對話的量化交易策略撰寫範例，共分成三步：

第一步，讓 GPT 總結一下巴菲特的投資邏輯（如果不懂投資邏輯）；

第二步，讓它將上述投資邏輯寫成 Python 程式（如果不懂 Python 程式設計）；

第三步，讓它幫助增加一個篩選條件，並將其寫入之前的程式（如果想加入一個條件）。

5.5.4　GPT 在量化交易中的具體應用範例

1. 範例 1

如圖 5.3 所示，為利用 GPT 回答問題 1 的演示介面。

請以投資專家的身份，總結一下巴菲特的投資邏輯

巴菲特的投資邏輯被稱為價值投資，主要基於以下幾個核心原則：

1. **投資於優質企業**：巴菲特強調投資於具備強大競爭優勢和穩定業務模式的企業。他認為這些企業能夠在長期內保持盈利能力和市場份額，從而提供持續的股東價值。

2. **安全邊際**：巴菲特強調在股價低於其內在價值時買入股票，這樣可以提供一個"安全邊際"，即使市場波動，投資風險也相對較低。

3. **長期持有**：巴菲特傾向於長期持有股票，避免頻繁交易帶來的手續費和短期市場波動。他認為隨著時間的推移，優質企業的價值會不斷增長。

▲ 圖 5.3　GPT 在量化交易中的應用一

具體提問 1：請以投資專家的身份，總結一下巴菲特的投資邏輯。

GPT 回答 1：作為一名投資專家，我認為巴菲特的投資邏輯可以被總結為以下幾點。

①尋找具有持久競爭優勢的優質企業：這是巴菲特投資中最核心的邏輯。他強調要投資具有「護城河」優勢的企業，這些企業擁有獨特的品牌、技術、規模經濟和管理團隊等優勢，能夠使其在激烈的市場競爭中脫穎而出，持續創造高額利潤。

②堅守價值投資原則：巴菲特強調以低於真實價值的價格買入股票，重視投資的安全邊際原則。他認為，價值投資就是在股票的價格明顯低於其實際價值時才購買。這樣可以在市場波動時降低投資風險，並增加長期投資收益。

③長期投資理念：巴菲特主張長期投資，他認為投資要有耐心，以持有股票的時間換取企業的成長。只有長期持有優質企業，才能不斷累積並充分享受到企業價值增長帶來的財富效應。

④研究是基礎的投資方法：巴菲特是一個勤奮的研究者，他花費大量時間去閱讀公司的財務報表、產業報告等材料並進行詳細的分析。透過對企業的深入了解，他可以挖掘出具有潛力的優質投資機會。

⑤獨立思考：巴菲特強調獨立思考，避免盲目跟風。他認為投資者應該根據自己的理解和判斷來進行投資決策，而非受到市場情緒和他人意見的影響。

⑥專注並且謹慎：巴菲特是一個專注於投資的人，並在投資過程中保持謹慎。他認為投資最重要的是堅守自己的投資原則和風格，具有自律性，並始終關注風險管理。

綜上所述，巴菲特的投資邏輯在於尋找具有持久競爭優勢的優質企業，採用價值投資原則，強調長期投資，重視研究和獨立思考，並在投資中保持專注和謹慎。因此，投資者若要學習巴菲特的投資智慧，就需要具備深入的研究功底、獨立的投資思考能力，以及長期尋找並堅定持有優質企業的信念。

2. 範例 2

如圖 5.4 所示，為利用 GPT 回答問題 2 的演示介面。

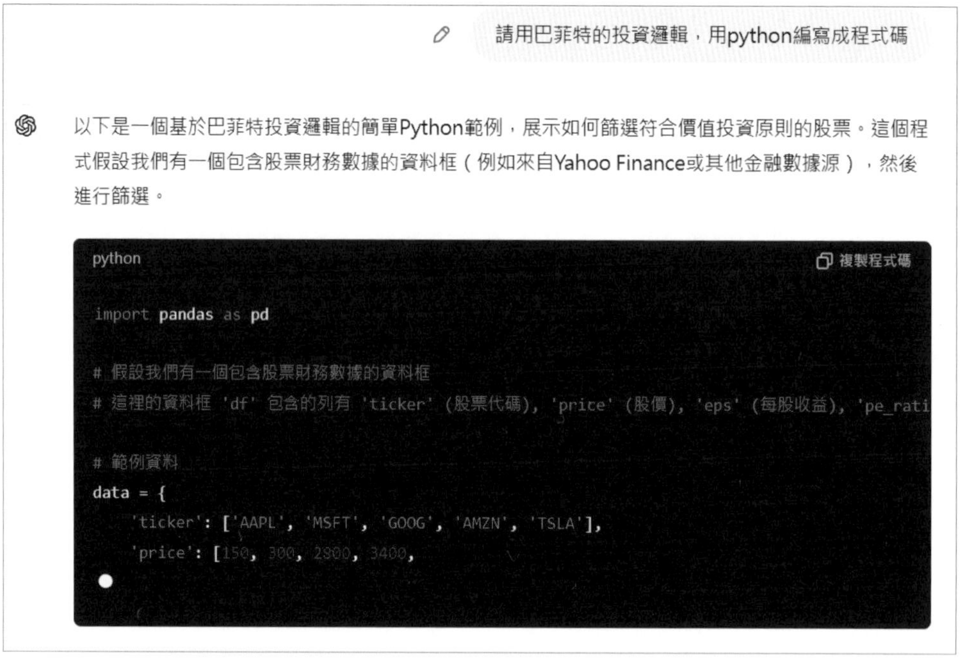

▲ 圖 5.4　GPT 在量化交易中的應用二

具體提問 2：請將巴菲特的投資邏輯，用 Python 撰寫成程式。

GPT **回答** 2：下面的程式模仿了巴菲特的投資邏輯，根據一些基本的公司金融資料進行股票投資。這個例子僅用於教育目的，並不能保證在實際投資中產生盈利。投資有風險，請謹慎操作。

```python
import requests
import pandas as pd
# 股票相關資訊獲取 API
API_URL= 相應的 API 介面位址
# 設置 API 呼叫的私有金鑰
API_KEY = "your_api_key_here"
```

```python
def get_stock_data(ticker):
financial_ratios_url=f"{API_URL}ratios/{ticker}?apikey={API_KEY}"
income_statement_url=f"{API_URL}financials/income-statement/{ticker}?a
pikey={API_KEY}"
balance_sheet_url=f"{API_URL}financials/balance-sheet/{ticker}?apikey=
{API_KEY}"

financial_ratios=requests.get(financial_ratios_url).json()[0]
income_statement=requests.get(income_statement_url).json()['financials
'][0]
balance_sheet=equests.get(balance_sheet_url).json()['financials'][0]
Return{**financial_ratios,**income_statement, *balance_sheet}
def filter_stocks(stock_list):
buffett_stocks = []
for ticker in stock_list: data = get_stock_data(ticker)
        # 巴菲特投資邏輯的基本要求
criteria1 = float(data['ROE']) > 15
criteria2 = float(data['Debt to Equity']) < 0.5
criteria3 = float(data['Net Income']) > 0
criteria4 = float(data['Current ratio']) > 1
If criteria1 and criteria2 and criteria3 and criteria4:
buffett_stocks.append(ticker)
return buffett_stocks
stock_list = ["AAPL", "MSFT", "GOOGL", "AMZN", "FB", "TSLA", "BRK-A"]
buffett_stocks = filter_stocks(stock_list)
print(" 滿足巴菲特投資邏輯的股票:", buffett_stocks)
```

請注意，你需要在 https://financialmodelingprep.com 上註冊一個帳戶並獲得一個私有的 API_KEY。在上述程式中，將其替換為 your_api_key_here。

這個指令稿使用了一個簡化的巴菲特投資邏輯，基於以下 4 個標準：

①淨資產收益率（ROE）超過 15%；

②負債和股東權益比率（Debt to Equity）小於 0.50；

③淨收入（Net Income）大於 0；

④流動比率（Current Ratio）大於 1。

根據這個邏輯，我們檢查了 7 個範例股票（包括蘋果公司、微軟公司、Google 公司等的股票），並列印出滿足這些條件的股票。

3. 範例 3

如圖 5.5 所示，為利用 GPT 回答問題 3 的演示介面。

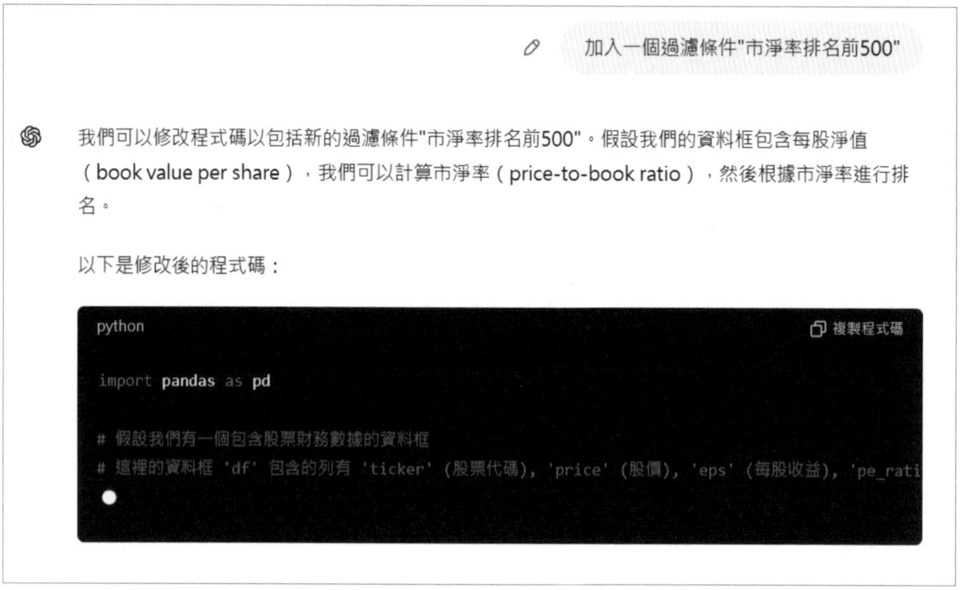

加入一個過濾條件"市淨率排名前500"

我們可以修改程式碼以包括新的過濾條件"市淨率排名前500"。假設我們的資料框包含每股淨值（book value per share），我們可以計算市淨率（price-to-book ratio），然後根據市淨率進行排名。

以下是修改後的程式碼：

```python
import pandas as pd

# 假設我們有一個包含股票財務數據的資料框
# 這裡的資料框 'df' 包含的列有 'ticker' (股票代碼), 'price' (股價), 'eps' (每股收益), 'pe_rati
```

▲ 圖 5.5　GPT 在量化交易中的應用三

具體提問 3：加入一個過濾條件「市淨率排名前 500」，並將其寫入程式中。

GPT 回答 3：為了完成這個任務，我們需要使用股票市場資料，並透過一些程式語言（如 Python）進行篩選。假設我們有一個包含市淨率（PB）資料的 DataFrame，我們可以使用 Pandas 函數庫來完成這個過濾。以下是一個例子：

```
import pandas as pd
# 假設 df 是你的 DataFrame，其中包含股票的市淨率資料
# 首先，我們需要按照市淨率排序
df = df.sort_values('PB', ascending=True)
# 然後，我們可以取前 500 的資料
top_500 = df.iloc[:500]
```

在這個例子中，我們首先對市淨率（PB）進行排序，然後選取前 500 的資料。將會給你一個新的 DataFrame，其中包含市淨率排名前 500 的資料。

請注意，以上程式假設你已經有了一個包含股票市淨率資料的 DataFrame。實際上，你可能需要從某個股票市場資料來源獲取這些資料，然後將其轉化為 DataFrame。這可能需要使用到一些資料抓取工具和 API。

另外，如果你想在一個特定的時間段內進行篩選，你可能需要額外的程式來處理時間相關的問題。舉例來說，你可能需要將日期轉化為正確的格式，然後在篩選時使用這個日期。

當然在此基礎上，你也可以加入第四步、第五步……舉例來說，讓它加上中文註釋（如果你讀不懂程式），或讓它將這個 Python 策略改寫成 Java 語言版（如果你不懂 Python，只懂 Java 語言）。

5.5.5　GPT 在資產配置量化交易策略的具體應用範例

第 2.2 節提到過風險評估模型，可以透過 GPT 幫我們進一步計算。

如圖 5.6 所示，利用 GPT 在資產配置策略的風險平價模型的演示介面。

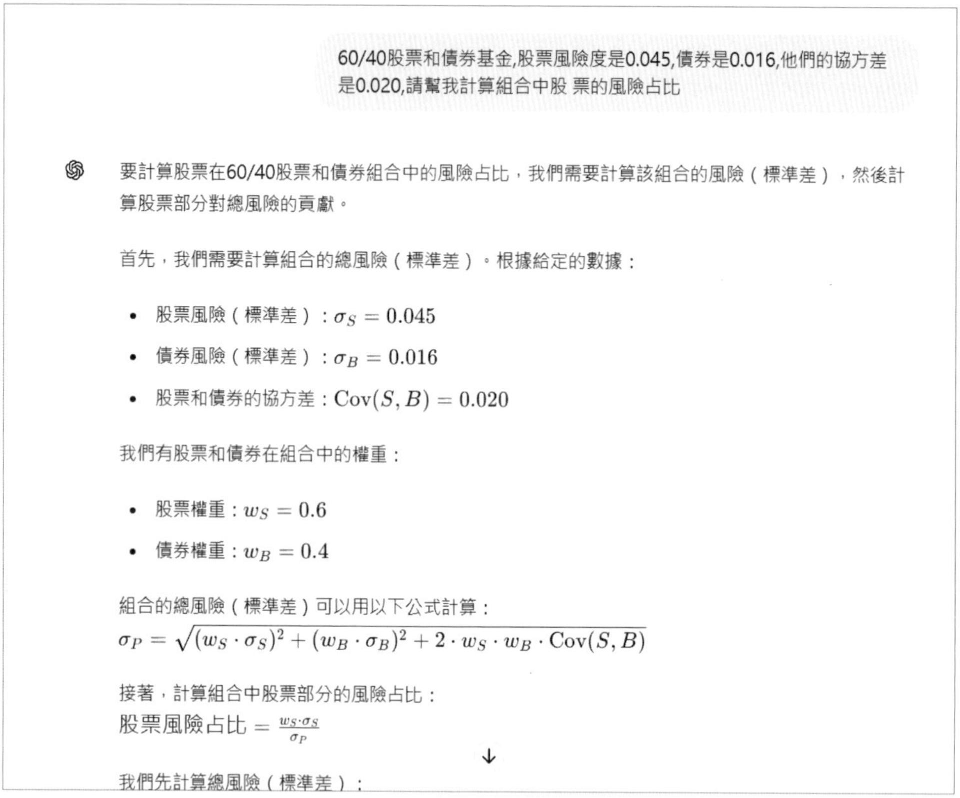

> 60/40股票和債券基金,股票風險度是0.045,債券是0.016,他們的協方差是0.020,請幫我計算組合中股 票的風險占比

要計算股票在60/40股票和債券組合中的風險占比,我們需要計算該組合的風險(標準差),然後計算股票部分對總風險的貢獻。

首先,我們需要計算組合的總風險(標準差)。根據給定的數據:

- 股票風險(標準差):$\sigma_S = 0.045$
- 債券風險(標準差):$\sigma_B = 0.016$
- 股票和債券的協方差:$\text{Cov}(S,B) = 0.020$

我們有股票和債券在組合中的權重:

- 股票權重:$w_S = 0.6$
- 債券權重:$w_B = 0.4$

組合的總風險(標準差)可以用以下公式計算:
$$\sigma_P = \sqrt{(w_S \cdot \sigma_S)^2 + (w_B \cdot \sigma_B)^2 + 2 \cdot w_S \cdot w_B \cdot \text{Cov}(S,B)}$$

接著,計算組合中股票部分的風險占比:
股票風險占比 $= \frac{w_S \cdot \sigma_S}{\sigma_P}$

↓

我們先計算總風險(標準差):

▲ 圖 5.6 GPT 在資產配置策略的風險平價模型

具體提問 1:60/40 股票和債券基金,股票風險度是 0.045,債券是 0.016,他們的協方差是 0.020,請幫我計算組合中股票的風險佔比。

GPT **回答** 1:在現代投資組合理論(Modern Portfolio Theory)中,一種簡單的方法來理解資產風險佔比是透過計算組合的權重和每種資產的風險。組合風險度以方差的平方根,即標準差來衡量。這是一個標準化的風險測度,可以比較不同種類的投資。

首先,我們需要計算組合的總風險度。組合的方差公式為:

Var(P) = w1^2 * σ1^2 + w2^2 * σ2^2 + 2 * w1 * w2 * Cov(1,2)

在這個公式中:

- Var(P) 是組合的方差;

- w1 和 w2 是股票和債券在組合中的權重;

- $\sigma 1$ 和 $\sigma 2$ 是股票和債券的風險度(標準差);

- Cov(1,2) 是股票和債券的協方差。

根據這個公式:

組合風險 = sqrt((w1^2 × $\sigma 1$^2) + (w2^2 × $\sigma 2$^2) + (2 × w1 × w2 × 協方差 12))。

其中,w1 為股票權重,w2 為債券權重,$\sigma 1$ 為股票風險,$\sigma 2$ 為債券風險。

將給定資料代入公式:

組合風險 = sqrt((0.3997^2 × 0.045^2) + (0.6003^2 × 0.0162^2) + (2 × 0.3997 × 0.6003 × 0.0002)),

組合風險 = sqrt((0.1596 × 0.002025) + (0.36036 × 0.00026244) + (0.00004796)),

組合風險 = sqrt(0.0003234 + 0.000094552 + 0.00004796),

組合風險 = sqrt(0.000465912),

組合風險 = 0.02158 (保留 5 位小數)。

股票風險貢獻 = w1 × $\sigma 1$/ 組合風險 = 0.3997 × 0.045 /0.02158 = 0.08333 (保留 5 位小數)。

債券風險貢獻 = w2 × $\sigma 2$/ 組合風險 = 0.6003 × 0.0162/ 0.02158 = 0.04516 (保留 5 位小數)。

綜上，組合風險為 2.16%，其中股票風險貢獻為 8.33%，債券風險貢獻為 4.52%。

需要注意的是：GPT 在一些細節方面還有待完善，可能不同介面端輸出的結果不一樣，重在透過 GPT 實現目標任務框架的架設，提高工作效率。

感謝「量化漫步」
團隊的付出與貢獻

本書的成功出版，離不開「量化漫步」團隊的辛苦付出與貢獻，他們為這本書貢獻了自己的知識、時間與精力。在獲得授權的情況下，本書採納了他們很多的成果。

特別感謝「量化漫步」團隊的每一位成員，他們分別是：

盧洪波，負責量化交易策略的制定、分析與最佳化，世界經濟學博士，全球特許金融科技師，金融交易師，就職於中國某資產管理公司，負責量化交易策略的分析與最佳化，先後從事過期貨、股票等各市場交易，形成了一套勝率較高的量化交易系統。

經偉，專注於 FoF 策略、米倫坎普量化交易策略等的程式實現，系統架構師。畢業於四川大學，高級工程師，曾就職央企，從事資訊技術工作，參與過重點資訊工程專案，長期從事資料分析、系統架構設計工作。

　　王舸洋，專注於資產配置量化交易策略、高頻交易策略等的程式實現，解決方案架構師。著力於巨量資料平臺、資訊化系統的設計與實踐。創業者，有多年 BA、BI、DA 經驗。

　　甘勇，專注於彼得 • 林區多因數量化交易策略、阿爾法因數建模等的程式實現，全端工程師。

　　孔玲芝，專注於演算法模型實戰案例策略撰寫與程式實現，資料分析師。中國海洋大學地球物理專業碩士，現就職於金融行業的巨量資料智慧風控公司，任資料分析師一職。

　　王昕，專注於基本面量化交易策略的撰寫與程式實現，系統架構師。曾任職於國際諮詢公司，擁有 10 多年系統架構設計經驗、長期從事資料探勘分析、企業數位化轉型工作。

　　謝偉傑，專注於因數建模策略撰寫，金融分析師。畢業於中山大學，持有 CFA、FRM、CQF 證書，曾在各大銀行、保險機構及基金公司任職，具有 10 多年投資資產管理和風險管理的實戰經驗，擅長量化因數的設計、分析和挖掘。

　　梁磊，專注於阿爾法量化交易策略的撰寫，資料分析師。先後擔任國有大行金融科技系統架構師、高級資料分析師等職務，擁有 10 多年金融業資料探勘分析、系統架構設計、數位化轉型的實戰經驗。

　　陳章念，專注於貝塔量化交易策略的撰寫，金融分析師。任職於中國排名靠前巨量資料上市公司，擔任資深 AI 架構師。負責為多家中大型商業銀行、券商機構的金融系統實現 AI 賦能。

　　王光偉，專注於打板策略的撰寫，創業者。擁有 10 多年商業 BI、資料探勘建模和業務數位化的實戰經驗，其撰寫的打板量化交易策略與埋伏跟莊策略，挖掘出眾多熱點板塊龍頭股、妖股、連板股。

　　還要感謝一路支持我的朋友，如果沒有這些朋友的幫助，這本書很難有這麼好的品相。值新書發佈之際，我對這些朋友表示真誠的感謝。

附錄 A

進入量化行業
的面試指南

　　中國量化行業目前仍處於發展階段，2022 年上半年百億級量化私募基金就繼續擴充至 37 家。與之而來的是，中國量化相關行業管理規模和管理人數的快速增長。在當前網際網路環境下行的大趨勢下，金融科技產業，特別是其中的量化行業吸引著大量電腦、理工科相關專業人才的目光。中國的量化行業職位多集中於公募基金、私募基金、券商（量化研究部和金融工程研究部），還包含一些大型的金融軟體公司。面對許多機會，想投身或轉行進入量化行業的人們應如何進行面試準備，成功把握時機呢？

　　要合理進行面試準備，首先需要充分了解量化行業的相關職位，選擇適合自己的目標職位，隨後有針對性、有偏重地學習與之相匹配的技能，發揮自身優勢，彌補略有欠缺的地方。雖然職位介紹中的應徵職務可能都是量化交易策略開發，但依據具體的工作內容細分下來，可以將職位大致劃分為以下 4 個類別，實際的職位要求也各有偏重。

（1）**量化交易策略研發**：通常要求統計學基礎良好，對量化相關的金融知識有一定要求。

（2）**量化模型演算法研發**：通常要求面試者具備一定的資料探勘、模型演算法架設背景，相關的數學專業、工程專業、物理專業的人才均符合要求。

（3）**量化系統研發**：一般要求電腦專業或電腦能力強的面試者，擁有相關軟體、系統開發經歷更佳。

（4）**量化相關的銷售職位**：了解量化和衍生品的概念和賣點，要求具有較強的溝通和銷售能力，與此同時最好可以通識了解量化金融知識及公司內研發產品的技術亮點。

根據量化職位的不同，面試官往往根據職位的實際工作要求來考核面試者。面試者在求職面試的過程中，首先要選擇自己喜歡且更為擅長的職位，在此基礎上根據職位能力要求來進行充分的面試準備。通常情況下，面試官考核的內容包括以下 6 個方面。

（1）**對統計學知識的考核**：對於與量化交易策略、演算法相關的研發職位，統計學往往是研發深度的基石。此環節多是對條件機率、資料分佈、期望值計算、假設檢驗等概念的考核，考核方式以選擇題、計算題為主。面試者在準備過程中可參考李航老師的《統計學習方法》，系統性地學習、回顧相關的統計學知識。

（2）**對基礎數學知識的考核**：主要考核一些基本的數學知識、遞推計算等，通常會在筆試中以等比、等差數列的計算形式出現，考查面試者對數字的敏感程度。

（3）**對程式設計能力的考核**：主要查看面試者以往的專案經歷，綜合評價與實際開發職位的契合度。考核內容根據具體職位的不同略有差異，線上筆試多以程式設計實操，或網路通訊協定、資料結構、作業系統等相關基礎理論為主。面試者可以根據應聘職位，結合之前面試者舉出的建議進行前期的準備工作。

網路上也有專門的程式設計刷題網站，如大家經常使用的 LeetCode、牛客網等，可以在上面查看可能的出題形式，進行線上程式設計練習。

（4）**對資料探勘、分析能力的考核**：考核心面試者的建模能力，將實際的業務問題轉化為具體的數學模型。涉及模型架設、調優的基本流程，以及相關模型的理論基礎、應用場景等。

（5）**對金融知識的考核**：根據面試者的金融背景進行考核，深度、廣度不限。初入量化行業的面試者可根據自身情況及面試的職位進行準備，了解股票、期貨、債券的基本含義，基礎的技術指標及常用策略等。

（6）**對性格素質的考核**：關於性格素質方面的考核，根據面試職位及其所屬團隊的文化氣氛的差異，可能對面試者有不同的期待。通常而言，主要考核面試者在面試過程中表現出來的邏輯思維能力、職業道德與操守。除此之外，有的面試官可能會關注面試者對市場的洞察力與關注情況、遇到問題的鑽研程度、團隊協調能力等。如果面試的是管理職位，則可能更多關注面試者在工程專案開發中的統籌管理能力。面試時根據自身性格真實表現即可，落落大方的狀態可能更能贏得面試官的青睞。

以上為整理總結的量化面試中出現機率較高的六大類考核。看到這裡的求職者也不必過多緊張，在實際的面試過程中，面試官往往會根據面試職位的要求選取其中幾項必需的技能進行考核。舉例來說，如果我們想進入量化行業從事資料開發的工作，那麼面試官可能更多地會考查我們對資料倉儲、資料集市建設的理解及與之相關的工作經歷。熟悉金融量化的基礎知識，懂得策略開發的流程及應用場景將更加有利於我們在底層資料加工、建設時整理庫表結構，提高資料應用層的使用效率。面試前我們更有針對性地進行這兩方面的準備即可。

另外，一些相關工作經驗較少的求職者或應屆生，也不必過多地拘泥於以往簡單的專案履歷。可以在前期的準備過程中，花點時間參加一些線上的量化比賽或網路專案開發，撰寫自己的技術部落格，展現自己平常累積的經驗，提高自己的競爭力。所謂「不積跬步，無以至千里」，從最小的事情做起，日積月累的誠意也可以打動面試官，獲得你想要的工作機會。

最後，我也想鼓勵那些目前正在尋找機會、想要改變的求職者，不必等到考取了一些金融行業的資質證書後再來進行面試準備，可根據自己要應聘的職位的要求和實際的時間安排來做規劃。如果時間充裕，就可以根據以往的知識累積來做應試準備。如果職位對證書的要求不高，就可以連同其他要考核的內容一起，一邊做各項準備，一邊多多參加面試。

面試官不光是這場面試的考核者，他更有可能是大家以後的同事，或是步入這個行業後的領路人，和面試官多多交流可以幫助大家更全面地了解這個行業，更清晰地了解我們要努力的方向。在實際面試的過程中，我們可能在剛開始嘗試的時候也會遇到很多困難，遭遇很多次拒絕。但只要不急不躁、永不氣餒，我們就總能從失敗的過往中汲取經驗，幫助自己更好、更快地成長。最後，希望大家都可以找到心儀的工作，在事業發展的道路上蒸蒸日上！

量化交易常用
參考書與網站指南

很多剛踏入量化交易領域的人在實踐初期可能會感到不知所措。舉例來說，一些已經具備一定金融量化基礎，形成了初步策略想法的人可能會不知如何使用 Python 來開發自己的策略。而很多已經掌握 Python 程式設計基礎的人，可能不知道如何在量化交易場景中用好這個工具。

因此，在這一小節中我們將針對這兩種情況，向大家介紹量化交易領域中常用的一些參考書及網站，希望能夠在繁雜的網路資訊裡幫助大家減少資訊搜集的工作，更快速、精準地開啟量化實踐之路。

▌ B.1 Python 環境架設

首先，Python 作為當前大家進行量化開發的主流程式設計工具，它具有良好的資料處理、模型架設及視覺化的功能，且擁有大量已經開發好的優秀函數庫函數，我們可以透過簡單的呼叫實現想要的功能。要想使用 Python 進行量化開發，我們首先需要架設好一個合適的環境。

通常情況下，我們可以選擇直接安裝 Python。在 Python 官網獲取所需的安裝套件，下載後在本地完成配置，此時本地已實現了 Python 程式編輯的基本執行環境。或可以選擇下載安裝 Anaconda，它是整合了 Python、Python 函數庫及相關依賴的資料科學開發工具，內建了數百個資料分析經常會使用的函數庫函數。量化交易中常用的關鍵函數庫函數在其中已基本涵蓋，無須後續自己進行更多的環境管理、模組版本匹配工作，更適合進行量化交易策略的開發。用網路上常用的比喻來理解的話，Anaconda 和 Python 相當於汽車和引擎，安裝 Anaconda 相當於買了一輛車，無須自己安裝引擎和其他的零配件；而 Python 更像是引擎，提供了 Anaconda 的工作核心。

不論是選擇安裝 Python 還是 Anaconda，安裝完成後我們在本地就已具備了執行 Python 語言的能力，但此時更多的還是使用 Python 附帶的編輯介面 Idle。為了更進一步地實現程式開發，人們普遍在此基礎上使用 Jupyter Notebook 或 PyCharm 編輯器來撰寫、修改程式，查看程式執行效果。Jupyter Notebook 是以網頁的形式打開的，可以在網頁頁面中直接撰寫、執行程式，配置方式相對簡單，且 Linux 機器上也可以架設 Jupyter Notebook 伺服器。PyCharm 則在程式偵錯、專案管理方面存在明顯的優勢，是 Python 開發者另一常用的編輯器，而且官方提供的免費社區版本足以支援絕大多數開發者的應用需求。

▌B.2 Python 入門

架設好量化程式開發的基礎環境後，對於尚未接觸過 Python 程式設計的讀者，我們總結整理了一些基礎的入門參考資料。這部分內容大多來源於許多 Python 開發者入門時的經驗之談，大家可以在此基礎上根據自己的學習習慣進行適合自己的學習規劃。

Python 基礎包括廖雪峰官方網站、菜鳥教學、W3Schools、《Python 程式設計：從入門到實踐》（Eric Matthes）、《Python 資料分析基礎》（Clinton W. Brownley）、*Python for Finance*（Yves Hilpisch）等學習資源。

資料分析常用函數庫函數的學習資源包括 Pandas 中文參考文件（資料分析）、NumPy 中文參考文件（資料分析）、Matplotlib 中文參考文件（視覺化繪圖）、Scikit-Learn 中文社區（機器學習）、PyPI（Python 第三方函數庫）等。

▋ B.3 量化交易策略研發

具備了基礎的 Python 程式設計能力後，我們就可以使用它來進行量化交易策略的研發。一個完整的量化交易策略架設過程，需要從資料獲取、資料加工這一環節做起，利用加工好後的資料進行策略開發，最後對開發好的策略進行回測，查看策略的表現情況。

關於資料獲取的學習資源將在下一小節進行詳細的介紹，這一小節將聚焦於對金融量化相關的技術指標加工、常用量化平臺及量化交易入門圖書的介紹，希望大家在初次嘗試研發自己的策略時，可以在這些平臺或圖書中獲取更多的有用資訊。

在資料加工這一環節，除了前面介紹的 Pandas 和 NumPy，我們還可以使用 TA-Lib、Pandas TA 和 TA 函數庫進行更多的量化技術指標加工，每個函數庫內都包含了豐富的技術指標加工函數及時間序列處理函數。

在策略研發階段，我們可以在中國的量化平臺中查看其最新的量化研究報告及相關資訊，獲取開發策略的靈感和想法。中國常用的量化平臺有聚寬、萬礦、RiceQuan、掘金量化、果仁網、同花順量化、優礦、經管之家、知乎 - 量化等，以及金融領域三大頂級期刊：*The Journal of Finance*、*Journal of Financial Economics* 和 *The Review of Financial Studies*。

量化交易策略建構完畢，我們還需要對其進行最後的回測。Zipline、Backtrader 和 PyAlgoTrade 等回測框架可供大家參考學習。

　　以上是按照量化交易策略開發的關鍵環節總結的學習資源，希望會對大家有所幫助。

附錄 **C**

量化交易常用
的資料介面

▍ C.1 股票

1・聚寬

（1）即時行情資料

1）get_current_data()：

獲取當前單位時間（當天 / 當前分鐘）的漲跌停價、是否停牌、當天的開盤
價等。傳回值：字典，key：股票程式、valueh 是用於以下屬性的物件：

- last_price：最新價。

- high_limit：漲停價。

- low_limit：跌停價。

- paused：是否停止或暫停交易，當停牌、未上市或退市後傳回 True。

- is_st：是否是 ST（包括 ST、*ST），是則傳回 True，否則傳回 False。

- day_open：當天開盤價。

- name：股票現在的名稱，可以用這個來判斷股票當天是否是 ST、*ST，是否快要退市。

- industry_code：股票現在所屬行業的程式。

2）get_price ()：

```
get_price(security,start_date=None,end_date=None,frequency='daily',
fields=None,skip_paused=False,fq='pre',count=None,panel=True,fill_paus
ed=True)
```

獲取歷史資料，可查詢多個標的的多個資料欄位，傳回 DataFrame。函數 get_price 參數解析如表 C.1 所示。

▼ 表 C.1 函數 get_price 參數說明

名　稱	說　明
security	一檔股票的程式或一個股票程式的 list
count	與 start_date 二選一，不可同時使用數量，傳回的結果集的行數，即表示獲取 end_date 之前幾個 frequency 的資料
start_date	與 count 二選一，不可同時使用字串或 datetime.datetime/datetime.date 物件，開始時間
end_date	結束時間
frequency	單位時間長度

該介面也可以獲取當前行情資料，security 可以是一檔股票的程式或一個股票程式的 list，傳回 dataframe 物件或 Pandas 的 Panel 物件。 在 end_date=context.current_ dt 時，可以獲得當前行情資料，詳情參考聚寬官網的 API 文件。

（2）歷史資料

1）attribute_history ()：

```
attribute_history(security,count,unit='1d',fields=['open','close',
'high','low','volume','money'],skip_paused=True,df=True,fq='pre')
```

查看某一檔股票的歷史資料，可以選這檔股票的多個屬性，預設跳過停牌日期。取當天資料時，不包括當天的，即使是在收盤後。security 為股票程式，unit 為時間長度，幾天或幾分鐘，現在支持 'Xd'、'Xm'，X 是一個正整數，分別表示 X 天和 X 分鐘（不論是按天還是按分鐘，回測都能拿到這 2 種單位的資料）。注意，當 X > 1 時，field 只支持 ['open','close','high','low','volume','money'] 這幾個標準欄位。

2）history ()：

```
history(count,unit='1d',field='avg',security_list=None,df=True,
skip_paused=False, fq='pre')
```

獲取多檔股票的歷史行情資料，不包括當天的。

傳回值：dataframe 物件，行索引是 datetime.datetime 物件，列索引是股票代號。

範例：

```
history(5, security_list=['000001.XSHE', '000002.XSHE'])
```

查詢結果如圖 C.1 所示。

	000001.XSHE	000002.XSHE
2022-09-05	12.48	17.07
2022-09-06	12.51	17.58
2022-09-07	12.33	17.55
2022-09-08	12.38	17.49
2022-09-09	12.65	18.09

▲ 圖 C.1 個股歷史資料

（3）交易日資料

1）get_all_trade_days ()：

獲取所有交易日，不需要傳入參數，傳回一個包含所有交易日的 numpy. ndarray，每個元素為一個 datetime.date 類型。

2）get_trade_days ()：獲取指定範圍交易日。

```
get_trade_days(start_date=None, end_date=None, count=None)
```

start_date：開始日期，與 count 二選一。

3）get_trade_day ()：根據標的獲取指定時刻標的對應的交易日。

獲取指定時刻標的對應的交易日。傳回一個 dict，key 為標的程式，value 為標的在此時刻對應的交易日。

```
get_trade_day(["RB1901.XSGE","000001.XSHE"], query_dt="2019-01-04
22:00:00")
{'RB1901.XSGE': datetime.date(2019, 1, 7), '000001.XSHE':
datetime.date(2019, 1, 4)}
```

（4）獲取標的資訊

1）get_all_securities ()：獲取所有標的的資訊。

get_all_securities(types=[ ]，date=None)：獲取平臺支持的所有股票、基金、指數、期貨、期權資訊。其中，types 用來過濾 securities 的類型，list 元素可 選 'stock'、'fund'、'index'、'futures'、'options'、'etf'、'lof'、'fja'、'fjb'、'open_fund'、'bond_fund'、'stock_fund'、'QDII_fund'（QDII 基 金 ）、'money_market_fund'、'mixture_fund'。types 為空時傳回所有股票，不包括基金、指數和期貨，傳回 pandas.DataFrame。

範例（取得所有股票程式的陣列）：

```
stocks=list(get_all_securities(['stock']).index)
```

2）get_security_info ()：獲取單一標的的資訊。

```
get_security_info(code, date=None)
```

code 為證券程式，目前僅支持股票。

（5）獲取成分股資訊

1）get_index_stocks ()：獲取指數成分股。

```
get_index_stocks(index_symbol, date=None)
```

index_symbol：指數程式。date：字串物件或 datetime.date/datetime 物件。傳回值：成分股股票程式 list。

2）get_industry_stocks ()：獲取行業成分股。

```
get_industry_stocks(industry_code, date=None)
```

3）get_concept_stocks ()：獲取概念成分股。

get_concept_stocks(concept_code, date=None)

獲取一個概念板塊在替定日期的所有股票。

concept_code：概念板塊編碼，傳回股票程式的 list。

4）get_industries ()：獲取行業列表。

get_industries(name, date=None)

name：行業程式。設定值如下：

- "sw_l1"：申萬一級行業。

- "sw_l2"：申萬二級行業。

- "sw_l3"：申萬三級行業。

- "jq_l1"：聚寬一級行業。

- "jq_l2"：聚寬二級行業。

- "zjw"：證監會行業。

傳回值：pandas.DataFrame。各 column 的含義如下：

- index：行業程式。

- name：行業名稱。

- start_date：開始日期。

5）get_concepts ()：獲取概念列表。

get_concepts()：獲取所有的概念板塊列表。

傳回值：pandas.DataFrame。各 column 的含義如下：

- index：概念程式。

- name：概念名稱。

- start_date：開始日期。

（6）財務資料

1）get_fundamentals ()：查詢財務資料。

```
get_fundamentals(query_object,date=None,starDate=None)
```

參數如下。

query_object：一個物件，可以透過全域的 query 函數獲取 Query 物件。

date：查詢日期，一個字串格式或 datetime.date/datetime.datetime 物件，可以是 None，使用預設日期。這個預設日期在回測和研究模組上有以下差別。

- 回測模組：預設值會隨著回測日期的變化而變化，等於 context.current_dt 的前一天（實際生活中我們只能看到前一天的財務報表和市值資料，所以要用前一天）。

- 研究模組：使用平臺財務資料的最新日期，一般是昨天。

statDate：財務報表統計的季或年份，一個字串。有以下 2 種格式。

- 季：格式是「年 +'q'+ 季序號」。舉例來說，'2015q1'、'2013q4'。

- 年份：格式就是年份的數字。舉例來說，'2015'、'2016'。

傳回：傳回一個 pandas.DataFrame，每一行對應資料庫傳回的每一行（可能是幾個表的聯集查詢結果的一行），列索引是你查詢的所有欄位。注意：為了防止傳回資料量過大，我們每次最多傳回 5000 行。

在相關股票上市前、退市後，財務資料傳回各欄位為空。

範例：

```
q = query( valuation ).filter( valuation.code == '000001.XSHE' )
df = get_fundamentals(q, '2015-10-15')
```

其中，valuation 是財務資料的市值資料表名稱，code 是該表的欄位。該查詢可以獲得 000001.XSHE 在該指定時間的市值資料。

2）get_fundamentals_continuously ()：查詢多日的財務資料。

```
get_fundamentals_continuously(query_object,end_date=None,count=None,panel=True)
```

查詢多日財務資料的參數如下所示。

query_object：一個物件，可以透過全域的 query 函數獲取 Query 物件。

end_date：查詢日期，一個字串（格式類似 '2015-10-15'）或 datetime.date/datetime.datetime 物件，可以是 None，使用預設日期。這個預設日期在回測和研究模組上有以下差別。

- 回測模組：預設值會隨著回測日期的變化而變化，等於 context.current_dt 的前一天（實際生活中我們只能看到前一天的財務報表和市值資料，所以要用前一天）。

- 研究模組：使用平臺財務資料的最新日期，一般是昨天。

count：獲取 end_date 前 count 個日期的資料。

panel：在 pandas 0.24 版後，panel 被徹底移除。獲取多標的資料時建議將 panel 設置為 False，傳回等效的 dataframe。

傳回：預設 panel=True，傳回一個 pandas.Panel。

建議將 panel 設置為 False，傳回等效的 dataframe。

（7）交易相關介面

1）OrderStyle：下單方式。

函數 OrderStyle 相關參數如表 C.2 所示。

▼ 表 C.2 函數 OrderStyle 參數說明

名　稱	說　明
MarketOrderStyle	市價單
LimitOrderStyle	限價單
StopMarketOrderStyle	停止單

2）order：按股數下單。

```
order(security, amount, style=None, side='long', pindex=0,
close_today=False)
```

函數 order 相關參數如表 C.3 所示。

▼ 表 C.3 函數 order 參數說明

參　數	說　明
security	標的程式
amount	購買股數
style	None，程式 MarketOrder
side	'long'/'short'，操作多單還是空單，預設為多單，股票、基金暫不支持開空單
close_today	平今欄位，僅對上海國際能源中心、上海期貨交易所、中金所生效，其他交易所將顯示出錯（其他交易所沒有區分平今與平昨，均按照先開先平的方法處理）

傳回：Order 物件或 None，如果訂單建立成功，則傳回 Order 物件；失敗則傳回 None。

3）order_target：按目標股數下單。

```
order_target(security,amount,style=None,side='long',pindex=0,close
_today=False)
```

買賣標的，使最終標的的數量達到指定的 amount。注意使用此介面下單時若指定的標的有未完成的訂單，則先前未完成的訂單將被取消。

函數 target 相關參數如表 C.4 所示。

▼ 表 C.4 函數 target 參數說明

參　數	說　明
security	標的程式
amount	期望的最終數量
style	None，預設 MarketOrder，其餘參見 OrderStyle
side	'long'/'short'，操作多單還是空單，預設為多單，股票、基金暫不支持開空單
close_today	平今欄位，僅對上海國際能源中心、上海期貨交易所、中金所生效，其他交易所將顯示出錯（其他交易所沒有區分平今與平昨，均按照先開先平的方法處理）

傳回：Order 物件或 None，如果建立委託成功，則傳回 Order 物件；失敗則傳回 None。

4）order_value：按價值下單。

```
order_value(security,value,style=None,side='long',pindex=0,close_t
oday=False)
```

買賣價值為 value 的標的。函數 order_value 相關參數如表 C.5 所示。

▼ 表 C.5 函數 order_value 參數說明

參　數	說　明
security	標的程式
value	value= 最新價 * 手數 * 保證金率（股票為 1）* 乘數（股票為 100）
style	None，程式 MarketOrder

參　數	說　明
side	'long'/'short'，操作多單還是空單，預設為多單，股票、基金暫不支持開空單
close_today	平今欄位，僅對上海國際能源中心、上海期貨交易所、中金所生效，其他交易所將顯示出錯（其他交易所沒有區分平今與平昨，均按照先開先平的方法處理）

5）order_target_value：目標價值下單。

```
order_target_value(security,value,style=None,side='long',pindex=0,
close_today=False)
```

調整標的倉位到 value 價值，注意使用此介面下單時若指定的標的有未完成的訂單，則先前未完成的訂單將被取消。

函數 order_target_value 相關參數如表 C.6 所示。

▼ 表 C.6　函數 order_target_value 參數說明

參　數	說　明
security	標的程式
value	期望的標的最終價值，value= 最新價 * 手數 * 保證金率（股票為 1）* 乘數（股票為 100）
style	None，代表 MarketOrder
side	'long'/'short'，操作多單還是空單，預設為多單，股票、基金暫不支持開空單
pindex	在使用 set_subportfolios 建立了多個倉位時，指定 subportfolio 的序號，從 0 開始，比如 0 為指定第一個 subportfolio，1 為指定第二個 subportfolio，預設為 0
close_today	平今欄位，僅對上海國際能源中心、上海期貨交易所、中金所生效，其他交易所將顯示出錯（其他交易所沒有區分平今與平昨，均按照先開先平的方法處理）

傳回：Order 物件或 None，如果建立委託成功，則傳回 Order 物件；失敗則傳回 None。

6）cancal_order：撤單。

（8）交易常用物件

1）g：全域變數物件。

全域物件 g，用來儲存使用者的各類可被 pickle.dumps 函數序列化的全域資料。如果不想 g 中的某個變數被序列化，則可以讓變數以 '_' 開頭，這樣一來，這個變數在序列化時就會被忽略。

2）context：策略資訊總覽，包含帳戶、時間等資訊。

context 的屬性參考表 C.7。

▼ 表 C.7　context 物件說明

參　數	說　明
subportfolios	當前單一操作倉位的資金、標的資訊，是一個 subportfolio 的陣列
portfolio	帳戶資訊，即 subportfolios 的整理資訊 portfolio 物件，單一操作倉位時，portfolio 指向 subportfolios[0]
current_dt:	當前單位時間的開始時間，[datetime.datetime] 物件
universe	查詢 set_universe() 設定的股票池，比如 ['000001.XSHE', '600000.XSHG']
run_params	表示此次執行的參數，詳情參考聚寬 API 官網文件

2 · Tushare

（1）股票列表

stock_basic 相關參數說明如表 C.8 所示。

▼ 表 C.8 函數 stock_basic 參數說明

參　數	說　明
is_hs	是否滬深港通標的：N 否，H 滬股通，S 深股通
list_status	上市狀態：L 上市，D 退市，P 暫停上市，預設是 L
exchange	交易所：SSE 上交所，SZSE 深交所，BSE 北交所
ts_code	TS 股票程式
market	市場類別：主機板、創業板、科創板、CDR、北交所
name	名稱

範例：

```
pro = ts.pro_api()
# 查詢當前所有正常上市交易的股票清單
data=pro.stock_basic(exchange='',list_status='L',fields='ts_code,
symbol,name,area,industry,list_date')
```

（2）交易日曆

trade_cal：獲取各交易所交易日曆資料，預設提取上交所。相關參數說明如表 C.9 所示。

▼ 表 C.9 函數 trade_cal 參數說明

參　數	說　明
exchange	交易所：SSE 上交所，SZSE 深交所，CFFEX 中金所，SHFE 上期所，CZCE 鄭商所，DCE 大商所，INE 上能源，非必選
start_date	開始日期，非必選
end_date	結束日期，非必選
is_open	是否交易：0 休市，1 交易

（3）日線行情

daily：5 點～ 16 點入庫。本介面是未複權行情，停牌期間不提供資料。相關參數說明如表 C.10 所示。

▼ 表 C.10　函數 daily 參數說明

參　　數	說　　明
ts_code	股票程式（支持多個股票同時提取，逗點分隔）
trade_date	交易日期
start_date	開始日期
end_date	結束日期

輸出 DataFrame。

（4）每日指標

daily_basic：獲取全部股票每日重要的基本面指標，可用於選股分析、報表展示等。相關參數說明如表 C.11 所示。

▼ 表 C.11　函數 daily_basic 參數說明

參　　數	說　　明
ts_code	股票程式
trade_date	交易日期
start_date	開始日期
end_date	結束日期

傳回關鍵欄位如表 C.12 所示。

▼ 表 C.12 函數 daily_basic 傳回欄位說明

參　數	說　明
turnover_rate	換手率
turnover_rate_f	換手率（自由流通股）
volume_ratio	量比
PE	市盈率

（5）通用行情介面

pro_bar：未複權、前複權、後複權、指數、數位貨幣、ETF、期貨、期權的行情資料，未來還將整合包括外匯在內的所有交易行情資料，同時提供分鐘資料。不同資料對應不同的積分要求，具體請參閱每類資料的文件說明。相關參數說明如表 C.13 所示。

▼ 表 C.13 函數 pro_bar 參數說明

參　數	說　明
ts_code	股票程式
start_date	開始日期
end_date	結束日期
api	pro 版 API 物件，如果初始化了 set_token，則可不需要此參數
asset	資產類別：E 股票，I 滬深指數，C 數位貨幣，FT 期貨，FD 基金，O 期權，CB 可轉債（v1.2.39），預設為 E
adj	複權類型（只針對股票）：None 未複權，qfq 前複權，hfq 後複權，預設 None，目前只支持日線複權，同時複權機制是根據設定的 end_date 參數動態複權，採用分紅再投模式，具體請參考常見問題列表裡的說明，如果獲取跟行情軟體一致的複權行情，可以參閱股票技術因數介面

參　數	說　明
freq	資料頻度：支持分鐘 (min)/ 日 (D)/ 周 (W)/ 月 (M)K 線，其中 1min 表示 1 分鐘（2min 表示 2 分鐘，依此類推），預設為 D。對於分鐘資料有 600 積分的使用者可以試用（請求 2 次）
ma	均線，支持任意合理 int 數值。註：均線是動態計算得出的，要設置一定時間範圍才能獲得相應的均線，比如 5 日均線，開始和結束日期參數跨度必須要超過 5 日。目前只支援單一股票提取均線，即需要輸入 ts_code 參數。例如 ma_5 表示 5 日均價，ma_v_5 表示 5 日均量
factors	股票因數（asset='E' 有效），tor 換手率，vr 量比
adjfactor	複權因數，在複權資料時，如果此參數為 True，傳回的資料中則帶複權因數，預設為 False。該功能從 1.2.33 版本開始生效

（6）個股資金流向

moneyflow：獲取滬深 A 股票資金流向資料，分析大單小單成交情況，用於判別資金動向。相關參數說明如表 C.14 所示。

▼ 表 C.14　函數 moneyflow 參數說明

參　數	說　明
ts_code	股票程式
trade_date	交易日期
start_date	開始日期
end_date	結束日期

（7）滬深港通資金流向

moneyflow_hsgt：獲取滬股通、深股通、港股通每日資金流向資料，每次最多傳回 300 筆記錄，總量不限制。每天 18 ～ 20 點完成當日更新。相關參數說明如表 C.15 所示。

▼ 表 C.15 函數 moneyflow_hsgt 參數說明

參　　數	說　　明
trade_date	交易日期
start_date	開始日期
end_date	結束日期

3．券商

（1）中泰證券 XTP 交易介面

（2）QMT 量化交易系統

QMT 量化交易系統是一套可以自行回測、模擬和交易的量化交易系統，支援 Python 及 VBA 語言程式設計，可以程式化地存取證券公司進行自動交易。快速投資 QMT 系統是目前實盤使用最多的量化交易系統之一。除了支援量化交易，還支援多種專業交易工具，如一攬子交易、演算法交易、檔案單、星空圖，目前大多數券商都支援 QMT 量化交易。

（3）PTrade

量化交易軟體 PTrade（Personalise Trade）是一款為高淨值、機構投資者打造的專業交易軟體，提供了普通交易、日內回轉交易、自動交易、演算法交易、量化投研 / 回測 / 實盤等各種交易工具，滿足各種交易場景和使用者需求，幫助使用者提高交易效率。

量化交易軟體 PTrade 包含 5 個模組：行情、交易（普通交易）、工具（自動交易工具）、量化（量化交易）、日內（日內回轉交易）。

▎C.2 期貨

1．聚寬

（1）獲取單只期貨資訊

```
get_security_info(code)，code 為期貨程式。
```

傳回值：一個物件。相關參數說明如表 C.16 所示。

▼ 表 C.16 函數 get_security_info 參數說明

參　　數	說　　明
display_name	中文名稱
name	簡寫名稱
start_date	開始日期
end_date	結束日期
type	futures（期貨）

（2）獲取所有期貨資訊

```
get_all_securities(types=['futures'])
```

傳回值：一個物件。相關參數說明如表 C.17 所示。

▼ 表 C.17 函數 get_all_securities 參數說明

參　　數	說　　明
display_name	中文名稱
name	簡寫名稱

參　數	說　明
start_date	開始日期
end_date	結束日期
type	futures（期貨）

（3）期貨結算價與持倉量

futures_sett_price：期貨結算價。

futures_positions：期貨持倉量。

```
get_extras(info,security_list,start_date=None, end_date=None,
df=True)
```

相關參數說明如表 C.18 所示。

▼ 表 C.18 函數 get_extras 參數說明

參　數	說　明
info	['futures_sett_price'，'futures_positions'] 中的
security_list	標的列表
start_date/end_date	開始 / 結束日期，同 [get_price]
df	傳回 [pandas.DataFrame] 物件還是一個 dict，同 [history]

傳回值：df=True:[pandas.DataFrame] 物件，列索引是期貨代號，行索引是 [datetime.datetime]。

（4）取得期貨行情資料

```
get_price(security,start_date,end_date,frequency,fields,skip_
paused-False,fq='pre',panel=True)
```

相關參數說明如表 C.19 所示。

▼ 表 C.19 函數 get_price 參數說明

參　　數	說　　明
security	標的物程式，支持一個或多個
count	與 start_date 二選一，不可同時使用。數量，傳回的結果集的行數，即表示獲取 end_date 之前幾個 frequency 的資料
start_date	與 count 二選一，不可同時使用。字串或 datetime.datetime/datetime.date 物件，開始時間
end_date	用法同上
frequency	單位時間長度，幾天或幾分鐘
fields	字串 list 選擇要獲取的行情資料欄位，預設是 None（表示 ['open','close','high', 'low','volume','money'] 這幾個標準欄位），支援的所有欄位：['open','close','low','high', 'volume','money','factor','high_limit','low_limit','avg','pre_close','paused','open_interest']
skip_paused	是否跳過不交易日期（包括停牌，未上市或退市後的日期）。如果不跳過，停牌時會使用停牌前的資料填充（對期貨沒有停牌的情況）。上市前或退市後資料都為 NaN，但要注意：
	預設為 False，當 skip_paused 是 True 時，獲取多個標的時需要將 panel 參數設置為 False（panel 結構需要索引對齊）
panel	獲取多標的資料時建議將 panel 設置為 False，傳回等效的 dataframe
fill_paused	對於停牌股票的價格處理，對期貨沒有意義

5）獲取期貨 bar 資料

```
get_bar(security,count,unit,fields,include_now,end_dt,fq_ref_date,
df=False)
```

相關參數說明如表 C.20 所示。

▼ 表 C.20 函數 get_bar 參數說明

參　數	說　明
security	標的物程式，支持一個或多個
count	大於 0 的整數
unit	bar 的時間單位，支援標準 bar 和非標準 bar
fields	獲取資料欄位：['date'，'open'，'close'，'high'，'low'，'volume'，'money'，'open_interest'（持倉量，是期貨和期權特有的欄位），'factor'（後複權因數）]
include_now	設定值 True 或 False，表示是否包含當前 bar
end_dt	查詢的截止時間
df	是否傳回 [pandas.dataFrame] 物件。預設為 False，傳回的是 numpy.ndarray 物件

傳回值：

df=False

若 security 為字串格式的標的程式，則傳回一個 numpy.ndarray 物件。

若 security 為 list 或 tuple 格式的標的程式，則傳回一個 dict，key 為標的程式，value 為 numpy.ndarray 物件。

df=True

若 security 為字串格式的標的程式，則傳回 pandas.DataFrame，dataframe 的 index 是一個整數陣列。

若 security 為 list 或 tuple 格式的標的程式，則傳回 pandas.DataFrame，dataframe 的 index 是一個 MultiIndex。

（6）獲取期貨 tick 資料

```
get_ticks(security, start_dt, end_dt, count, fields ,skip , df)
```

支援 2010 年 1 月 1 日至今的 tick 資料，提供買一賣一資料。每 0.50 秒一次快照。如果要獲取主力合約的 tick 資料，可以先使用 get_dominant_future (underlying_ symbol,dt) 獲取主力合約對應的標的，然後再用 get_ticks() 獲取該合約的 tick 資料。相關參數說明如表 C.21 所示。

▼ 表 C.21 函數 get_ticks 參數說明

參　數	說　明		
security	標的物程式，支持一個或多個		
start_date	開始日期		
end_date	結束日期		
count	取出指定時間區間內前多少筆的 tick 資料		
fields	datetime	時間	datetime
	current	當前價	float
	high	當日最高價	float
	low	當日最低價	float
	volume	累計成交量（手）	float
	money	累計成交額	float
	position	持倉量	float
	a1_v	一檔賣量	float
	a1_p	一檔賣價	float
	b1_v	一檔買量	float
	b1_p	一檔買價	float

參　　數	說　　明
skip	預設為 True，過濾掉無成交變化的 tick 資料；當指定 skip=False 時，傳回的 tick 資料會保留無成交有盤口變化的 tick 資料
df	預設為 False，傳回 numpy.ndarray 格式的 tick 資料；df=True 的時候，傳回 pandas.DataFrame 格式的資料
security	標的物程式，支持一個或多個

2 · Tushare

（1）期貨合約資訊

fut_basic：獲取期貨合約資料。相關參數說明如表 C.22 所示。

▼ 表 C.22 函數 fut_basic 參數說明

參　　數	說　　明
exchange	交易所程式：CFFEX 中金所，DCE 大商所，CZCE 鄭商所，SHFE 上期所，INE 上海國際能源交易中心
fut_type	合約類型：1 普通合約，2 主力與連續合約，預設取全部

（2）交易日曆

trade_cal：獲取各大期貨交易所日曆資料。相關參數說明如表 C.23 所示。

▼ 表 C.23 函數 trade_cal 參數說明

參　　數	說　　明
exchange	交易所程式：CFFEX 中金所，DCE 大商所，CZCE 鄭商所，SHFE 上期所，INE 上海國際能源交易中心
start_date	開始日期
end_date	結束日期
is_open	是否交易：0 休市，1 交易

（3）日線行情

fut_daily：獲取期貨日線行情資料。相關參數說明如表 C.24 所示。

▼ 表 C.24 函數 fut_daily 參數說明

參　數	說　明
trade_date	交易日期（YYYYMMDD 格式，下同）
start_date	開始日期
end_date	結束日期
ts_code	合約程式
exchange	交易所程式

（4）每日持倉排名

fut_holding：獲取每日成交持倉排名資料。相關參數說明如表 C.25。

▼ 表 C.25 函數 fut_holding 參數說明

參　數	說　明
trade_date	交易日期（YYYYMMDD 格式，下同）
start_date	開始日期
end_date	結束日期
symbole	合約或產品程式
exchange	交易所程式

（5）倉單日報

fut_wsr：獲取倉單日報資料，了解各倉庫的倉單變化。相關參數說明如表 C.26 所示。

▼ 表 C.26　函數 fut_wsr 參數說明

參　數	說　明
trade_date	交易日期（YYYYMMDD 格式，下同）
start_date	開始日期
end_date	結束日期
symbole	合約或產品程式
exchange	交易所程式

（6）每日結算參數

fut_settle：獲取每日結算資料。相關參數說明如表 C.27 所示。

▼ 表 C.27　函數 trade_cal 參數說明

參　數	說　明
trade_date	交易日期（YYYYMMDD 格式，下同）
start_date	開始日期
end_date	結束日期
ts_code	合約程式
exchange	交易所程式

（7）南華期貨指數行情

index_daily：獲取南華期貨指數每日行情。相關參數說明如表 C.28 所示。

▼ 表 C.28　函數 index_daily 參數說明

參　數	說　明
trade_date	交易日期（YYYYMMDD 格式，下同）
start_date	開始日期
end_date	結束日期
ts_code	合約程式

MEMO

MEMO

深智數位
股份有限公司

深智數位
股份有限公司